学前教育学基础
（第2版）

主　编　郑三元

参　编　李小毛　周先利　程　茜

北京理工大学出版社
BEIJING INSTITUTE OF TECHNOLOGY PRESS

版权专有　侵权必究

图书在版编目（CIP）数据

学前教育学基础 / 郑三元主编 . —2 版 . —北京：北京理工大学出版社，2023.1 重印

ISBN 978-7-5682-7882-9

Ⅰ . ①学… Ⅱ . ①郑… Ⅲ . ①学前教育 – 教育理论 – 幼儿师范学校 – 教材 Ⅳ . ① G610

中国版本图书馆 CIP 数据核字（2019）第 253489 号

出版发行 / 北京理工大学出版社有限责任公司
社　　址 / 北京市海淀区中关村南大街 5 号
邮　　编 / 100081
电　　话 /（010）68914775（总编室）
　　　　　（010）82562903（教材售后服务热线）
　　　　　（010）68944723（其他图书服务热线）
网　　址 / http://www.bitpress.com.cn
经　　销 / 全国各地新华书店
印　　刷 / 定州启航印刷有限公司
开　　本 / 787 毫米 ×1092 毫米　1/16
印　　张 / 14.5
字　　数 / 320 千字
版　　次 / 2023 年 1 月第 2 版第 2 次印刷
定　　价 / 40.00 元

责任编辑 / 龙　微
文案编辑 / 龙　微
责任校对 / 周瑞红
责任印制 / 边心超

图书出现印装质量问题，请拨打售后服务热线，本社负责调换

序 XU

近年,世界学前教育界已经达成了最基本的共识:幼儿生命中最初几年是为其设定正确发展轨道的最佳时期,早期教育是消除贫困的最佳保证,投资学前教育比投资任何其他阶段的教育都拥有更大回报,当然,这些成效的达成都以高质量的学前教育为前提,而幼儿园教师是保证高质量学前教育的关键。

《国务院关于当前发展学前教育的若干意见》强调要造就一支师德高尚、热爱儿童、业务精良、结构合理的幼儿园教师队伍,为此颁布了《幼儿园教师专业标准(试行)》,引导幼儿园教师和教师教育向着专业化、规范化和高质量的方向发展,这套教材正是以满足《幼儿园教师专业标准(试行)》《教师教育课程标准》和幼儿园教师资格证考试要求为理念编写的,体现了如下特点:

一、全新的教材编写理念

师德是幼儿园教师最基本的职业准则和规范。师德就是教师的职业道德,是幼儿园教师在保教工作中必须遵循的各种行为准则和道德规范的总和。对幼儿园教师而言,师德是其在开展保育教育活动、履行教书育人职责过程中需要放在首位考虑的。关爱幼儿,尊重幼儿人格,富有爱心、责任心、耐心和细心是幼儿园教师师德的重要内容。"教育爱"不仅仅是对幼儿身体的呵护,更需要幼儿园教师尊重每一个幼儿的人格,保障他们在幼儿园里快乐而有尊严地生活,为幼儿创造安全、信任、和谐、温馨的教育氛围,能温暖、支持、促进每一个幼儿富有个性地发展。由于幼儿独立生活和学习的能力还较差,幼儿园教师几乎要对他们生活、学习、游戏中的每一件事提供支持和帮助,幼儿园教师充满爱心地、负责任地、耐心地和细心地呵护,才能使学前教育能够满足幼儿个体生命成长的需要,体现学前教育对个体生命的意义与价值。

幼儿为本是幼儿园教师应秉持的核心理念。学前儿童是学前教育的主体和核心,必须尊重儿童的主体地位,学前教育的一切工作必须以促进每一个儿童全面发展为出发点和归宿,因此,珍惜儿童的生命,尊重儿童的价值,满足儿童的需要,维护儿童的权利,促进每一个儿童的全面发展,是学前教育的本质,也是学前教育最根本的价值所在。具体来说,幼儿为本要求教师要尊重幼儿作为"人"的尊严和权利,尊重学前期的独特性和独特的发展价值,以幼儿为主体,充分调动幼儿的积极性,遵循幼儿身心发展特点和保教活动的规律,提供适宜的、有效的学前教育,保障幼儿健康快乐地成长。

专业能力是幼儿园教师成长的关键。毋庸讳言，我国幼儿园教师的专业能力与学前教育改革的需要之间还存在着较大差距，在当下，幼儿园教师观察幼儿、理解幼儿、评价幼儿、研究幼儿、与幼儿互动、有针对性地支持幼儿、反思自己的教育行为等保教实践能力是其专业能力中的短板，在职教师们普遍感到将《幼儿园教育指导纲要（试行）》《3~6岁儿童学习与发展指南》中的先进教育理念转变为教育行为仍然存在困难，入职前的学前教育专业学生也需要强化正确的教育观和相应的行为，理解、教育幼儿的知识与能力，观摩、参与、研究教育实践的经历与体验。因此，幼儿园教师和教师教育应该强调在新的变革中转变自己的"能力观"，树立新的"能力观"，提高自己与学前教育变革相匹配的、适应"幼儿为本"的学前教育专业能力。

终身学习是顺应教师职业特点与教育改革的要求。德国教育家第斯多惠说过："只有当你不断致力于自我教育的时候，你才能教育别人。"幼儿园教师需要不断拓展自身的知识视野，优化知识结构，了解学科发展和幼教改革的前沿观点。因此，幼儿园教师应该是终身学习者，具有终身学习和持续发展的意识和能力。终身学习是时代进步和社会发展对人的基本要求，是人类自我发展、自我实现的不竭动力，是幼儿园教师专业发展的基本条件，也是幼儿园教师更好地完成保育教育工作的必然要求，只有不断学习与发展，才能跟上学前教育改革的步伐。

二、重实践的教材特点

这套教材的编写力图呈现以下特点：第一，内容全而新。根据《幼儿园教师专业标准（试行）》《教师教育课程标准》和《幼儿园教师资格考试大纲》的内容和要求，确保了内容的全面性和时效性。第二，重实践运用。针对学前教育专业学生的特点和实际需要，围绕成为一个合格的幼儿园教师"需要做什么"和"具体怎么做"这两个问题展开，强调实践运用。第三，案例促理解。为了帮助学习者了解幼儿保教实践中遇到的各种问题，灵活地运用保育教育现场的各种策略，本书列举了大量的案例，并对案例进行了具体分析，增强了本书的针对性和操作性。

三、多元化的教材使用者

这套教材主要的使用对象是职业院校相关专业的学生，也可用于幼儿园新教师培训、转岗教师培训和在职幼儿园教师自学时使用。实践取向的教材涉及学前教育、儿童发展理论的相关内容，以深入浅出的解读与理论联系实践的方式阐释，提供了大量的操作案例，同时提供课件，方便教师备课和理解钻研教材时使用，也便于学生自学、预习或温习。

杨莉君

于湖南师范大学

前言
QIANYAN

近些年来，我国有大量的中等幼儿师范学校升格成了高等幼儿师范专科学校，学生培养目标普遍从注重实际操作技能的职业型人才向理论和技能并重的专业型人才转变。这一转变需要根据学前教育大专毕业生所需的知识和技能结构重新规划与设计高等师范学校的教材。原来的"三学六法"已不能适应新形势的需要。本教材就是针对当前幼儿师范教育改革要求，同时结合《幼儿园教师资格考试大纲》的内容而编写的，旨在帮助学生了解学前教育的基本概念、基本理论、基本原则和基本要求，既为学生学习本专业其他课程奠定基础，又理论联系实际，对学生进入学前教育机构工作和家庭教育辅导都具有一定的指导意义。

当前，随着学前教育学科研究的蓬勃发展，学前教育学知识日益分化。在这一背景下，作为一门课程，"学前教育学"的知识框架也有一些新的变化。原来，学前教育学的部分内容独立成课程，在高等幼儿师范学校和师范大学学前教育系的课程设置计划之中，如除了五大领域的教育单独成为5门课程之外，还开设了"学前教育史""幼儿园环境创设""幼儿园教育活动设计与指导""幼儿游戏""幼儿教育政策法规""幼儿园课程与教学论"等多门专业课程，这样一来，"学前教育学基础"必须"站"在更高的位置上架构关于学前教育现象与规律的知识体系，注重基础知识、概念、原则等原理性的知识阐述。所以，本教材在编写的时候，既抓住学前教育学的基本框架，让学生掌握应有的知识，又不与分化出来的这些课程在知识上重复，同时考虑使用者主要是大专生，在对原理性知识浅显化表述的同时，也有实践操作性的内容供学生学习。

在内容构成方面，本书在继承以往职业教育"学前教育学"的知识范畴及逻辑框架的基础上有所创新。全书内容分为三个有机组成部分。具体划分为：第一章至第三章为学前教育的基础知识部分，分别介绍了教育的本质、学前教育的产生与发展、学前教育的要素;第四章至第六章为学前儿童全面发展教育部分,分别介绍了学前教育的性质、目标及任务、学前教育的基本原则以及学前儿童全面发展教育;第七章至第十章为学前教育实施部分,分别介绍了学前教育环境创设与资源利用、幼儿园课程与教育活动、学前教育的合作与衔接、学前教育评价。在内容的呈现形式方面,本书各章前都帮学生明确学习目标,通过案例导读引出本章的主要学习内容,在文中适时插入知识链接、案例与图表,便于学生拓展知识面并加深理解,每章后都附有练习题,题型与幼儿园教师资格证考试"学前教育原理"部分的题型一致。

  由于水平有限,加之时间仓促,本书不当之处在所难免,恳请读者批评指教,但有教益,由衷感谢。

编 者

目录

第一章 教育的本质 … 1
- 第一节 教育的概念 … 2
- 第二节 教育与社会发展的关系 … 3
- 第三节 教育与个体发展的关系 … 8

第二章 学前教育的产生与发展 … 15
- 第一节 学前教育的概念与意义 … 16
- 第二节 学前教育事业的产生与发展 … 18
- 第三节 我国学前教育的制度改革与发展趋势 … 40

第三章 学前教育的要素 … 46
- 第一节 学前儿童 … 47
- 第二节 家长和教师 … 53
- 第三节 学前教育环境 … 61

第四章 学前教育的性质、目标及任务 … 67
- 第一节 学前教育的性质与特点 … 68
- 第二节 我国的教育目的与学前教育目标 … 72
- 第三节 学前教育的基本任务 … 77

第五章 学前教育的基本原则 … 82
- 第一节 教育的一般原则 … 83
- 第二节 学前教育的特殊原则 … 89

第六章 学前儿童全面发展教育 … 100
- 第一节 学前儿童体育 … 101

第二节	学前儿童智育	108
第三节	学前儿童德育	114
第四节	学前儿童美育	119

第七章　学前教育环境创设及资源利用　125
第一节　学前教育环境的创设　126
第二节　学前教育资源的开发与利用　138

第八章　幼儿园课程与教育活动　145
第一节　幼儿园课程的概念、形态及特性　146
第二节　幼儿园教育活动的概念、意义及特点　150
第三节　幼儿园教育活动的设计与实施　153
第四节　幼儿园教育活动的基本类型　160

第九章　学前教育的合作与衔接　180
第一节　学前儿童家庭教育　181
第二节　学前儿童社区教育　185
第三节　幼儿园与家庭、社区的教育合作　187
第四节　幼儿园与小学教育的衔接　194

第十章　学前教育评价　202
第一节　学前教育评价概述　203
第二节　学前教育评价的内容　205
第三节　学前教育评价的方法与步骤　212

参考文献　221

第一章 教育的本质

学习目标

1. 了解教育的概念，理解教育作为独特的社会活动的本质。
2. 领会教育与社会经济、政治、文化之间的关系。
3. 理解教育与个体发展之间的辩证关系。

案例导读

卡玛拉，女，1912年生于印度，当年被狼叼走，与狼一起生活了8年。1920年她在加尔各答东北山地被人发现，从狼窝里抓回送到附近一个孤儿院，由辛格牧师夫妇抚养。

刚进孤儿院的第一年，卡玛拉只有狼的习性而没有人的心理。她不会说话，不会思考，用四肢行走，昼伏夜行，睡觉也是一副狼相。卡玛拉常半夜起来在室外游荡，寻找食物。想要逃跑时，像狼一样嚎叫，吃饭喝水都是在地上舔食。她愿意与猫、狗、羊等动物一起玩，不让别人给她穿衣服，不愿与小孩接近。尽管她每天与人生活在一起，但心理发展极慢，智力低下。

第二年，卡玛拉能用双膝行走，能靠椅子站立，能用双手拿东西吃，对抚养她的辛格夫人能叫"妈"。经过3年多她才逐步适应人的生活，能够自己站立，让人给她穿衣服，用摇头表示"不"。辛格夫人外出回来，她能表示高兴。入院4年她才能摇摇晃晃地直立行走，早饭时能说"饭"这个词，这时的智力水平相当于一岁半的孩子。入院6年时，她能说出30个单词，与别人交往时有了一定的感情，智力达到两岁半的水平。

第七年，卡玛拉已基本改变了狼的习性，能与一般孩子生活在一起，能说出45

个单词，能用三言两语表达简单的意思，能够唱简单的歌。她开始注意穿着，不穿好衣服不出屋，有了羞耻心。她能自觉地到鸡窝去捡鸡蛋，受到表扬就非常高兴。

第九年（17岁），当她因尿毒症死去时，智力只有三岁半的水平。

（资料来源：国家医考中心网 www.guojiayikao.cn）

印度狼孩的故事告诉我们，人的成长环境至关重要，特别是在儿童大脑的生长发育期。卡玛拉儿时失去了人类生活环境的影响，没有受到任何的早期教育，在狼群中适应了狼的生活，因此就没有了人类的特点。为什么远离社会的孩子会是这等发展境地？教育在个体发展中起什么作用？教育与社会发展及个体发展之间是什么关系？本章将通过对这些问题的探讨，明晰教育的基本内涵，梳理教育与社会、个体发展之间的本质关系。

第一节 教育的概念

一、教育是一种社会现象

在日常生活中，人们常使用"教育"一词。比如，听了一个感人的事迹，有人可能会说，"我从中受到了深刻的教育"；有的家长看到有出息的孩子时会说，"这孩子肯定受到了很好的教育"；"百年大计教育为本"。"教育"可以说是我们生活中使用频率最高的词汇之一。每个人都能从自身的经历中体会教育的意义。人的成长离不开教育。从一个不谙世事、一无所知的婴儿发展成渐懂人事、初步适应社会生活，以至掌握丰富的知识、技能，成为对社会有用的人，这是教育的结果。教育作为一种社会现象，几乎无处不在。

人类为了自身的发展，必须有一种途径将自身及社会的生产经验传递下去，这一途径就是教育。自从有了人类社会，就有了教育。教育作为一种社会现象，伴随社会的产生而产生，并伴随社会的发展而发展。

教育作为一种社会现象，与某一历史时期的社会发展特征直接关联，具有鲜明的历史印记。例如，在生产力低下的原始社会，教育处于一种简单、原始、自发的状态；在经济文化高度发达的现代社会，教育则体现了其复杂多样性、可控性的特点。

二、教育是一种人类社会特有的活动

教育是人类社会特有的一种社会活动。曾经有人认为，动物界也有教育。比如，小鸟"教"幼鸟学飞，老猫"教"小猫捉老鼠等，这未免将教育无限扩大化了。其实，动物界这种看似"教授"的现象，是一种本能的活动，反映了物种生存与延续所必需的自然法则，是一种为适应环境、维持生命、独立生存而进行的亲子间本能行为。这跟人类社会的

教育有着根本的不同。首先，教育是社会活动，是在一定社会环境中进行的，而动物界不存在社会，因此动物间所谓的"教授"行为不可能是社会活动。其次，教育是人类社会一种有意识的、有目的的社会活动，而动物间的"教授"行为是无意识、无目的的，自然不是教育。因此，教育是人类社会特有的活动。

三、教育是一种培养人的活动

教育是一种社会活动，但人们的劳动、购物、集会等也是社会活动，教育同这些社会活动有什么不同之处呢？可以从以下三个维度甄别教育与人类其他社会活动：

首先是活动对象这一维度。教育和其他活动不同，教育活动的实施者是人，教育活动的对象也是人，主体与对象之间是一种"人—人"之间的关系，而非"人—物"关系。

其次是活动目的这一维度。教育有着不同于其他社会活动的特殊目的。教育活动的目的是通过培养人、影响人的身心发展，从而使每个人能更充分、更真实地生活，最终影响人类的发展。这种定位把教育活动与其他以满足人的各种需要为直接目的的社会活动区别开来。换句话说，有目的地培养人，是教育这一社会活动与其他社会活动的根本区别。

第三是活动方式这一维度。教育活动是以一种特殊的规训方式呈现，是在尊重生命、发挥主体能动性的条件下，使个体不断地被社会同化，是自我实现创造性转化的典型方式。

通过这些比较，我们认为，教育是有目的、有意识地对人身心施加影响并促进人向社会要求的方向发展的一种社会实践活动。它的任务就是把原本作为自然人而降生的孩子培养成合格的社会成员。这里的教育包括家庭教育、社会教育和学校教育，范围很广，一般称为广义的教育。

与广义的教育相对的是狭义的教育。狭义的教育就是指学校教育。学校教育是由专业的教师承担，根据一定的社会要求和受教育者的发展需要，有目的、有计划地影响受教育者身心的社会活动。由于学校教育的规范性、专业性、系统性，学校教育一直处于教育活动中的核心地位。

第二节 教育与社会发展的关系

教育作为一种社会活动，本身并不是孤立存在与发展的，而是随着人类社会的发展而发展的。教育会因社会的不同而具有不同的发展特点。在人类历史发展的任何阶段，教育的发展都离不开当时的社会背景，都是与当时的社会经济、政治、文化的发展状况紧密联系的。教育同社会经济、政治、文化之间存在着一种相互影响、相互作用、相互促进的关系。其中，经济是社会发展的基础，也是教育发展的基础；政治是上层建筑，对教育有决定性的影响；文化与教育处于社会结构中的同一层次，二者是一种共生关系。

一、教育与社会经济的关系

（一）社会经济发展对教育的影响

教育的产生、发展与完善都与社会经济的发展密切相关，并为社会经济发展所制约。

1. 社会经济发展是教育发展的物质基础

教育发展是建立在一定的物质基础之上的。比如，建立一个学校，最基本的是需要一块土地作为校舍和操场，需要投入一定的经费来购置必需的教科书、教学设备和器材，还需要专门的人来担任学校的管理和教学工作等。当然，还需要有专门的学生。这些都需要靠经济来保障。社会经济发展为教育发展提供所需要的人力、物力和财力。例如，在生产力极端低下的社会，人们的劳动成果只能够满足生存的需要，没有多余的物质财富来办教育，加之人们都要参加劳动，既没有专门的教师，也没有专门的学生，儿童只能在生活和劳动中接受教育。

2. 社会经济发展决定着教育发展的规模与速度

社会经济发展水平决定着教育事业的规模与发展速度。一方面，一个国家或地区的经济越发达，其对教育的需求就越强烈，为教育发展所提供的物质基础也越坚实，因此教育必须提供相应的发展规模与速度才能满足社会经济发展的需要；另一方面，教育发展的规模与速度也是社会经济发展的"晴雨表"。

> **知识链接**
>
> 1949年以前，我国80%以上的人口为文盲人口，这种情况是与我国当时以小农经济为主的社会经济发展状况相适应的。改革开放以来，我国经济快速发展，教育也取得巨大成就。人口普查的结果表明，随着经济的快速发展，文盲率也快速降低。到1990年，全国文盲人口有1.82亿，文盲率16.1%；2000年文盲率为6.72%；2016年进一步降为4.08%。相应地，我国的教育普及程度也大幅提高。与2000年相比，2016年每10万人中具有大学文化程度的由3 611人上升为8 930人，具有高中文化程度的由11 146人上升为14 032人；具有初中文化程度的由33 961人上升为38 788人；具有小学文化程度的由3 5701人下降为26 779人。
>
> （根据互联网资料整理）

3. 社会经济制约着教育的内容和手段

社会经济发展的水平不同，对劳动者提出的要求也不同，因此教育的内容也不同。例如，在小农经济为主导的社会，人们生活自给自足，社会物质生产基本建立在体力劳动基础之上，所需要的技术经验简单，因此教育的内容以简单的农业生产经验和手工作坊生产技术为主。而在以机器生产为主要特征的工业经济时代，教育内容则是以掌握机器的制造、使用和产品的设计、生产、销售知识,以及与之相关的自然、人文科学文化知识为主。纵观人类社会的经济发展,不难发现,社会物质生产过程中对科学知识和人类的智力、能力的需求越来越高,人类越来越依靠自己的智慧和智慧的创造物——科学、技术,而不是依靠单纯的体力消耗来获得自己需要的产品。① 社会物质生产的这一总体趋势要求教育内容选择也要随之做出改变。

不仅教育内容受到社会经济发展的制约,教育手段也同样如此。在刀耕火种的年代,教育主要依靠口耳相传,正是社会经济的发展和科学技术水平的提高,才让教育拥有了录音、电视、多媒体、电子白板等现代化教学手段,从而使教育的手段更加丰富多样。

(二) 教育对社会经济发展的促进作用

教育在受社会经济发展制约的同时,也为社会经济发展服务,促进社会经济的发展。社会经济的发展需要高素质的劳动者。劳动者素质的提高主要取决于他们所受教育的程度和质量。教育通过培养劳动者的科学文化素养,提高他们的知识水平和劳动生产技能,从而提高社会生产力,实现其对社会经济发展的促进作用。

值得引起注意的是,教育在适应社会经济发展的要求、为经济发展服务的同时,也要考虑社会经济发展可能给教育带来的一些负面的影响。如工业化带来的环境污染问题,农村城市化以及住宅高层化带来的儿童发展问题,"电视儿童"和"电游儿童"问题等。如何应对这些问题是全世界共同面临的教育课题。

二、教育与社会政治的关系

政治主要是指国家性质、各阶级和阶层在政治生活中的地位、国家管理的原则和组织形式等。它主要通过各种法令制度与政策法规来体现。一定的社会政治制度必然影响和制约教育的发展,而教育也会促进社会政治的发展。社会政治在影响和制约教育时往往会动用管理者的权力和制度约束力,使得这种影响带有决定性。教育对社会政治的促进作用也以这种影响为前提。

(一) 社会政治对教育的影响

1. 政治制度决定着教育的领导权

人类社会的发展史表明,政治上的统治者同时也是教育上的统治者,掌握着教育的领导权。一方面他们通过国家政权颁布一系列的教育法律、政策和规章来掌握教育的领导权;另一方面他们利用经济力量来实现对教育的领导。此外,统治者还将其统治思想编进教科书中,以保证思想上的统治地位。

2. 社会政治决定着教育的权利和机会

一定的社会政治制度不仅决定哪些人掌握着教育的领导权,而且也决定由哪些人分享教育的权利和机会。谁有受学校教育的权利,谁没有受学校教育的权利,都是由社会的政治制度决定的。在社会主义社会,虽然消灭了剥削,劳动人民当家做主,人人享有受教育

---

① 叶澜. 教育概论 [M]. 北京: 人民教育出版社, 1991: 125.

的权利，但只有在社会生产力高度发展的基础上，人人享有平等的教育权利才能真正得以实现。

3. 政治决定着教育的性质、目的和部分教育内容

社会政治在决定教育的领导权和人的受教育权的同时，也就决定了教育的性质。在原始社会，生产资料公有，人们共同劳动，没有阶级的划分，儿童出生后在氏族社会中接受教育，教育是没有阶级性的。从奴隶社会开始，人类进入了阶级社会，统治阶级的子女享有受专人教育的特权，而被统治阶级的子女则被排除在这种教育之外，教育就有了阶级性。我国是社会主义国家，我国的教育具有社会主义性质，国家保障所有人都享有受教育的基本权利。

教育的根本任务是培养人，而培养什么样的人，特别是培养出来的人应该具有什么样的政治方向和思想意识倾向，则是由一定的社会政治决定的。[①] 可见，政治决定着教育目的，还决定着思想品德这部分教育内容。

（二）教育对社会政治的促进作用

1. 传播一定的社会政治意识形态

政治意识形态是社会中统治阶级的政治思想体系，由统治阶级向所有社会成员提出。教育作为传递文化、训练思想与培养情感的活动，能以直接或间接的方式向青年一代传播一定的政治意识形态，帮助他们形成适应一定政治制度的政治态度与政治认同感，以及积极参与政治、监督政治的政治习惯与能力。

2. 培养政治管理人才

教育能够通过培养政治管理人才，促进政治体制的变革与完善。人类社会历来重视政治人才的培养，有的还形成了专门制度，譬如我国封建社会久负盛名的科举制。现代社会强调法制，更加重视政治人才的培养。由于科技向管理部门的全面渗透，国家对政治管理人才的要求更高了。世界上许多国家为了适应这种变化，设立了专门培养政治管理人才的学校、科系。可以预见，社会越发展，对政治管理人才素质的要求越高，通过教育选拔、培养政治管理人才就越显得重要。

3. 推动国家的民主政治建设

教育能通过提高全民文化素质，推动国家的民主政治建设。历史经验证明，一个国家普及教育的程度越高，国民的文化素质越高，其国民就越能认识民主的价值，在政治生活和社会生活中就越能履行民主的权利。而在一个文盲充斥的国家里，政治独裁、宗教迷信和官僚主义则比较容易推行。

三、教育与社会文化的关系

什么是文化？广义的文化是指人类在社会历史实践的过程中所创造的物质财富和精神财富的总和，狭义的文化则指社会的精神文化，即社会的理想、道德、科技、教育、艺

[①] 韩映红. 学前教育原理［M］. 北京：高等教育出版社，2014：67.

术、文学、宗教、传统民俗等及其制度的一种复合体。[①] 一般采用的是文化的狭义概念。文化和教育都是社会大系统的重要组成部分，二者之间是互相包含、互相作用的关系。同教育与经济、政治的关系相比，教育与文化的关系最为直接和密切。

（一）社会文化对教育的影响

1. 文化的价值取向制约着教育的价值和目标

文化中的核心价值取向和道德判断，对于整个文化的构建和发展有着重要的指导作用，也制约着教育的价值和目标。例如，我国的传统文化强调群体发展，忽视个体需要。"个体服从集体""舍小家为大家"的思想使得我国的教育历来重视社会发展价值，并将培养整齐划一的集体作为一个重要的教育目标。直到最近几年，社会发展对人才的独立思考和创新精神有了更大的需求之后，我国才将"注重培养儿童良好的个性心理品质"作为重要的教育目标。

2. 文化内容影响着教育的内容

人类社会的语言、艺术、科学等都是人类历史发展以来积累的优秀文化遗产。这些文化遗产中的部分内容会构成教育的内容。在具体教育内容的选择上，文化传统是一个重要的制约因素。不同民族和地区有着自己的文化传统和风俗习惯，为了保存和发展民族文化传统，让本民族人民具有认同感和归属感，许多文化传统中的特定内容都需要通过教育这一重要途径传递给下一代。不同的文化传统使得不同地区教育的内容有着明显的差异，而多元文化也是当前教育的重要内容之一。

3. 文化传递影响着教育方式

在人类社会历史上，文化传递方式经历了从最初的口耳相传到实物、文字、图书再到电子媒体的利用等发展过程。文化传递方式的多样化给教育带来了更多方法和形式的选择，文化传递手段的现代化也使现代教育技术成为可能。文化传递方式多样化意味着信息来源多样化，教师不再是学生唯一的知识来源，所以，教师不能再以单纯的传授知识为己任，教育方式也不能是单一的讲授，而应采取灵活多样的方式引导学生学会分辨信息和自主思考，并做出正确的选择。例如，电子信息时代使得当前的文化更新得更快，传播得更广，儿童通过接触电子媒介所获得的文化信息更加丰富。但这些文化信息可能"鱼龙混杂"，其中的一些信息可能会损害儿童的健康成长。如果不引导儿童去辨别，他们则有可能会吸收这些有害信息，或者模仿其中人物的危险行为，从而给自己带来不必要的伤害。

4. 文化水平影响着教育的发展水平

社会文化水平与教育水平具有较大程度的相关性。人的受教育水平与一定社会的文化水平是成正比的。因而一般社会都将其社会成员的受教育水平作为该社会文化水平的指标。社会文化水平影响教育发展是通过在教育教学中体现出来的教师文化水平，以及这种文化水平进一步影响学生而实现的。

5. 文化变迁影响着教育发展的变革

文化变迁是指由文化内容变化而引起的文化结构性、全局性、整体性的变化。文化变迁通常表现为新文化的增加和旧文化的改变，即文化与文化之间的传播或文化自身的创

---

① 梁志燚. 学前教育学［M］. 北京：北京师范大学出版社，2000：19.

造。文化变迁表现为纵横两个方面,即文化的历时性发展和同时性跨域交融。由于文化规定了教育的基本方向,所以文化变迁或多或少都会对教育的发展变革产生影响。

(二)教育对社会文化的促进作用

1. 教育对社会文化的传承作用

教育是传递文化的重要手段,也是文化继承的最基本形式,还是保存文化的最佳形式。人类社会能从愚昧走向开明,是文化教化的结果。而文化教化的前提是文化的传递。古往今来,教育一直承担着向下一代传递文化的重要功能,下一代也正是从教育中继承着社会文化,从而使社会文化得以保存。

2. 教育具有文化选择功能

教育对文化的选择功能体现了教育对文化发展的积极引导和自觉规范。教育的文化选择既符合特定社会政治制度的利益,也符合人的身心发展的客观规律,也就是说,教育既要选择有社会价值的文化,也要选择有利于学生发展的文化。例如,"学得好不如嫁得好"这种贪图享乐的文化思想就应该坚决被教育摒弃。

3. 教育能实现社会文化的更新和创造

社会文化的生命不仅在于它的保存和积累,更在于它的更新与创造。教育能够把人类已有的精神财富内化为学生个体的精神财富,培养他们对文化的浓厚兴趣,使他们不仅能适应和参与现实社会的文化活动,而且能根据未来社会的需要创造更为美好的文化。不仅如此,教育还通过广泛的文化交流,不断地吸引其他民族的文化精华,补充、更新和发展本民族的文化,这也是文化发展的一种重要方式。

第三节 教育与个体发展的关系

教育不仅跟社会发展关系密切,还与个体发展紧密联系。在影响个体发展的因素中,教育是一个重要因素,对个体发展具有独特的作用。教育以促进个体发展为目的,同时,教育还受到个体发展的制约。

一、个体发展的影响因素

从胎儿期开始,个体的发展就受到各种因素的影响。从心理学的观点来看,影响个体发展的因素是错综复杂的,一般将其分为先天因素与后天因素。先天因素主要包括成熟与遗传,后天因素主要指个体所处的环境与教育。

(一)单因素决定论

1. 遗传决定论

一直以来,究竟什么是个体发展的主导性因素,是心理学界争论的焦点。一些学者提出遗传决定论。例如,英国的高尔顿曾用家谱法来研究天才遗传的问题。他得出的结论是，名人的亲族易成名人，以证明血统对个人发展的决定性作用，也就是说，天才基本上是遗传的。美国心理学家格塞尔在经过近半个世纪的个体发展实验研究后，提出成熟势力发展理论。他认为，个体发展是一个有规律的顺序模式的过程，而这个顺序是由物种和生物进化决定的，所有个体都按照这个顺序发展，但发展速度则由每个个体的遗传类型决定。环境和教育不是发展的主要原因，它们虽然可以暂时影响个体发展的速度，例如营养不良或教育剥夺可能抑制个体发展的速度，但其最终还是由生物基因所控制。

2. 环境决定论

与遗传决定论相反，行为主义代表华生否认遗传在个体发展中的决定性作用。他认为生理构造上的遗传作用并不导致机能上的遗传作用，由遗传而来的生理构造，其未来的形式如何，取决于所处的环境和教育。他有一个著名的论断："如果给我一打健康而没有缺陷的儿童，让我把他们放在特殊的环境中教养，那么我可以保证，在这十几名儿童中，随便拿出一个来，我都可以把他们训练成任何一方面的专家——无论其能力、爱好、兴趣、职业及种族如何，我都可以使他成为一名医生、一名律师、一名艺术家或者是商界首领、乞丐或窃贼。"[①] 这样，华生的环境决定论，使他在个体发展影响因素的问题上，从一个极端滑向另一个极端。

（二）多因素作用论

现在，在个体发展影响因素的问题上，更多的人倾向于一种多因素作用论，即个体发展不是由单一因素影响或决定的，而是多因素共同作用的结果。每种因素都是在一定范围内起作用。

1. 遗传因素

常言道："龙生龙，凤生凤，老鼠的儿子会打洞""种瓜得瓜，种豆得豆"等，指的都是生物的普遍现象——遗传。遗传是指父母的生物特性传递给后代的现象。那么，遗传到底给个体发展带来哪些影响？

（1）遗传素质是个体身心发展的物质前提。

遗传决定了个体的体态、生理结构和机能的主要特征。个体具有人所特有的生理结构，才可能具备人所特有的各种活动能力和受教育的可能性。如果个体在生理机构和机能方面的遗传不完善，就会在一定程度上降低这种可能性，甚至会影响个体身体健康。大量研究表明，儿童期发育障碍和精神疾患，包括婴儿孤独症、儿童精神分裂症和儿童多动综合征等疾病的发生和发展均与遗传有关。德国精神病学家卡尔曼的研究表明：父母均是精神分裂症患者，子女发病率为 68.1%；父母有一方为精神分裂症患者，子女发病率为 16.4%；家庭无精神分裂症患者，发病率为 0.85%。再如，近亲结婚所生子女的遗传性疾病发病率、早期死亡、智力低下的比例远比非近亲结婚的高。可见，遗传个体获得良好的遗传基因为其后天的发展创造了一个先天的有利条件，而不良遗传会或多或少对发展造成不利影响。例如，一个身材高大且体质强壮的人成为某项体育运动员的概率比一个天生体弱多病的人要大得多。

---

① 华生. 孩童的心理教养法［M］. 北京：全国图书馆文献缩微复制中心，2002.

（2）遗传素质的不同奠定了人的个体发展差异的最初基础。

正常的个体都具有人类的遗传素质，但不同的个体在高级神经活动类型、感受器官的结构和机能的遗传素质上存在差异，使个体不仅在生理特征如外貌、肤色等方面存在差异。遗传素质还奠定了性格及其他一些方面的发展差异的基础。例如，有的个体易于发展成为一个安静的人，有的个体易于发展成为一个活泼好动的人，有的易于发展成为一个有才能的音乐家，有的则易于发展成为一个优秀的体育运动员。尽管发展的个体差异是由多种因素造成的，但遗传素质的不同却是最初的原因。

（3）遗传因素在一定程度上制约着个体发展的过程及阶段。

纵观一个人的一生，个体的身心发展呈现出一定的年龄阶段性，而每一个年龄阶段的个体都具有共同的普遍的年龄特征。例如，民间将周岁以内的婴儿动作发育总结为"三抬四翻六会坐，七滚八爬周会走"，其中抬头、翻身、坐、滚、爬、走这些动作是婴儿动作发育连续过程所分的几个阶段，如果没有让婴儿在爬的阶段得到锻炼，婴儿就较难掌握走路的方法，走路时容易摔倒。这些阶段及其特征主要由遗传因素决定，除非特殊训练，一般具有不可更改性。

2. 环境因素

人自生命的开始直至死亡，都处于一定的环境之中，人与环境有着紧密的、不可脱离的联系，环境是人类生存条件的综合①，包括社会环境和经过人改造的自然环境。自然环境提供个体生存所需要的物质条件，如空气、阳光、水分、养料等。社会环境指社会生活条件，如社会的生产力发展水平、社会制度、家庭状况、社会气氛、受教育状况等。从此概念出发，环境也包括教育环境。

环境对个体发展的作用表现为：

（1）使个体有了多种发展的可能性和差异性。

环境是个体生活、发展的外部条件，为个体发展提供了后天的物质基础。环境让个体发展有了更多的选择与可能，也使个体之间在发展上存在着差异。具体的社会生活条件和教育条件是形成个性差异的最重要因素。加拿大的一位研究者曾对同卵生的五姐妹进行了调查，发现虽然她们的遗传素质基本相同，但在心理特性方面有很大差别：老大严肃自信，最得姐妹喜爱；老二表现出一定的社交领导才能；老三似乎很自得；老四有点反复无常，不可捉摸；老五则需要别人照顾，依赖性极大。造成这些差别的原因主要是环境因素和教育因素，即父母以及其他成人对处于不同地位的孩子有不同的要求和教育方式。

（2）使遗传所提供的心理发展的可能性变为现实。

环境也为个体发展带来一定的限制。拥有某种有利的环境，个体发展就具备了可能；而个体发展的环境不良或所需要的环境缺失，则使个体的发展面临不利的局面。遗传为个体发展提供了先天的物质基础，为个体提供了心理发展的可能性，但如果个体不生活在社会环境里，则这种可能性也不会变成现实。印度狼孩和下面的例子都说明：如果个体生活的社会环境被长时间剥夺，其心理就难以正常发展，就算是教育训练也难以补救。

---

① 梁志燊. 学前教育学［M］. 北京：北京师范大学出版社，2000：27.

> **案 例**
>
> 1970年在美国加利福尼亚发现一个名叫基尼的13岁女孩,母亲失明,她自婴儿期起就受到父亲的虐待,被隔离在一个小房间里,没有人和她说话,几乎听不到什么声音,只是由哥哥匆匆地、默默地供给她食物。当人们发现基尼并将其送到医院时,她严重营养不良,最初几个月的测查得分只相当于1岁正常儿童。调查认为,基尼的缺陷不是天生的。13岁以后,经过7年的精心教育,她虽然学得了一些语言,却没有学会人类语言的语法规则。

在影响个体发展的因素中,遗传与环境也是相互联系、相互作用的。

目前,许多研究者都认为,在论述遗传与环境对心理发展的影响时,应以发展的、动态的、联系的观点去分析。某些遗传特性是由于进化过程中环境因素的影响而产生的,带有环境影响的痕迹。同样,个体总是基于自己的遗传特质、以特有的方式作用于环境。从这个意义上讲,遗传与环境是相互联系、相互影响的。

(1)环境影响遗传物质的变化和生理成熟。

现代科学研究证明,胎内环境对胎儿的生长、发育及出生后的发展有重大影响。如母亲缺乏营养,有不良的生活习惯以及摄取药物、受到辐射等都会影响胎儿的发育,从而影响其后天智力的发展。个体出生过程中以及出生之后,营养不良或一些意外的因素(如产伤、疾病、事故等)也可能影响个体的生理,继而影响后来的发育。

(2)遗传素质及生理发展制约着环境对个体心理的影响。

环境对遗传起一定的影响作用,但不能从根本上改变遗传因素及个体的生理成熟过程。反过来,遗传的特征对个体接受环境的影响起着制约作用。最常见的是个体的性别、最初的神经活动类型的特征、某些特殊才能的发展等。这些遗传特征使个体从出生时起,就对外界刺激产生不同倾向的选择性反应,从而影响外界环境刺激作用的程度。

此外,在不同的个体身上、在不同的发展阶段,遗传与环境的作用也各有不同。

3. 个体自身因素

严格地讲,遗传、环境也属于个体自身因素。遗传是个体先天因素,而且对于个体自身来说,是不可控的因素,而环境是个体后天因素,个体对环境部分可控。在这里,将个体自身因素规定为个体除遗传、环境以外的主客观条件,这其中包括:

(1)个体的现实发展水平。

这是个体自身的客观条件,包括已有的知识、经验、能力等方面的发展状态,构成个体进一步发展的现实基础。一般来说,个体现实发展水平越高,其进一步发展的基础越牢靠,其未来发展水平也可能越高。

(2)个体的主观条件。

个体主观条件包括个体的兴趣、需要、愿望、动机、气质、性格、意志、观念、行为方式等,是个人主观能动性的来源。主观能动性强的人总是能够积极地利用环境,给自己争取到主动发展的机会。

（3）个体的社会实践活动。

个体参加的社会实践活动也是自身发展的契机。社会实践活动是个体积极利用环境条件而开展的既影响环境又影响自身的活动。例如，在图书馆阅览图书，既是在利用图书资料来获得自己所需要的知识和信息，同时个体本身也是构成当下环境的一部分。再如，儿童玩游戏，是在通过操纵玩具来愉悦身心，同时也是在通过自己的动作改变玩具的状态。

二、教育对个体发展的独特作用

教育是影响个体发展的因素之一。与遗传、环境比较起来，教育在个体身心发展中具有独特的作用，表现在以下方面：

（一）教育影响的目的性、可控性、主导性

因为教育是根据一定的社会要求，用一定的内容和方法，有目的、有计划、有系统地引导个体进行各种活动，从而对个体施加一定影响的过程，因此教育对个体发展的影响与环境相比更具目的性、可控性、主导性。换句话说，在影响个体发展的问题上，教育的作用比遗传、环境显得更积极、更广泛、更深远。教育影响的这一特点还体现在：教育可以改变遗传、环境对个体发展的影响，它可以发扬优良的遗传素质，使遗传所提供的某种可能性变为现实性，并影响和改造不良的遗传素质；还可以对环境加以取舍，发挥和利用环境中的有利因素，减少或消除不利因素，使个体形成社会需要的品质和才能。

学校教育作为一种特殊的教育形式，对个体发展产生特殊的影响。它帮助个体选择合适的发展方向，为个体的终身发展奠定坚实的基础，为个体离开学校后继续发展创造条件。因此，学校教育对个体发展起着主导作用[1]，而这正是教育影响的独特性的反映。

（二）教育影响的多重性、双向性

教育对个体的影响是多重性和多层次性的。从个体接受教育影响的先后顺序看，个体接受到的教育影响首先来自家庭成员，然后是同伴，接着是学校和教师，最后是社会。但这并不意味着，个体在接受一种教育影响的同时就拒绝另一种教育影响，而是在接受前一种教育影响的基础上同时接受后一种教育影响。这些教育影响形成一个以个体发展为圆心的"同心圆"。

教育对个体发展的影响并不总是积极、正面的，有时它还是消极、负面的。这就是教育影响的双向性。研究表明，适宜的早期教育经验能显著促进个体认知及各方面的发展，而长期教养经验剥夺则会使个体认知发展停滞不前，甚至永久性丧失人类某些特有的能力。不仅如此，同样的教育，作用于不同的个体，其效果和影响也不尽相同。

教育影响的多重性、双向性也说明教育影响的复杂性。教育对个体发展的影响远比遗传和环境复杂得多、深远得多。

---

[1] 叶澜. 教育概论［M］. 北京：人民教育出版社，237.

三、个体发展对教育的制约

从教育实践经验来看，教育任何时候都不可以脱离受教育者而存在，任何有效的教育都必须以受教育者的自身精神活动为内因，教育要通过内因才能起作用。所以，要发挥教育对个体发展的重要作用，必须重视并充分调动个体这一内因，将教育"限制"在个体发展的规律性要求范围之内，让教育适应个体发展。换言之，教育必须遵循个体发展的规律，接受个体发展对自己的制约。教育实践中，任何违背个体发展规律的做法就如同"拔苗助长""削足适履"，都会适得其反。

（一）个体身心发展的年龄特征决定教育的阶段性

个体身心发展过程虽然是一个连续不断的变化过程，但在不同的年龄阶段，个体的身心发展表现出了较一致的、共同的规律，这就是个体身心发展的年龄特征。个体身心发展的年龄特征使得教育呈现出一定的阶段性。也就是说，某一年龄阶段的教育具有区别于其他年龄阶段教育的特点，是由该年龄阶段个体发展规律所决定的。例如，个体在0~3岁、3~6岁、6~12岁等年龄阶段具有鲜明的发展特点，决定了每个年龄阶段的教育与其他阶段不同，因此也就有了婴儿教育、幼儿教育、小学教育等概念。

（二）个体身心发展的水平制约教育的目标、内容与方式

教育的目标有高低之分，内容有难易之分，教育方法和教学手段也多种多样。确立什么高度的教育目标，选择什么难度的教育内容，采取什么样的教育方法和教学手段，都要依个体的身心发展水平而定。其中，教育目标是在个体现有发展水平基础上确定的，教育内容是根据个体知识经验的水平、兴趣需要而加以选择的，教育方法和教学手段也是根据个体学习方式与特点来选择的。例如，早期儿童的思维主要是直觉行动思维，他们在操作物体时才进行思维，离开了动作和实物，思维也就停止了，因此，实施教育时要给儿童提供更多的操作材料而不是抽象的知识或概念。

（三）个体身心发展的个别差异要求教育具有多样性

由于遗传、环境、教育等方面的影响，个体身心发展的速度都各不相同，其身心素质的组合特征也不同。每一个个体都有多种独特的吸收外界影响、表达自身感受的方式。他们与外界相互作用的时间、方式、风格等各异。每一个个体都有自身的智力优势领域和劣势领域，其智力特点带有一定的文化和家庭背景，还有一定的个性特点。因此，教师在教学中应根据不同个体的认知水平、学习能力以及自身素质，选择适合每一个个体特点的学习方法来进行有针对性的教学，发挥其长处，弥补其不足，促进其全面发展。而要做到这些，教育必须是多样性的，因为只有多样性的教育，才能为个体的发展提供可选择的余地。

综上所述，教育与个体发展有着密切的关系。他们之间存在着一个相当复杂的相互依赖、相互制约的动态过程。教育工作者只有在了解了个体的发展后，才可能选择最恰当的教学方法，对其进行有的放矢的教育，而适当的教育又能促进个体的健康发展。教育是个体发展的重要手段，对个体发展有着特殊的作用，而个体发展既是教育的目的，也是教育的条件、依据。

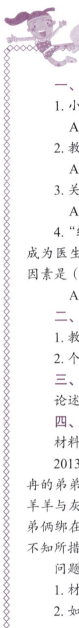

本章练习题

一、单项选择题

1. 小鸟"教"幼鸟学飞,这一现象属于( )。
   A. 社会现象　　B. 教育现象　　C. 教养活动　　D. 本能行为
2. 教育与其他社会活动的根本区别是( )。
   A. 活动目的　　B. 活动对象　　C. 活动方式　　D. 活动结果
3. 关于个体发展的影响因素的观点,正确的是( )。
   A. 单因素论　　B. 遗传决定论　　C. 环境决定论　　D. 多因素作用论
4. "给我一打健全的儿童,我可以用特殊的方法任意地加以改变,或者使他们成为医生、律师……或者使他们成为乞丐和盗贼……"这种观点片面强调的影响因素是( )。
   A. 遗传因素　　B. 生理成熟　　C. 环境和教育　　D. 先天因素

二、简答题

1. 教育对个体发展有何独特作用?
2. 个体发展对教育的制约有哪些?

三、论述题

论述教育与社会发展的关系。

四、材料分析题

材料:

2013年4月6日,江苏省东海县石榴街道办麻汪村8岁的冉冉、5岁的浩浩(冉冉的弟弟)与8岁的邻居玩伴顺顺(二年级学生)在村边树林里模仿动画片《喜羊羊与灰太狼》中烤羊肉串的剧情,做"绑架烤羊"游戏。顺顺把冉冉和浩浩兄弟俩绑在村东头的树上,点燃地上的树叶,火借风势迅速蔓延,被吓蒙了的顺顺不知所措,导致冉冉和浩浩兄弟俩严重烧伤,幸遇村民施救,否则后果不堪设想。

问题:

1. 材料中儿童的行为是什么原因造成的?
2. 如何避免以上行为的发生?

第二章 学前教育的产生与发展

学习目标

1. 掌握学前教育的内涵和意义。
2. 领会不同历史时期学前教育的发展特点。
3. 熟悉具有代表性的学前教育思想家的思想内容。
4. 了解我国学前教育制度改革的重要制度文献。
5. 根据学前教育的现代发展特点，初步判断我国学前教育的未来发展趋势。

案例导读

《中国教育统计年鉴》的数据资料显示，2011—2013年我国东、中、西三种地区幼儿人均教育经费投入总体上呈逐年增加态势，但差距还是非常明显（表2-1）。另外，有数据表明，我国幼儿园师幼比基本在1∶24~1∶26之间，其中城市幼儿园稳定在1∶15~1∶17之间，而农村幼儿园师幼比在1∶31~1∶71之间[①]。这反映了我国学前教育发展的哪些现实？纵观整个学前教育发展的历史，我们不禁要问：学前教育是怎样产生的？它走过了什么样的发展历程？到现代又有什么样的发展趋势？不同时期学前教育的思想有哪些？我国有哪些发展学前教育的举措？本章将就以上问题进行阐述。

---

① 韩映虹. 学前教育原理[M]. 北京：高等教育出版社，2014：65.

表2-1 中国2011—2013年不同区域幼儿人均教育经费表　　　　单位：元

年份	东部地区	西部地区	中部地区
2011	785.6	622.5	669.5
2012	826.9	711.6	751.6
2013	956.6	870.8	905.4

学前教育作为一种社会现象，伴随着人类社会的产生而产生，经历了漫长的历史发展阶段。社会的发展促使学前教育从原始的儿童公育发展到家庭教育，再到机构教育，从个人的行为向社会公共事业发展。在世界学前教育发展的大背景中，我国现阶段正着力进行学前教育改革，以促进学前教育事业发展。

第一节　学前教育的概念与意义

一、学前教育的概念

（一）学前教育

学前教育是教育的下位概念，在教育概念基础上理解学前教育的概念，需明确两个关键点：

1. 学前教育对象的年龄范围

学前教育对象是多大年龄段的孩子？这个问题与其学校教育的起始年龄有着密不可分的关系。

在古代，小学的教育并没有统一的体系，入学年龄亦没有统一规定，故学前教育也就没有明确的年龄划分。西周时期，学前教育期是指10岁之前；《大戴礼记》中说到"古者年八岁而出就外舍"，即8岁前为学前期。发展到近代，随着一批新兴公共学前教育机构的兴建，以及统一学制的建立，学前教育期开始有了一个相对清晰的年龄划分，如"壬寅学制"（1902年）规定儿童从6岁起受4年蒙学教育，"癸卯学制"（1904年）规定蒙养院招生3~7岁的幼儿，学前教育的上限定位于6~7岁。

西方国家中，美国将0~8岁儿童的教育称为幼儿教育，而学前教育仅指1岁前的教育，早期教育指0~3岁儿童的教育；英国将3~5岁作为基础教育阶段；苏联则将学前期定位于2~7岁。

近几十年来，在世界范围内，学前教育的年龄范围不断扩大并向低龄延伸，人们越发关注孩子的发展权益。通常来说，我们从广义上来理解学前教育的内涵，它一般是指0~6岁入小学以前的儿童教育。如果将学前教育与婴儿教育（0~3岁）分开来理解的话，它专指3~6岁年龄阶段的儿童教育。现在，学前教育一般都是广义上的概念。

2. 学前教育的实施形式

从古至今，学前教育实施主体主要有两种：一种是由父母或其他成员在家庭中进行；另一种是在家庭以外的社会组织中进行。早期责任主体一般由家庭担任，随着时代的不断推进，逐渐演变为社会的职责，最终社会大众承担起学前教育实施的重担。

早期的家庭教育是由成人或其他长者在家庭的环境中对后代进行教育的一种形式。家庭是孩子最早接触的外界环境，是其学习和生活中必不可少的成长环境，也曾是学前教育最主要的实施途径。17世纪时，许多教育家对家庭教育进行过生动的刻画，捷克教育家夸美纽斯的"母育学校"就是其典型例子。

学前社会教育则是指排除家庭以外，由社会力量支持办学，专门针对学前儿童所进行的教育实践活动，如托儿所、幼儿园和学前班等。其中，前两者是学前社会教育的主要形式，幼儿园教育是由幼儿园专职承担的，以幼儿身心发展特点为基础而实施的有目的、有计划，能促进幼儿身心全面发展的社会活动。目前，幼儿园教育是我国学前教育的主体部分，归属于学校教育系统。

虽然责任主体不同，但是最终的目标是一致的，旨在于相互的配合中共同促进儿童的健康成长。

综上所述，学前教育可以定义为对0~6岁入学前儿童所实施的有目的、有计划的教育活动总和。它有广义和狭义之分，广义上说，凡是能够影响入学前儿童身心各因素发展的活动都是学前教育，从幼儿生活的空间角度可以将其分为机构教育、家庭教育和社区教育等。而狭义的学前教育专指机构教育，即在专门机构中实施的有目的、有计划地影响学前儿童身心发展的活动，如幼儿园、托儿所教育。

（二）学前教育学

1. 学前教育学的概念

学前教育学是教育学科的一个分支学科，隶属于整个教育科学体系。苏联和我国一直致力于将"学前教育学"建成为具有独立性、整体性、系统性和科学性的学科，并为此做出了许多尝试。苏联专家A·D·查包洛塞兹在其所著的《学前教育原理》一书中指出，学前教育学是关于儿童出生后头几年教育的科学，是整个教育体系不可分割的一个部分。我国黄人颂教授在《学前教育学》一书中明确将其定义为专门研究学前教育规律的科学。在其他一些国家有关学前教育的著作中，虽然没有明确将它作为一门单独的学科，但将学前教育学作为一门单独的研究领域或范围的意向是显而易见的，其中包含了学前教育的性质、目的以及如何实现目的的方法等。

综上所述，将学前教育学定义为研究0~6岁儿童的教育现象及其规律的科学。其主要内容有：学前教育的产生与发展；学前儿童各年龄段的教育目标、方法及途径；学前教师的教学及指导策略；幼儿园评价及管理等。

2. 学前教育学的任务

（1）总结国内外优秀学前教育经验，借鉴国内外教育家先进的教育理论，探讨学前儿童发展的一般规律；

（2）通过学前教育的相关研究，指导教师及管理者的教育实践，提高自身的专业水平；

（3）通过学前教育的实践研究，为国家制定相关的教育政策、为进行改革提供理论依据。

二、学前教育的意义

众所周知，早期教育对人的毕生发展有重要的奠基作用。学前时期的教育条件与环境不仅蕴含了个体发展的巨大价值，而且有助于个体完成社会赋予的任务，因此，学前教育的意义包含两个方面：

（一）个人意义

儿童在学前阶段的学习与发展质量直接影响其以后的发展。例如，早期的情感经历和接受的教育会影响成年后的生活。研究表明，在冷漠或充满暴力环境下成长的儿童，往往会有强烈的自卑感或暴躁的性格，这一类人是很容易触发犯罪而步入歧途的；而在一个温馨的环境中受到良好教育的儿童，往往能形成许多好习惯，如懂礼貌、讲卫生、爱学习等。所以，良好的学前教育能促进学前儿童身心正常发育，为后续教育阶段奠定学习与成长的重要基础。

（二）社会意义

经过漫长的发展时期，学前教育早已不属于单纯的个人行为了，而是一项国家和社会的事业。学前教育，作为国民教育系统中一个单独的教育阶段，通过自身不断地发展，能极大地完善国民教育体系，实现教育的均衡协调发展。不仅如此，学前教育还通过合理配置资源，提供适宜的环境及物质支持，为每一位儿童创设发展的机会，并对其中处境不利的儿童实行补偿教育，减少不利环境给他们日后带来的个人问题和社会问题。从某种意义上讲，学前教育也是实现社会公正与社会和谐的推动力。

第二节 学前教育事业的产生与发展

学前教育与人类社会一起产生和发展，学前教育事业伴随着人类生活世界的演变而发生变化。为了让人类种群及其文化在世界范围内得以长久地保存下去，人类需要不断提高自身能力以适应环境的改变，并需要进行不断的教育实践。

一、学前教育现象的产生与发展

从人类社会开始，学前教育现象便有迹可循。为了使社会能够延续，人类必须实现自身的生产与再生产，于是，抚养后代、保证下一代健康成长的教育随之产生，这便是最初的学前教育。

（一）古代的学前教育

1. 原始社会的学前教育

原始社会初期，生产力十分低下，生产资料是集体所有，青壮年都要为找食物而奔波，这样才足以支撑整个部落的生存。因此以血缘关系为纽带而组成的族群之间无任何阶级之分，平等互助地生活在一起，以集体劳动为主要形式，生活中并无专门的人力或财力用于儿童教育，公养公育是原始社会儿童教育的基本形式。教育的内容也与儿童今后将要从事的社会生产和生活紧密相关，是向他们传授维持生存所必需的基本知识。教养者主要是妇女和其他体弱年老的成人，所以他们只是将自己的生活经验传授给儿童，采用的主要方式是观察模仿、口传身授和在生活场景中进行教育。

儿童在原始社会绝大部分时期都属于氏族内部公有，只是到了原始社会末期，随着生产力的提高，儿童才开始回归到小家庭之中，学前教育逐渐从公育向个人的事业转变，这便是家庭教育的雏形。

2. 奴隶社会的学前教育

大约在公元前21世纪，中国进入奴隶制社会。这一时期，学前教育出现了与原始社会截然不同的现象。

西周时期，人们开始按照儿童年龄的大小来制订学前教育计划，此时的教育是面向权力者子女的教育，家庭是学前教育的主要实施形式。统治阶级为维护和巩固自己的地位，亲自或聘请家庭教师对子女施加教育，宫廷学前教育便是一种特殊的家庭教育形式。在古代埃及就建立了宫廷学校，该学校选择有经验的人任教，如官吏、文人、学者等；而我国则创立了太子保傅制度，选择专职的官吏，如师、保、傅，对太子进行教育。奴隶社会的教育内容主要包括身体保育、道德习俗、宗教和文化艺术教育等内容。此外，婴儿出生前的教育也受到了人们的关注，如优生、胎教思想的提出，早在刘向的《列女传》中就有记载：太任自妊娠后，"目不视恶色，耳不听淫声，口不出敖言，能以胎教"。

3. 封建社会的学前教育

中国的封建社会自春秋战国开始（公元前475年）到鸦片战争爆发（1840年）之前结束，伴随着"奴隶制"的崩溃，"学在官府"的局面被逐步打破，为适应社会生产的需要，统治者需要培育一批为阶级服务的劳动者，为此出现了招收平民的学校。这一时期，私学兴办，教育对象扩大，这不仅为更多的人提供了学习的机会，也为家庭实施学前教育提供了无限的可能。

为满足阶级统治的需求，为培育适宜的劳动者，统治者建立了庞大的学校教育系统。受到儒家思想的影响，学前教育下移，逐渐成为普通家庭教育的重要组成部分，入学前的幼儿教育仍然在家庭中进行。社会的发展也推动了家庭教育内容的不断丰富，开始扩展到德、智、体等诸多方面，虽然教育场合不同，但家庭教育与学校和社会教育的内容本质上是一致的，从而保证了教育的连贯性。此时，也出现了许多专为儿童编写的用于传播知识和文化的教材，如"三百千"（《三字经》《百家姓》《千字文》）。这一时期，儿童的潜能得到最大限度的挖掘，学前教育内容的难度与广度均有较大的增加，教育水平得到极大的提升。

西方的封建社会经历时间较短，从中世纪开始（公元前476年），到英国资产阶级革

命爆发（1640年）前结束。在中世纪，他们将儿童看作生来就有"罪"，人的一生就是为赎罪的观点严重阻碍了学前教育的进一步发展。到了15世纪左右，欧洲发生了文艺复兴运动，以人文主义为指导的教育家和思想家提出儿童是自然的产物，理应得到成人的悉心照料，使人们重新关注到儿童的全面发展，学前教育事业才上了一个新台阶。

（二）近代的学前教育

以1640年英国资产阶级革命为标志，世界历史开始进入资本主义时代。这一时期，不仅是资本主义制度在欧洲各个国家建立及巩固的时期，也是生产力、科学技术大力发展的时期，这些突出的时代特征对近代学前教育的发展，特别是对思想理论有重要影响。近代不仅产生了一些对后世有着重大影响的学前教育思想，还先后涌现出了一批教育思想家，如福禄贝尔、欧文、蔡元培、恽代英等，他们所倡导的儿童观、教育观、学前教育方法等极大地丰富了学前教育理论思想，为近代建立系统的学前教育理论体系和实践探索奠定了良好的基础，也使理论进一步与实践相联系。

（三）现代的学前教育

自1919年以来，随着资本主义经济制度在全球扩张，世界历史进入了一个不同的社会制度和思想文化共处共生、合作竞争互补的时代。过去的近百年中，各国历经了不同的战乱，逐渐意识到人才培养与国家富强间的紧密联系，所以，人们更加重视教育的社会价值和地位，特别是学前时期的教育，不仅要解决父母外出工作时孩子无人照料的问题，还要促进学前教育的专业化发展。学前教育已经成为全社会关心的一项公共教育事业，每个国家都依据自身特点，在学前教育方面提出了一系列的改革和发展措施、计划并付诸实践。现代学前教育发展呈现新的趋势：

（1）学前教育被纳入各国的学校教育体系中，成为国民教育的一部分，而且逐渐得到普及。例如，日本从1964年开始实施第一个为期7年的学前教育振兴教育行动计划，学前教育受到各方面的重视，成为学制中不可或缺的一部分；法国则面向所有儿童提供免费的学前教育，通过不断地改革促进学前教育的普及，据统计，该国1989年3岁儿童入园率为97%，4岁儿童入园率已达到100%；美国也通过采取多种有效措施普及学前教育，到1995年，其4~5岁儿童入园率提高到98%。①

（2）推动学前教育事业的专业化发展，人才培养是关键。主要措施有两方面：一方面，各国大力新建或增设幼儿师范学校或在高等院校开设学前教育专业，帮助培养专门人才；另一方面，以法规的形式建立完整的师资培训体系。例如，英国于1944年颁布了《巴特勒法案》，大力加强师资培训工作，规定职业教师需要参加教师证书考试；日本颁布了《教育职员许可证》，再三强调教师必须持有相应资格证书才能上岗。

（3）学前教育管理系统化。各国政府将学前教育的各个环节科学地分配到各级行政部门，明确职责，共建规范化、科学化的管理系统。与此同时，有条件的地区分设单独的管理单位。例如，我国地方教育局下分设的幼教科，充分践行了"统一领导，地方分级管理"的方针。

---

① 韩映虹. 学前教育原理［M］. 北京：高等教育出版社，2014：49.

（4）鼓励多元化办学，各种各样的学前教育机构出现。例如，在瑞典，托幼机构有日托中心、托管中心、学前教育中心、儿童护理中心等；在南非，学前教育机构主要有保育中心、游戏小组、小学预备学校等。

（5）学前教育更加关注公平，合理使用教育"补偿"。在"全民教育""终身教育""全纳教育"思想的引领下，越来越多的人意识到教育资源，特别是优质教育资源，已不再是某一部分人的特权，而应该是全世界儿童共享的权利。在世界范围内，人们开始重视对学前教育的投入，努力扩大学前教育资源的供给，使学前教育日益惠及全体儿童，以促进学前教育的公平性。对处境不利儿童的关照，更是学前教育公平中不可忽视的一个部分。处境不利的儿童主要是指由于家庭条件的局限而负担不起学费，从而导致辍学的一部分群体。许多国家纷纷针对这一群体出台相应的法律政策，如英国1966年《普洛登报告》指出，在教育不发达地区设立"教育优先区域"；2004年颁布《每个孩子都最重要：为了孩子的变化》；2005年颁布《儿童法》，进一步强调每个孩子都不容忽视；美国的"开端计划"、"追随到底计划"等规划都是为引领弱势儿童正常发展的举措。

知识链接

美国"开端计划"

"开端计划"（Head Start）是美国联邦政府对处境不利的儿童进行教育补偿，以追求教育公平，改善人群代际恶性循环的一个早期儿童项目。该计划自创始至今的40多年里，已经为2 200多万名儿童提供了服务，在很大程度上减少了留级和接受特殊教育的儿童的数量，既赢得了贫困家庭的好评，又促进了社会的教育公平。

政府在1981年出台的《开端计划法案》（Head Start Act）中规定，联邦政府每年至少应为"开端计划"项目拨款10.7亿美元。自该法案颁布实施以来，政府对开端计划项目的拨款数额逐年增加：1990年为15.52亿美元；1999年达到46.58亿美元，是1990年的3倍；到了2005年，拨款数额达到了68.43亿美元，是1990年的4倍。从人均来看，1992年政府对每名儿童的投入是3 415美元；2004年达到了7222美元，是1992年的两倍。2007年，美国国会参众两院高票通过了有效期为5年的"开端计划"新法案，该法案规定联邦政府应在2008年向"开端计划"提供73.5亿美元的资金支持，还增加了无家可归儿童、流动儿童、身体残疾儿童及非英语母语儿童参与"开端计划"项目的机会。

"开端计划"不向家长收取费用，其经费80%来自联邦政府的拨款，其余主要来自社区。联邦政府的拨款自"开端计划"实施以来从未停止过，且数额始终呈上升趋势。

（6）学前教育不再只是关注"量"的满足，而更多是要求"质"的提高。提供高质量的学前教育，进而更好地促进学前儿童身心全面发展，一直是世界各国学前教育改革的共同目标。其中，施教者是关键。努力提高教师能力水平成为各国学前教育改革和发展的重点。例如，规范人才培养系统，提高教师地位和薪资水平，同时要求教师要与时俱进，树立正确的世界观和价值观，为提高学前教育质量奠定基础。

二、学前教育机构的产生与发展

学前教育社会机构的诞生得益于近代生产力的大幅提高，可以说，没有大工业生产就没有幼儿教育机构的产生。最初学前教育机构的出现，源于一些社会开明人士、慈善家和自治团体等对社会问题的思考，还有对贫困工人阶级的同情，他们陆续兴办孤儿院、救济院等贫困家庭儿童救助设施。这种在资本主义初期作为社会救济措施的基础设施，虽然多数简陋，但的确为学前教育公共教育事业的建立打下了基础。1816年，英国的欧文创办了世界上第一所学前教育机构——"幼儿学校"，开创了近代史上针对6岁以下儿童实施专门的、真正的学前公共教育的先河。尽管当时的幼儿学校在教育内容和形式上都有小学的影子，但它为幼儿园的诞生提供了可借鉴的经验。

（一）幼儿园的诞生

1. 世界第一所幼儿园的诞生

在19世纪下半叶，在西方教育史上影响最大的，当属福禄贝尔。德国幼儿教育家福禄贝尔被称为"幼儿园之父"，他创办了世界上第一个幼儿园，通过长时间的探索，他创立了一套较为完备的幼儿教育理论和实践体系，使得学前公共教育成为教育重要的领域之一。他认为，教育能帮助幼儿最大限度地显现内在生命力。基于这样的教育理念，1836年，他回到故乡，开始设计游戏材料。第二年，在卡伊尔霍附近的勃兰根堡，福禄贝尔开办了一所幼儿教育机构，专门招收3~7岁的儿童，最后他将此机构命名为"儿童花园"（Kindergarten），即幼儿园。这标志着世界上第一所幼儿园的诞生，这便是最早的、更为正规的幼儿教育机构，它为近代西方幼儿教育思想的发展提供了实践场所。随后，"幼儿园"这一名称被全世界广泛采纳，迅速传遍欧洲。图2-1为福禄贝尔幼儿园的集体运动游戏。

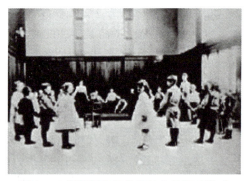

图2-1 福禄贝尔幼儿园的集体运动游戏

2. 我国近代第一所幼儿园的诞生

我国自己创办的第一所幼儿教育机构是于1903年在湖北武昌创办的湖北幼稚园。当时的中国深陷民族危机之中，救亡图存的呼声日益高涨，一些开明人士开始寻求西方真理以解决国内矛盾。在戊戌变法、维新变法的推动下，"效仿西洋，倡办西学"成为最新趋势，对幼儿实行"公教公育"的主张也被提出。在这样的时代背景下，湖北巡抚端方在武昌创办了我国历史上第一所幼稚园，这所幼稚园由官方开办，聘请了户也美知惠等3名日本保姆负责经办，并拟定了《湖北幼稚园开办章程》。翌年，幼稚园更名为武昌蒙养院。1905年，端方在湖南开办了同样的蒙养院。随后，在其他各地都出现了官方和私人开办的幼儿教育机构。图 2-2 为湖北幼稚园的毕业合影及园内活动。

养真幼稚园

图 2-2 湖北幼稚园纪念照及幼儿活动

（二）学前教育机构的发展

1. 国外学前教育机构的发展

（1）学前教育机构数量急速增加。

经济的高速发展推动了学前教育基础设施的建设，幼儿园数量增加得很快。一方面，为满足每个孩子都能公平享受教育的权利，机构数量的变化要能适应人口增加的速率；另一方面，政府大力推动学前阶段教育的普及和加强硬件建设为每个孩子入学提供保证。例如，截止到 2010 年，新西兰共有 630 所幼儿园，到 2013 年底，通过重新改造满足标准后再注册的幼儿服务机构已达到 2018 年框架计划的 85%，远远超过了该年度 50% 的目标。其他国家的增加数量同样超过了该年度的计划目标。

（2）学前教育机构多元化发展。

国外学前教育机构的供给途径多种多样，办园主体也有不同，包括国家教育部门、地方政府、社区、教会、慈善团体、学校和私人等，而过去更多的以公有为主。为适应普及学前教育的需要，为进一步适应现代家长的不同需要，一方面，学前教育机构种类呈现多样化发展，例如，德国的幼儿园不再属于国家的学校体制，而从属于青少年福利事业，由教会、福利联合会和乡镇负责，也有企业和协会共同举办的幼儿园，私人办园比重增加。据统计，1975—1990 年间，世界私立幼儿园入园率平均增长了 74%，并呈增长发展之势。[①]
这些托幼机构的结构、规模、教育方法和内容等不尽相同，进而在相互竞争中促进了学前教育机构的形式、功能、组织等多元发展的新模式。例如，1905 年，英国麦克米伦姐妹创办的保育学校；1881 年，法国的母育学校等都是当时幼儿教育机构的主要形式；另一方面，根据幼儿在园时间的长短，学前教育机构的入托时间也灵活多变，包括寄宿制、全日制、半日制、计时制等，例如，加拿大为方便临时外出的家长，开办了临时托儿所；印度根据建筑工人流动性强的特点，专门为其量身打造开办了"流动幼儿园"。除此之外，办园目的上也多种多样，有旨在解决家长工作忙碌问题的，有专门照顾、教育和治疗残疾儿童的，也有为适应低幼年龄儿童发展需要而开办的，进一步促进了不同类型的学前教育机构的发展；除了因办园目的的多样性所带来的机构类型多样化以外，以各派幼儿教育理论为办园宗旨的幼儿园也纷纷出现，学前教育机构的发展欣欣向荣。

---

① 曾明鸣. 国外学前教育机构发展的特征［J］. 基础教育研究，2010（10）：51—53.

（3）学前教育机构教育质量显著提高。

从20世纪80年代开始，高质量的学前教育成为托幼机构的追求目标。在目标的推动下，各国纷纷出台相应的标准，以规范托幼机构的办园水平，例如，美国早期教育协会于1984年颁布了一个关于高质量托幼机构的认证标准，这个标准不仅有效促进了美国幼教机构的改革，显著地提高了教育水平，而且在全世界范围内造成了广泛的影响。教育水平及质量的提高也意味着对教师个人水平的要求相应提高，世界各主要国家通常从限定教师文化水平的入职基准开始，然后再加强教师职业培训，来保证教师的专业发展。例如，美国、英国、法国等幼儿园，都要求教师必须具有大专以上学历，不少具有硕士学位或博士学位的人也从事幼教工作，同时还实行专门的教师资格制度。法国的学前教育师资培养年限由2年增至3年，并且形成了一套完整的在职教师培训体系；英国教育法规定学前教育教师除了按规定具备相应学历和资格证书外，同时还要求入职前有半年以上从事学前教育的实际工作经验等。这些相应的措施都是为保证教师具备足够的专业水平，以保证正常的教学质量。

（4）政府增加对学前教育机构投入。

学前教育是实现教育民主化的第一阶段，为了从开始就满足每一个孩子受教育的权利，各个国家开始从政策、资金等多方面加大对学前教育机构建设的投入。资金投入包括基础设施建设、入学保障和人员聘用等部分，其中很大一部分投入在于满足孩子最低的入学要求，一方面，保证有足够的机构数量让所有孩子有学可上；另一方面，缩小处境不利的儿童与其他儿童的差距。例如，20世纪80年代以来，美国相继实施《家庭援助法》《儿童保育与发展固定拨款法》等，加大学前教育的经费投入，开展多种形式的经费援助。

知识链接

自20世纪80年代以来，美国政府出台了如《家庭援助法》《儿童保育与发展固定拨款法》等，同时在经费上进一步加大投入，设立开端计划专项资金和儿童保育与发展基金。除了"开端计划"以外，另一项增加学前教育的政府拨款政策为未成年人保育援助计划。美国联邦和州政府主要通过三种方式提供儿童保育援助：

其一，税收抵免。即从他们的应纳税额中扣除部分保育费用，抵扣是渐进性的，对较高收入家庭通常有20%~35%的抵扣；

其二，救济补贴金。包括儿童保育发展综合拨款、贫困家庭临时援助拨款、社会服务拨款。2000年，联邦政府为这3个项目共拨款70亿，州政府增补27亿。和税收抵免不同的是，救济补贴金的拨款是有限制的，而且严格按照联邦和州的资格规定与申请程序进行。

其三，公共学前教育项目。其中规模最大的是联邦"开端计划"项目，为低收入家庭的3~4岁孩子提供服务。美国联邦政府在2000年为"开端计划"拨款53亿。一些州增补了"开端计划"基金，如有36个州建立了学龄前项目基金，主要

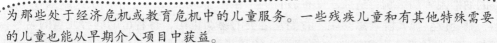

为那些处于经济危机或教育危机中的儿童服务。一些残疾儿童和有其他特殊需要的儿童也能从早期介入项目中获益。

（摘自刘晓红，李帅英.美国儿童保育援助项目的历史、现状与问题［J］.学前教育研究，2014（11）：29-34.）

（5）机构发展呈现一体化趋势。

机构一体化，指的是将具有不同功能的托幼机构在一体化管理的基础上，充分利用家庭、社会和园所的资源，有效整合资源，形成教育合力，对0~6岁婴幼儿实施连续、一体化的保育和教育。

机构发展的一体化体现在三个方面：

其一，对不同年龄段孩子教育的延伸。现在学前教育的年龄范围不再局限于3~6岁儿童，而是向前延伸到刚出生的婴儿，这不仅体现在机构推出不同层次的班级，还体现在政策服务对象的延伸，如美国的"开端计划"在1995年就将服务对象延伸到3岁之前的婴儿、学步儿童及怀孕妇女；新西兰1993年就启动了3岁前婴幼儿教育的国家计划，即"普卢凯特计划"，又在《面向二十一世纪》的报告中明确指出"教育必须从出生开始"。①

其二，机构密切与家庭、社区的合作与交流。机构的发展一定是与时俱进的，不仅与时代接轨，还要与家庭、社区等其他团体建立良好的沟通关系，例如，各国幼儿园都有"家长开放日"，设定某一特定的时间，让家长亲自了解幼儿园发展的情况，平日就通过"家长布告栏"和资源手册等加强有效沟通。

其三，建立一体化的管理系统。学前教育机构一体化管理涉及政府、机构、行政以及教育。②一些国家直接将托儿所与幼儿园结合形成新的机构，采用一体化的管理措施，例如，俄罗斯学前教育机构有一个重要的形式是托儿所－幼儿园联合体，以保证教育的整体性和连贯性，在行政体制和办学体制的管理上，实行联邦、共和国和地区的三级管理，各司其职。还有一些国家则相继建立和发展了"以社区为基础的整合性早期服务机构"，例如，英国的"早期儿童优质服务中心"、日本的"社区育儿支援中心"和澳大利亚的"儿童保育和家庭支持轴心策略"等，这些机构以社区为基点，整合及运行其他早期儿童服务功能。

2. 我国学前教育机构的发展

（1）1840—1949年时期的发展状况。

中国刚步入近代社会，内外纷争不断、政治动荡、经济发展停滞不前，政府无暇顾及学前教育的发展，而使得教育权利曾几度落入外国人的手中。自鸦片战争以后，帝国列强凭借手握的不平等条约，取得了在华传教、办学等特权，最初可见的儿童教育机构多为外国人设立的教会学校。据统计，1924年全国共有幼稚园190所，其中教会学校有156所，占全国总数的80%，而中国人办的寥寥无几，外国人办的幼稚园还通过各种途径对我国

---

① 邱华翔，李永涛.新西兰政府全面普及学前教育的举措及启示［J］.现代教育科学，2014（4）：44-46.

② 同上。

创办的幼稚园施加影响，造成了幼稚教育的"洋化"。除此之外，帝国主义以兴办"慈善"为名，到处设立孤儿院、慈幼院、育婴堂之类的慈幼机构，打着帮助弱势儿童的名号，背地里却不断地从身体上和精神上摧残弱小的孩子，有的孤儿院还设有剥削和压榨童工的工厂。到1924年，中国掀起了收回教育权的运动，最终取得了一定的成果，使得外国人举办学校必须任命中国人为校长而且须经过政府备案，进而推动了学前教育的向前发展。1929年，全国已开设幼稚园接近829所，在园幼儿3.2万人；抗日战争打响前，机构数量已达1 283所，总体数量稳步上升；截止到1934年底，伴随着新学制中幼稚园制度的确立，我国涌现出一大批公办、民办性质的幼稚园，在上海、杭州、天津、青岛等城市有幼稚园189所，绝大部分分设在小学或师范学校，并且多数分布在沿海城市，发展很不平衡。

在抗日战争胜利前后，我国学前教育事业发展仍然缓慢。战争时期，我国很多地方的幼稚园被迫停办，机构数量和入园人数逐年下降，直到战争结束后才有缓慢回升。

表2-2为1937—1947年全国幼稚园的发展统计。

表2-2 1937~1947年全国幼稚园发展统计[①]

学年度	幼稚园数	班级数	儿童数	教职员数
1937	839	1180	46299	1400
1938	857	1157	41324	1491
1939	574	754	40479	946
1940	302	791	28517	973
1941	367	925	58339	789
1942	592	1398	51749	1014
1943	441	1190	46202	1021
1944	428	1527	50491	1393
1945	1028	2889	106248	2407
1946	1263		112792	2805
1947	1302	3367	130213	2502

与此同时，在由中国共产党领导的革命根据地，儿童教育正回归到社会公育的形式中，为了适应战争年代的特殊环境，出现了各种类型的托幼组织。例如，随着形势的发展，至1925年，陕甘宁边区托幼组织数量增长到90多个，这一段时期实践的宝贵经验，为以后学前社会教育事业的发展奠定了良好的基础。

（2）1949年之后的发展状况。

1949年以后，学前教育事业的发展几经波折，历经了社会改造时期、盲目发展时期、全面破坏时期、拨乱反正时期，陷入了由盛到衰的局面。1949年初，我国掀起了收回教育权的运动，陆续接管由美国和其他资本主义国家在我国开办的幼教机构约200余所，并且停办高消费的私立幼儿园，将部分私立幼儿园转为公办幼儿园，例如，陈鹤琴主办的鼓楼幼儿园、刘文兰主办的景德幼儿园等。在这几年之中，发展方针制定稳妥，符合国情，且与我国经济发展步调相适应，使得各级各类幼教机构逐年稳步上升。据《中华人民共和

---

① 周玉衡. 范喜庆. 学前教育史［M］. 上海：复旦大学出版社，2009：50.

国教育大事记 1949—1982》统计，到 1957 年底，全国共有幼儿园 1.64 万所，比 1952 年增加 1.52 倍，其他部门主办的幼儿园增加 0.3 倍，民办幼儿园增加 4 倍。

到了"大跃进"时期，由于"左倾"思想泛滥，学前教育事业陷入盲目发展，短时间内，各地幼儿园数量急剧增加，1960 年相较于 1959 年增加了 7 倍，这样的发展速度与当时实际经济发展水平不相协调，违背了幼教事业发展的客观规律。之后又经历"十年文革"，学前教育事业遭到了极大破坏，陷入一片混乱，机构发展岌岌可危，而随着计划生育政策的出台，优生优育思想的提出，幼儿教育事业略有回升。据统计，1965 年，全国幼儿园数量为 1.92 万，在园人数 171.3 万，到 1973 年分别增加到 4.55 万所，245 万人；1976 年，分别增加到 44.26 万所，1395.5 万人，学前教师学校在逐渐恢复或重建[①]。1976 年秋，党中央粉碎了"四人帮"反党集团的阴谋，结束了十年动荡的局面，教育战线重新步入正轨，10 年来，幼儿园数一直稳定在 17 万所，学前教育工作也开始走向正常。

（3）改革开放以后的迅速腾飞。

1978 年 12 月，党的十一届三中全会召开，标志着新的转折点的出现。我国迎来社会主义事业建设发展的崭新时期，在经济持续发展和改革开放的推动下，我国学前教育机构的发展进入了新的时期。

这一时期，政府加强对学前教育工作的领导和监督，重视幼儿园、托儿所多元化发展，使更多的孩子能进入幼儿园学习，并能提供适应身心发展特点的教育。我国开始多渠道、多层次、多形式地发展学前教育事业，以突破计划经济体制的束缚。一方面，多种办学主体能保证学前教育机构的稳步上升，特别是在农村地区幼儿机构数量的增加，如企业办园、个人办园等；另一方面，非正规的幼儿教育形式的出现也能极大地满足不同地域孩子的上学需求，例如在河北、内蒙古等省区出现的幼儿活动站、游戏小组、巡回辅导班等，极大地满足了偏远地区儿童的学习需要。

（4）当代学前教育机构的新发展。

20 世纪 90 年代至今，中国学前教育进入了稳步发展阶段，尤其是自 2010 年以来，随着国家对学前教育的高度重视及财政投入的增加，并着手解决农村学前教育长期发展滞后等薄弱环节，幼教机构数量在全国范围内迅速增加，逐渐实现幼儿园的普及。表 2-3 为我国教育部官网公布的机构数量。

表 2-3 1998~2015 年全国幼儿园发展统计

学年度	幼儿园数/万所	儿童数/万人	教职员数/万人
1998	18.14	2 403.03	95.57
1999	18.11	2 326.26	95.79
2000	17.58	2 244.18	94.65
2001	11.17	2 021.84	63.01
2002	11.18	2 036.02	65.93
2003	11.64	2 004.00	70.91
2004	11.79	2 089.40	75.96

---

① 周玉衡，范喜庆. 学前教育史［M］. 上海：复旦大学出版社，2009：88-89.

续表

学年度	幼儿园数/万所	儿童数/万人	教职员数/万人
2005	12.44	2 179.03	83.61
2006	13.05	2 263.85	89.82
2007	12.91	2 348.83	95.19
2008	13.37	2 474.96	103.2
2009	13.82	2 657.81	112.78
2010	15.04	2 976.67	130.53
2011	16.68	3 424.45	149.60
2012	18.13	3 685.76	167.75
2013	19.86	3 894.69	188.51
2014	20.99	4 050.71	208.03
2015	22.37	4 264.83	230.31

三、学前教育思想的发展

在儿童教育思想探索的漫长岁月中，人们关于早期教育价值的思考和认识不断地深化，并在大量的实践中，形成了丰富的学前教育思想。最早关于儿童教育价值的发现，可追溯到西方教育家柏拉图、亚里士多德、昆体良等人，他们都提出了关于儿童教育的思想。柏拉图在其著作《理想国》中第一次提出学前儿童公共教育的思想对后世的儿童教育实践有着非常深远的意义。我国关于儿童及教育的探讨也早有涉及，从孔子的"慈幼"思想，到贾谊的早期教育思想、颜之推的《颜氏家训》等，都是学者们结合自身经历与体验形成的，这些思想都为完善我国学前教育思想体系奠定了基础。

（一）对学前教育产生重要影响的西方教育家

在西方，对学前教育思想理论化体系的形成起着重要作用的是文艺复兴运动，在这一场思想解放运动中，人的意志得到了高度的重视。在关于儿童教育的认识当中，第一个专门对学前教育有深刻认识并做出系统论述的，当属夸美纽斯。

1. 夸美纽斯（1592—1670）

图 2-3　夸美纽斯

夸美纽斯（图 2-3），捷克著名教育家，是历史上首位深入研究了家庭条件下学前教育的完整体系，并规定了其目的、内容和方法的人。他撰写了历史上第一部学前教育专著《母育学校》，是其儿童教育思想的集中体现，他被誉为"现代教育之父"，他的研究为近代学前教育理论的发展奠定了一定的基础。

他的学前教育思想主要涉及以下几个方面：

（1）论教育的作用及主导原则。

夸美纽斯认为教育不仅对人的社会生活具有重要作

用，而且对人的发展也隐藏着巨大的价值。他一方面希望可以通过教育帮助失足青年回到正轨；另一方面，他希望借助教育的力量武装人的头脑，希望借助教师的力量促进学生智力水平的发展。他将人的头脑比作"思想的工场"，比喻为能够接受刻印、制成各种形象的蜡烛[①]。

夸美纽斯认为教育的指导原则在于"教育适应自然"，即教育要遵循自然界的秩序。在《大教学论》中，夸美纽斯列举出适应这条原则的例子——鸟类在气候适宜的春天而不是冬天或夏天孵化小鸟，园丁也选择在春天进行种植等，所以儿童的教育也应从春天开始。他一方面指出教育内容要符合客观规律，另一方面强调教育要依据儿童年龄特征进行，教育一定是建立在对儿童的观察之后进行的。

（2）论学前教育。

①儿童观及学前教育的意义。

夸美纽斯在其著作中将儿童比作"上帝的种子"，比作比珠宝还要宝贵的"无价之宝"，并对那些欺辱儿童的人们进行警告。他将儿童看作是上帝赐给我们的最珍贵的礼物，非常稚嫩，为此呼吁父母们需要积极承担起教养责任。他认为学前教育的重要意义在于培养他们成为具有智慧、能正确管理自己各种事务的有才能的人。

②儿童学习的场所——母育学校。

夸美纽斯依据人的年龄特征，将人从出生到24岁成年阶段的教育划分为前后衔接的4级单轨学制，这个学制包括母育学校（0~6岁）、小学（6~12岁）、拉丁学校（12~18岁）和大学（18~24岁）。而母育学校实际上是家庭教育的形式之一，家庭作为早期教育实施的场所，家长承担相应的教养任务，例如，培养孩子的体力、智力和道德能力，使孩子形成对周围事物初步的感知能力，拥有一个健康的身体，为后续学习打下基础。夸美纽斯将学习的内容划分为四大类，即胎教、体育、智育及德育，并编制了供孩子使用的历史上第一本图画书教材《世界图解》。

③幼儿的游戏与玩具。

夸美纽斯基于孩子的年龄特点指出他们天生好动、好模仿，喜欢通过活动来满足自身的需求，所以我们不应该去限制他的自由，而游戏是最适合幼儿的活动方式。我们不仅需要给予孩子游戏的自由，还应该在教学当中使用游戏的方式。在游戏的过程当中，我们可以为孩子提供需要的工具，而这种工具一定是适合孩子使用的。

④儿童入学前的准备。

夸美纽斯强调6岁以前的孩子身心发展水平是不适合进入小学的，而6岁的孩子应根据实际情况，推迟或提前半年到一年进入学校。值得注意的是，在儿童入学前，父母、教师或监护人一定要提前告知孩子上学的事情，安抚他的不安与焦躁，唤起儿童对于学校生活的向往和求知欲望，以便孩子做好心理准备来接纳新的环境。

2. 卢梭（1712—1778）

卢梭（图2-4），法国启蒙思想家、教育家。他将对儿童重视的思想推向了一个新的高度，其理论在西方近代教育史上具有跨时代的意义。其主要的思想集中体现在代表作

---

① ［捷］夸美纽斯. 大教学论［M］. 傅仁敢，译. 北京：人民教育出版社，1984：257.

《爱弥儿》一书中。

卢梭主要的学前教育观点有以下几方面：

（1）自然教育论。

卢梭认为自然赋予人们生来就是善良的、崇尚自由与和平的天性，只是因为不合理的社会制度、宗教、偏见或人为的某些因素，使得他们的善良被破坏，所以他觉得要保持人的这种善性，因此教育最好的方法就是让儿童远离城市喧嚣而去农村接受教育。

基于自然教育原则的教育，其目的是培养"自然人"。这样的人不是原始社会的野蛮人，而是身心发达、体脑两健、不受传统思想束缚、跟随天性发展的新人。为了培养

图 2-4 卢梭

这样的人，要顺应自然的发展规律，而且要尊重儿童的个性特点，如卢梭所说："大自然希望儿童在成人以前就要像儿童的样子，如果我们打乱了这个次序，我们就会造成一些年纪轻轻的博士和老态龙钟的儿童。"[①] 他提出教育的三个来源，即"自然""人""事物"，最终要实现的是以自然教育为中心，使事物的教育和人的教育趋同于自然的教育，三者相互配合，最终达到培养的目标。

（2）教育年龄分期。

卢梭认为，成人与儿童不能等同对待，每一个年龄阶段，都有与其相适应的东西，所以我们需要按照学生的年龄特性有针对性地提供他所需要的材料，来帮助他的成长。根据上述主张，卢梭将受教育者划分为4个年龄阶段，并提出了每个阶段的身心发展特点及相应承担的任务与所采用的方法。关于学前教育思想部分，主要见之于前两个阶段（表2-4）。

表2-4 教育年龄分期表

自然发展进程	特征及教育
婴儿期（0~2岁）	儿童处于长身体的时期，主要的任务是促进儿童身体健康发展，增强体质
儿童期（2~12岁）	儿童言行多受感性支配，缺乏理性思考，处于"理性睡眠时期"。这一时期，主要进行感觉教育，以体育锻炼和感觉训练为主，让他们通过感觉器官的运用获得丰富的感性经验，也为下一阶段的学习奠定基础。教学方法采用"自然后果法"，即让孩子通过亲身经历使他人困扰的事，从而感觉到自身行为不妥的一种方法
少年期（12~15岁）	这一时期是人生能力最强的时期，也是生命中最珍贵的时期，在有足够的体力和发展较好的感觉器官后，继而进行智力教育和劳动教育。教学的任务是培养他们学习的兴趣，掌握学习的方法，让他们通过自己的劳动掌握一门职业技能
青年期（15~20岁）	这一阶段需要进行道德教育，为未来的社会生活做准备。其主要任务在于激发善良的感情，养成正确的判断力，培养良好的道德品质，通过一系列自然教育，最终成长为一名会劳动、会思考、会判断的自然人。

---

① ［法］卢梭著．爱弥儿（上卷）［M］．李平沤，译．北京：商务印书馆，1983：7．

3. 福禄贝尔（1782—1852）

福禄贝尔（图2-5）是近代系统学前教育理论的奠基人，被誉为"幼儿园之父"。他在实践的基础上创立了一套完备的幼儿教育理论和教育方法、教材、玩具等，他的创举使学前教育成为教育领域的一个独立分支，自成一派，不断推动学前教育事业的完善与发展。

福禄贝尔有价值的理论主要有以下几个方面：

（1）幼儿自我发展的原理。

福禄贝尔强调必须尊重幼儿的自主性，重视幼儿的自我活动。他认为幼儿的行为是其内在生命形式的表现，是由内在的动机支配的，通过这些行为，幼儿才能够成长发展。保育者的任务是帮助幼儿除去阻碍生命发展的障碍，让自我得到发展。

图2-5 福禄贝尔

（2）"恩物"。

在福禄贝尔幼儿园的教育实践过程中，为了帮助幼儿更好地认识自然、接触自然，他创制了一套供他们活动使用的玩具，将其称为"恩物"（意为上帝的恩赐）。这套玩具（图2-6）共有6组，按照适合幼儿的方式，仿照大自然的性质、形状和法则，可以帮助幼儿由简到繁、由易到难、循序渐进地认识周围的事物。图2-7为100多年前幼儿园的"恩物"活动。

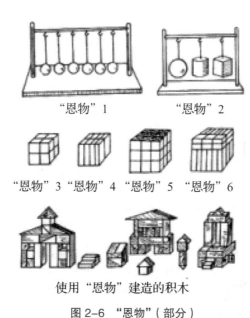

图2-6 "恩物"（部分）

图2-7 "恩物"活动的档案材料

（3）论游戏与作业。

福禄贝尔是第一个阐述游戏教育价值的人。他认为，引导幼儿自我活动的集中体现方式是游戏，游戏是幼儿生活中的一个因素，游戏既是幼儿内在本质的自发表现，又是内在出于其本身必要性和需要的向外表现，即游戏是幼儿内部需要和冲动的表现。[①] 游戏对于幼儿发展而言，绝不是无关紧要的，而是蕴含着重大发展价值的；适宜于幼儿身心发展特点的游戏，有益于幼儿体力、智力和社会性的发展，从而能帮助他们更好地认识周围的自然界和适应社会生活。

而作业就是给幼儿设计的各种活动。作业活动是使幼儿的体力、智力及道德和谐发展的主要方法之一，从某种意义上来说，作业是"恩物"的发展，它将"恩物"的知识运用于实践，让幼儿在操作中使用，幼儿通过完成任务使自身得以完善与发展。但要注意的是，作业活动的开展一定是在学会使用"恩物"之后，因此"恩物"的主要作用在于吸收或接受，作业的作用在于表现或建造。

4. 杜威（1859—1952）

图2-8 杜威

杜威（图2-8），美国教育家，他顺应时代的潮流，否定了学科本位的传统课程设计模式，提出了以学生经验为中心的活动课程设计新模式，强调非智力因素在儿童发展过程中的价值。这些观点都具有跨时代的意义，他被称为现代最有影响力的教育家。

其主要的学前教育思想可以概括为：

（1）儿童中心主义。

杜威认为传统教育最大的问题就是从外面或上面对儿童施行强迫的教育，儿童本身的发展一定是建立在他本能的原始冲动基础上的，所以即使是再好的教材，也无法帮助孩子的发展，学校生活的组织中心应是儿童，主张将教

---

① 陈文华. 中外学前教育史[M]. 北京：科学出版社，2011：219-220.

育的中心转移到儿童上来。

（2）教育本质论。

杜威提出了著名的教育理论——教育即生活。他认为，儿童是在其本能的驱使下一步步发展的，教育就是儿童现在的生活过程，而不是将来生活的预备；教育应该供给足够他们生长或充分生活的条件。教育就是各种自然倾向和能力的正常生长。要重视儿童的生长过程，通过组织保证继续生长的力量，以保证教育的正常进行，同时让儿童依据自己的生长特点来实现自身的发展。既然教育作为一种社会生活过程，那么学校理所应当成为社会的一个部分，他进一步提出"学校即社会"，在学校的环境中，要为孩子呈现他们现在阶段所处的社会生活环境。具体要求而言：其一，学校本身必须是一种社会生活，具有社会生活的全部内含；其二，校内学习与校外学习要联系起来，两者间有自由的相互联系。学校作为一种特殊的环境，一定要蕴含促使个体成长的价值。

（3）教学观。

基于杜威实用主义思想体系，他提出了关于有效教学的一些观点：

① "从做中学"。

在杜威看来，儿童最好的学习方式就是让他"做事"。要满足孩子好动和工作的愿望，学校就应该多提供这样的活动机会。比如，让儿童了解工具的名称和特性，就可以让他在实际使用工具的体验中，逐渐熟悉其名称和使用方法，不一定非得占用专门的教学时间，将它作为一个主题教给孩子，直接从做事中就可以让他们明白。所以，他所说的"从做中学"，实际上也就是"从生活中学""从经验中学"。

②五步教学法。

杜威认为在教学过程中教师要帮助学生掌握思考的一般方法，以促进书本知识与现实生活建立起紧密联系，强调学生的自主学习。他将教学细分为五个步骤，强调要从环境中激发孩子的思考欲望，并且让他们在试着提出自己的假设之后再回到情境中进行正误的检验，进而有所收获。

例如，在科学活动"滚动"中，首先教师引导孩子思考什么样的情况下会让一个物体发生滚动，让他们提出假设，然后提供实物一起进行操作，那么孩子自然而然就学会了。

杜威的教育理论与其社会政治理论紧密地结合在一起，他强调儿童中心，但并不意味着忽视社会的需求，有一个合理的方式能将儿童的需求与社会的需求统一起来，那便是教育，所以，他反复强调学校的价值。

5. 蒙台梭利（1870—1952）

蒙台梭利（图2-9），意大利历史上第一个医学女博士，她的学说及其在"儿童之家"的实践使她在学前教育领域享誉全球，被称为"20世纪幼儿园改革家"。她一生致力于建立"科学的教育学"，从早年研究缺陷儿童的心理转向到正常儿童的教育问题，提出了一些非常有影响力的观点，创立了一套完整的幼儿教育方法，并通过撰写教育理论著作和开办国际训练班等方式，极大地促进了学前教育的发展。

图2-9 蒙台梭利

其主要的思想有：

（1）儿童观与环境。

蒙台梭利认为儿童是一个机体和心理都处于发育中的个体；儿童期是人生发展中最重要的时期，幼儿总是处在不断地生长和发展的变化之中的，主要是内部自然的发展。她强调儿童的发展包括生理和心理两个方面，通过两者共同发展，最终实现个体的整体发展。

在生理方面，幼儿蕴含着潜力，在本能冲动的引导下，他不断地生长。这种本能包括主导本能（即为了生存）和工作本能（即满足活动需求）。

在心理方面，蒙台梭利认为，人存在"心理胚胎期"，即从出生至3岁，婴儿的头脑空空如也，任何信息和能力都需要吸取外界刺激，以积累材料而获得。因此，她将幼儿的心理称为"有吸引力的心理"，认为一个人在童年期所获得的一切会一直保持下去，甚至影响一生。受奥地利习性学家K·Z·洛伦茨对印刻现象研究的启发，蒙台梭利指出，在幼儿的心理发展中存在着各种"敏感期"，即在某一时期儿童会表现出对一定目标特殊的兴趣，并促使他进行重复地练习，直到学会。而人的智力发展就是在幼儿学习的敏感期的基础上进一步发展的，故需要为幼儿提供"有准备的环境"，让他们在与环境中各个要素的相互接触中，发展自身。

知识链接

关键期

奥地利习性学家K·Z·洛伦茨研究发现，刚出生的小鸡、小鹅有一种有趣的现象，即表现出在孵化后对第一眼见到的活动的活物会产生追随现象，不管是人还是其他动物，这样的现象是会持续发生的，而之后无论母鸡或母鹅如何与小鸡、小鹅接触，它们都不会对自己的母亲表现出追随行为，在这一段时间内容易形成的反应叫"印刻"现象，即某种能力发展的关键期（图2-10）。

图2-10　动物追随实验

（2）论幼儿教育。

蒙台梭利尖锐地批判传统的学校教育和旧的家庭教育，指出它们忽视孩子的内在需要，而且严重压抑儿童天性的释放，从而阻碍了儿童的健康成长。针对这一问题，她指出两条必须遵循的教育原则：一是自由的原则。根据她的观点，幼儿能够根据自己的心理需求和爱好选择自己想要进行的活动，要尊重他们的意愿，允许他们有选择的自由，但是这并不意味着他们可以随心所欲，幼儿必须在自由的基础上培养纪律性。二是工作的原则。蒙台梭利提出，能够使幼儿身心协调发展的活动就是"工作"。我们能从孩子工作时的状态来判定孩子的心理情况，如若孩子能够全神贯注地忠诚于某项"工作"，那么正说明这种工作能满足他内心的需求，这也能有效说明孩子为何在某个敏感期能够表现出特别执着于反复的练习行为。

蒙台梭利在"儿童之家"里为儿童安排的教学内容主要有四个方面：肌肉训练、感官训练、实际生活练习、初步知识教育。值得注意的是，在其教育体系中最重要的一个部分是感官教育，她所创立的一套完整的感官教具流传至今，对儿童感官的发展有着非常重要的作用。蒙台梭利认为感官的发展是幼儿形成高级智力活动和思维发展的基础，能够帮助他们更进一步接触外界的环境，同时，她认为3~6岁期间是儿童身心发展的高速期，他们的各种感觉先后处于敏感期，通过系统的、多方位的感觉训练，能够有效发展各项能力。针对每一种感官的训练，蒙台梭利设计了独立的教具，形成了一套完整的感觉训练教具。例如，训练触觉的教育材料有"粗滑板""轻重板"，训练视觉的教具材料有圆柱嵌入物、各种几何图形的嵌板，训练嗅觉的教具材料有嗅味桶等。每种教具材料都配合一系列固定的动作，儿童可由易到难、有次序地使用教具进行专门的训练。图2-11为蒙台梭利和儿童在活动中使用各种教具。

图2-11 蒙台梭利和儿童在活动中使用各种教具

（3）论教师的作用。

在蒙台梭利的教育体系中，"教师"被称之为"指导员"。她认为，教育过程中教师不是自上而下地传授，而是协助儿童自下而上地发展。她说："应用我的方法，教师教得少而观察得多；教师的作用就在于引导儿童的心理活动和他们的身体发展。"[1]在她的"儿童

---

[1] ［意］玛利亚·蒙台梭利. 蒙台梭利幼儿教育科学方法［M］. 任代文，译. 北京：人民教育出版社，1993：25.

之家"中，教师主要扮演以下角色：观察者、环境创设者、指导者、家园合作的联络员。对于教师来说，要给孩子提供有准备的环境，给他们的发展开个头并提供有需要的指导，其余的应该鼓励孩子自由发展，通过活动中的观察，教师要真正理解孩子的需求，不压抑他们的兴趣。同时，她也强调教师上岗前应该接受专门的训练，熟悉每一件教具，熟悉基本的理论知识，掌握基本的教育方法。

（二）对学前教育产生重要影响的中国教育家

1. 陶行知（1891—1946）

陶行知（图2-12）是我国现代教育史上伟大的人民教育家。他坚持立足中国国情，以创办中国人民自己需要的教育为己任。他一生都在从事旧教育的改革工作，积极推行生活教育、创造教育，努力实现普及教育的愿望，为我国的教育事业做出了突出的贡献。

其主要的观点有：

（1）生活教育理论。

生活教育理论是陶行知思想体系的基本观点。其理论的建构基于晓庄师范学校的办学实践，并在后期普及教育、民主教育等一系列探索中，逐渐丰富和完善起来。他的生活教育理论的形成与杜威的教育本质论有着很深的渊源，是在杜威思想基础上继承和改造发展起来的。

图2-12 陶行知

基于杜威的教育本质论，陶行知认为生活教育是给生活以教育，用生活来教育，为生活向前向上的需要而教育。继而他提出"生活即教育"，一方面，生活就是教育，两者密不可分；另一方面，生活决定教育，有什么样的生活水平就对应什么样的教学水平，生活给予教育什么样的支持，教育便支持你怎样去过以后的生活。并且，教育能改造生活。生活教育就是供给人生需要的教育，是教人生活的教育，而生活是社会的生活，故改造了生活也就是改造了社会，这便是"教育即社会的改造"。所以教育不能脱离人的生活而教，必须与人的现实产生联系。

他提出"社会即学校"，就是要完全将学校与社会的"高墙"拆掉，要将学校延伸到社会和大自然之中，在社会的大环境当中，任何人都可以做老师，任何人都可以做学习，任何可以利用的东西都能供我们教学。而杜威的观点只是将社会中的一些东西搬到学校当中，将学校化身成一个微型的"社会"。

"教学做合一"是生活教育理论的教学核心方法，它建立在对杜威"做中学"思想的进一步改造。陶行知所倡导的"教学做合一"，是指教的方法要根据学的方法，学的方法要根据做的方法，怎么做就怎么学，怎么学就怎样教，强调教与学以"做"为中心，最终的目的都是为了"做"。"做"不是单纯的体力劳动，而应该是在劳力上的劳心，在实践过程中获得"真知"。

（2）解放儿童的创造力。

陶行知认为儿童有很强的创造力，我们在教育的过程中要为其提供手脑并用的条件和机会，从而进一步启发、解放他们的创造力。他提出了五个方面的方法来挖掘儿童的创造力：

其一，解放儿童的头脑。先把儿童的头脑从迷信、成见、曲解、幻想中解放出来，允许孩子们自由地想象。

其二，解放儿童的双手。批判传统教育中过于要求孩子"守规矩"，不允许"乱说乱动"，将其双手束缚起来，强调一定要给予孩子动手的机会。

其三，解放儿童的嘴巴。允许孩子表达自己的意见，鼓励孩子的好问。

其四，解放儿童的空间。让孩子有机会走出教室，给他们了解社会和大自然的机会。

其五，解放儿童的时间。不要将孩子的所有时间都被学习占据，而要留有他们自由支配的闲暇时间。

除了上述几个重要的学前教育思想之外，陶行知还为开拓农村教育事业及推动幼稚教育的普及做出了极大的贡献。他倡导创设适合中国国情的、省钱的平民幼稚园，在对中国现状进行实际的分析后，进而关注到农村、工厂是建立幼稚园的"新大陆"。他在南京创立了中国第一所乡村幼儿园——南京燕子矶幼稚园，还创立了乡村幼稚师范学校，提出了培养师资的新方法——"艺友制"。

2. 张雪门（1891—1973）

张雪门（图2-13）是我国著名的学前教育专家。他于1918年与几个朋友创立了宁波市第一所中国人自办的幼稚园——星荫幼稚园，并出任园长。之后又与人合办了宁波市第一所两年制的幼稚师范学校，亲任校长。他的一生都致力于幼儿教育事业的研究，将其实践经验整合撰写出一本本专门的学前教育著作，如《幼稚教育》《幼稚园行为课程》《实习三年》等，为我国学前教育理论的建设做出了重要的贡献。

其主要的观点有：

（1）幼稚教育的目的。

图2-13 张雪门

张雪门在其一系列理论著作中，明确指出：要改造我国的幼稚教育一定要立足于充分了解现实发展状况的基础之上，幼稚教育的发展绝对不能背离真正的教育原理，而且要基于每个阶段孩子生长的需求来制订教学计划。他认为幼稚教育的目的在于培养有健康体魄、良好劳动习惯和态度、不畏强权的民族自信心而又能积极适应新生活的国民。

（2）幼稚园的"行为课程"理论。

张雪门注重幼儿课程的研究，创立了"行为课程"，其基本思想是"生活即教育""行为即课程"，强调通过儿童的实际行为，获得直接经验；同时又根据儿童的能力、兴趣和需要组织教学，主张采取单元设计的方法，打破各种学科的界限。

（3）幼稚师范的培养和见习。

张雪门认为优秀的师资一定要让她们通过一系列的见习和实习的方式更全面地了解教师的工作。《实习三年》一书要求，在空间上，将师范生的实习扩展到整个社会；在时间上，打破传统师范生培养只集中在某一特定的时间点进行实习的传统，认为应该分散在每一年的师范教育中。他将实习分为四个阶段：组织参观、引导见习、指导试教、积极辅导，还强调平民幼稚园是师范生必须实习的场所。

> **知识链接**
>
> ### 张雪门：幼稚教师三年培训内容
>
> 第一年，每周实习9学时，三次完成，主要任务是通过参观幼稚园和进行教学实践，掌握基本的教学能力和知识概念；第二年，实践时间由学生自己支配，让学生们独自建立和管理一所幼稚园；第三年，全年实习，到第二学期全班集体下乡，开办农村幼稚园。
>
> （摘自张雪门《实习三年》）

3. 陈鹤琴（1892—1983）

陈鹤琴（图2-14），是我国现代著名的教育家、儿童心理专家和教育事业改革者，他更是我国现代幼儿教育事业的开拓者。他长期从事儿童教育的科学研究和实践，为我国教育事业的发展献出了毕生精力。他一生研究教育活动近70年，创办了我国最早的幼儿教育实验基地——南京鼓楼幼稚园，全力推行中国化、科学化的幼儿教育道路，提出了"活教育理论"体系。

其主要的观点有：

（1）幼稚教育的意义。

陈鹤琴非常重视幼稚教育，他认为幼稚期是人生可塑性最大的时期，这个阶段的教育是一切教育阶段的基础；

图2-14 陈鹤琴

通过分析当时中国的现实情况，他认为为了改善国内生产环境及经济条件等情况，需要把工作妇女从养育子女的压力中解放出来，因此必须要发展幼稚事业。

（2）提倡中国化教育。

陈鹤琴也关注到中国当时的教育制度存在着严重模仿外国的倾向，当时的幼稚园完全是将各地的东西生搬硬套在自己的机构之中，他说："我们的孩子不是美国的小孩，我们的历史、我们的环境与美国均不同，我们的国情与美国的国情也不一致，所以他们视为好的东西，在我们用起来未必都是优良的。"

他认为，要适合中国的国情，要以中国孩子为对象，总结他们的特点和生长环境，然后吸取国外有益的办学经验，同时他又大力推进为中国平民服务的、培养中华民族接班人的幼儿教育。

（3）"活教育"思想。

1940年，陈鹤琴在创办江西省立师范时就提出"活教育"的主张。经过长期的实践，他不断地丰富和完善自己的思想，建立了完整的"活教育"理论体系，即"教活书，活教书，教书活；读活书，活读书，读书活"。

①"活教育"的目的论。

陈鹤琴认为："活教育的目的就是在做人，做中国人，做现代中国人。"他进一步指出，做这样的人是具有一定的条件的：首先要具有健康的身体，良好的体质；其次，要具备建设和创造的能力；再次，要有合作的态度和服务的意识。在抗战胜利之后，他进一步提出要做世界人，"做世界人"就是要"爱国家、爱人类、爱真理"，这不仅是爱国精神的体现，也反映出他独具"世界眼光"。

②"活教育"的课程论。

陈鹤琴认为，幼稚园课程都是来源于大自然、大社会，以其为出发点，应该让儿童直接以它们为学习对象。他认为只有加上自然内容和社会内容的书才是活的书，只有读活书，才能改变读死书的情况。适合我国国情的幼稚园课程应遵循的基本原则：要体现民族性、科学性、大众性、儿童性、连续发展性、现实性、适合性、教育性、陶冶性、言语性。根据上述原则，陈鹤琴修订了原来的教学单元，加入了"五爱"的教育内容，形成了新的课程结构。

基于上述探索，陈鹤琴认为，课程结构应该体现整体性，以促进儿童全面发展为最终目的，为此，他创造出"五指活动"理论。"五指活动"中的"五指"，就像人的手指，共同构成了具有整体性质的手掌，是指既要注意孩子的生理和心理的发展，还不能脱离社会的实际，要构建合理的活动，来引导儿童的发展。"五指活动"包括健康活动、社会活动、科学活动、艺术活动、语文活动。

③"活教育"的方法论。

陈鹤琴指出，活教育的教学方法也有一个基本的原则，即，"做中教，做中学，做中求进步"，将其进一步细分，集中表现为17条教学原则，可以概括为活动性原则、儿童主体性原则、教学方法多样性原则、利用活教材原则、积极鼓励的原则和教育体现民主的原则等，特别突出了儿童为学习主体的思想。

后期，他又在对学前儿童心理长期的研究和实践中，提出了适合孩子发展的课程组织方法——整个教学法。整个教学法就是将孩子所有该学的东西整个地、有系统地教给儿童学习。这种方法就是将所有的学科糅合在一起，没有规定的时间，所用的教材都是以故事或社会和自然为中心或出发点，都是能引起孩子进一步思考和成长的。所以为儿童设计的课程也必须是整个的、互相联系的。

陈鹤琴是我国最早用科学的方法来研究儿童心理的学者之一，先后创办了多所培养幼稚师资的学校，建立了完整的幼儿师范教育体系。他留下的著作是我国幼儿教育史上最宝贵的财富，他的学前教育理论与实践影响深远，至今仍有很高的理论意义和实践价值。

第三节 我国学前教育的制度改革与发展趋势

一、我国学前教育的制度改革

（一）我国幼儿园地位的演变

1903年，在中国湖北出现了我国第一所幼儿园，它是伴随着新教育制度的产生而建立的。值得注意的是，最初的幼儿园机构并没有正式纳入学校系统中。幼儿园从诞生到改革，而后不断发展到今天，成为学制系统中不可缺少的部分，经历了许多波折，并逐渐经过国家立法来巩固地位。幼儿园成长到如今，历经了长时间的演变和发展（表2-5）。

表2-5　1903~1996年文件中幼儿园地位的演变

时间	有关法规文件	幼儿园的地位
1903年	清政府颁布《奏定学堂章程》，即"癸卯学制"；《奏定蒙养院章程及家庭教育法章程》	改幼稚园为蒙养院，附设在育婴堂和敬节堂内；明确强调"蒙养通乎圣功，实为国民教育之第一基址"。列入学制体系，但未单独成为一级，不占年限
1912年	中华民国教育部"学校系统令""壬子癸丑学制"《师范学校令》《师范学校规程》	改蒙养院为蒙养园，附设于小学、女子师范学校内；同样未纳入学制体系，不占学业年限
1922年	中华民国教育部《学校系统改革案》，即"壬戌学制"（或称"新学制"）	将蒙养园改为幼稚园；规定学校下设幼稚园；在学制上确定了幼稚园教育独立的地位
1951年	中央人民政府政务院《关于改革学制的决定》	实施幼儿教育的组织为幼儿园，被纳入学制系统，任务在于使儿童的身心在入小学前就获得健全的发育
1995年	《中华人民共和国教育法》	学前教育纳入学校教育制度，并规定学校教育制度是我国基本的教育制度
1996年	《幼儿园工作规程》（1989年试行，1996年实行，2015年修改）	幼儿园是对3岁以上学龄前儿童实施保育和教育的机构，是基础教育的有机组成部分，是学校教育制度的基础阶段

（二）我国学前教育制度的改革动态

自幼儿园诞生以后，我国出台了多部法律法规，以保证学前教育在大众中的普及程度，以及规范学前教育机构的教育行为以合乎正常范围。新的时期，国家对人才的培养提出了新的要求，人才的培养要从小抓起，那么学前教育势必也要跟上时代发展的脚步，必须通过法律的制定和完善保证高质量的教育效果，以促进学前教育事业科学化、规范化、可持续性地发展。在我国学前教育法制化的历史进程当中，比较重要的法律法规有以下几种：

1. 1904年《奏定学堂章程》

在《奏定学堂章程》中，有一章是专门为学前教育制定的，即《奏定蒙养院章程及家庭教育法章程》，这个是中国近代历史上第一个为学前教育制定的法规。其内容包括蒙养院对象、蒙养院设置、蒙养院保姆的来源与培训等。虽然，从整个设置内容上看，它完全是照搬日本的形式，从人员聘请到课程制定、教学方法等都是参照日本，显示出极大的弊端，但是它的颁布和实施确实推动我国学前教育进入一个新的发展阶段。

2. 1932年10月《幼稚园课程标准》

该标准的制定，是基于许多教育家在全面了解当时的国情后，进行了一系列的探索而成。其主要内容有三个方面：幼稚教育总目标、课程范围、教学方法要点。对各方面要求论述十分详尽，操作性较强。它的公布意味着我国开始有了自己统一的幼稚园课程标准。

3. 1939年12月《幼稚园规程》

该规程由当时的国民政府颁布，这也是我国学前教育史上又一重要法规。其内容主要规定了幼儿园教育的目的，后来加以修正，改为《幼稚园设置办法》。

4. 1951年《幼儿园暂行规程》和《幼儿园暂行教学纲要》

1949年之后，为改革学前教育，教育部先后出台了《幼儿园暂行规程》和《幼儿园暂行教学纲要》，这是新中国发展学前教育出台的具体纲领之一，规定了新中国幼儿园的培养目标和双重任务，进一步规定了各年龄班孩子的身心发展特点及与之对应的教育内容。它们的出台为全面改革旧教育、逐步建立社会主义学前教育体系奠定了理论基础，极大地推动了学前教育事业的发展。

5. 1981年《幼儿园教育纲要》

"文化大革命"之后，学前教育处于一个低迷的状态。为了及时纠正当时的混乱，并促进下一阶段的发展，教育部在总结1949年以来学前教育经验的基础上，结合实际情况，颁布了《幼儿园教育纲要》。《幼儿园教育纲要》内容包括三个部分：年龄特点与幼儿园教育任务、幼儿园教育的内容与要求、教育手段及注意事项。此纲要的颁布使得幼儿园教育有章可循，起到了拨乱反正的作用，有效帮助了我国学前教育事业迅速走出低迷的状态而进入下一阶段的高速发展。

6. 1989年、1996年、2015年的《幼儿园工作规程》和1989年《幼儿园管理条例》

《幼儿园工作规程》于1989年6月颁布，经历了两次修正，它是关于幼儿园内部的法规，我国各类型的幼儿园都需要自行遵守。它是为适应时代的要求，为建立富有中国特色的学前教育事业而制定的。它贯穿了国家对学前教育的基本指导思想，充分考虑了我国幼儿园的差别，吸纳了国内外优秀的学前教育思想，对我国幼儿园教育的目标、任务、教育原则、组织方法等做出了一系列规定。跟过去的工作文件相比，它更具灵活性和适应性，能够真正推进我国学前教育事业的进一步发展，更能指导我国学前教育的各项工作。

《幼儿园管理条例》是1949年以后第一个学前教育行政法规。它对幼儿园的基本条件、行政管理、保教工作等都做出了具体的规定。值得注意的是，它是首次以教育法规的形式提出"国家实行幼儿园登记注册制度"。

这两个法规的制定，标志着我国学前教育向法制化进程迈了一大步，进而推动了学前

教育的全面改革。

7. 2001年《幼儿园教育指导纲要（试行）》和《中国儿童发展纲要（2001—2010年）》

《幼儿园教育指导纲要（试行）》是由教育部颁布，包括总则、教育内容与要求、组织与实施、教育评价等方面，将教育内容划分为五大领域，并强调相互渗透。它是在总结我国近年来学前教育改革的经验，并充分吸收世界范围内学前教育优秀思想与研究成果的基础上制定的。它立足于我国学前教育改革实际，坚持贯彻党的基本方针，推行先进的教育理念，从幼儿园基本的原理和规律出发，具体规定了我国幼儿园教育内容的基本范畴、目标和要求。

《中国儿童发展纲要（2001—2010年）》是国务院根据第十个五年计划纲要的总要求，是基于我国儿童现实发展情况而提出的。它以促进儿童发展为主题，以提高儿童身心素质为重点，从儿童与健康、儿童与教育、儿童与法律保护和儿童与环境四个领域，提出了2001年至2010年我国儿童发展的目标和策略，进一步保障了儿童的生存和发展的权利，在基本普及九年义务教育的基础上，逐步完善了儿童保护的法律体系，有效地推动了我国学前教育法制化进程。

8. 2010年《国家中长期教育改革和发展规划纲要（2010—2020）》和《国务院关于当前发展学前教育的若干意见》

进入21世纪，人口增长速度不断上升，各地频频爆出"入园难"、"入园贵"、教育质量低下等问题，特别是农村教育的问题尤为突出。为了解决这些问题，中共中央、国务院印发了《国家中长期教育改革和发展规划纲要（2010—2020）》，这是21世纪第一个中长期教育改革和发展规划纲要，也是在此后一段时间内指导全国教育改革和发展的纲领性文件。它主要分为总体战略、发展任务、体制改革和保障措施四个部分，其中第二个部分将各级各类教育的任务单独列出，特别是对"学前教育"部分有详细的论述，这为全面提高我国的学前教育水平和改善教育质量提供了各项保障措施。

为贯彻落实上述文件精神，进一步满足适龄儿童的发展需要，国务院办公厅于2010年11月正式发布了《国务院关于当前发展学前教育的若干意见》，简称"国十条"，它分为四个部分，即学前教育的地位与发展原则、学前教育的资源建设、规范学前教育管理和加强组织领导。"国十条"在我国学前教育事业面临巨大的困难和严峻的挑战之际及时出台，与时俱进，立足现实突出问题，为积极促进儿童发展、提高全社会对儿童教育重要性的认识，发挥着极为重要的推动作用，开创了我国学前教育事业发展的新局面。

9. 2012年《3~6岁儿童学习与发展指南》和《幼儿园教师专业标准（试行）》

《3~6岁儿童学习与发展指南》是为进一步贯彻落实《幼儿园教育指导纲要（试行）》精神，帮助幼儿园和家庭对儿童的保育和教育实施科学的指导，基于儿童年龄发展特点，结合在我国境内对儿童教育情况现状调查的分析，研制而成，是一套比较系统、科学、明确的目标与指导建议，于2012年10月正式颁发。它从五个领域结合各年龄段儿童突出的表现明确了其发展的目标并给出了丰富的教育意见，它的颁发有利于转变公众错误的教育观念，提高学前教师及家长们科学育儿的能力，能够有效防止和克服幼儿园"小学化"倾向，是实现有效地、科学地引导3~6岁儿童发展的指导性文件，也是首次将不同年龄阶段儿童的一般发展水平进行系统规定的文件,它的公布为我国学前教育事业的发展指明了方向。

学前教育事业进入新的发展时期,人们越发关注教育质量的提高,质量改善的关键在于教师专业水平的发展和提高。2012 年,《幼儿园教师专业标准(试行)》颁布,它首次以法律的形式,严格规范了教师应具备的基本知识及能力,并指明了教师未来的职业发展方向,同时,为考察教师专业水平和教师队伍建设情况提供了一个基本的评价标准,进一步推动了我国学前教育事业向着规范化发展。

二、我国学前教育的发展趋势

(一)注重学前教育的普及,实现学前教育地区均衡发展

基于人们对早期教育重要性的认识,以及世界范围内儿童入园人数比率呈现快速上升趋势,越来越多的国家将普及学前教育纳入国家发展的重大决策当中。在这样大趋势的推动之下,我国也在加大推进学前教育发展的力度,动议多项决策,最大限度地满足每一个孩子入园的要求。例如,早在 1949 年,我国就已经将入园率作为学前教育事业的监测指标,积极响应世界的号召,通过制定相关政策保障儿童公平享有受教育的权利,进而在 2010 年开始规划学前教育"三年行动计划",让农村与城市的学前教育机构共同参与到改革发展当中,并将缓解入园难问题作为职能部门的考评政绩。不仅如此,国家还关注到东西部资源分配的问题,体现在不同地区的学前教育发展差异大,特别是农村发展水平远不及城市水平,这些严重阻碍了普及学前教育目标的达成。重点发展农村学前教育,扩大农村教育资源的投放是当前支持及提高普及率的重要措施。

(二)学前教育多元化发展

当今世界的教育是多元化的。在这种背景下,我国学前教育事业也呈现出多元化发展的趋势,具体表现为:一是机构类型的日渐丰富(可以极大地满足不同类型家长的需求);二是办园体制日益多元化,使得民办教育发展迅速,逐渐形成与公办园平分天下的办园格局;三是在课程模式下,自教育改革推行以来,学前教育工作者不断吸收不同的理论,进行不同课程模式的尝试,形成了综合课程、游戏课程、活动课程、领域课程等多元化的课程格局;四是学前教育理论不断丰富和完善,教育思想多元化发展,引发了多种教育实践的开展。

(三)学前教育体系管理日益规范化

学前教育的有序发展有赖于系统、科学的管理体系。近些年来,我国开始关注学前教育科学管理机制的建立和完善,自"文革"结束之后,我国就大力开始恢复和重建学前教育管理机构和体制,例如,1978 年在恢复原教育部后,普教司中恢复了幼儿教育处,并将管理学前教育事业的权力下放给各级地方政府,实行"地方负责、分级管理"。发展到现在,我国一方面出台多项政策及法律文件,落实政府职能及监督义务,健全管理机制,例如 2010 年开始的"三年行动计划",明确指出各级部门应该承担的管理责任,并将其作

为政绩考评的核心指标之一;另一方面,有效督促幼儿园内建立相关规章制度,日常严格执行相关规定,促进管理办法的规范化发展,例如"幼儿园一日生活流程表""幼儿园教师及保育员相关工作内容"等。

(四)重视教师专业化发展

幼儿园教师是履行幼儿园教育工作的专职人员,其专业素质的水平直接影响到儿童的学习和发展,关系到学前教育事业的健康发展。一直以来,教师队伍的管理和建设都是国家教育改革的重点。从政策指引和职业培训两方面来促使教师向专业化人员发展。自1990年以来,我国政府通过颁布政策性文件来保证幼儿教育师资素质的提高,例如1993年的《中国教育改革和发展纲要》中强调教师队伍建设的重要性,同年通过了《中华人民共和国教师法》,明确规定幼儿园教师享受与中小学教师同样的待遇,并且明确要求入职教师要具备相应的学历和教师资格证等。在2009年、2012年和2015年分别颁布《保育员国家职业标准》《幼儿园教师专业标准》和《幼儿园园长专业标准》,推动幼儿园教师和其他工作人员的专业化成长。与此同时,国家还关注农村学前教师队伍的建设,在《教育部关于全国幼儿教育事业"九五"发展目标实施意见》中强调要根据农村的现实情况给予适当的补助,以保持农村教师队伍的稳定。在职业培训方面,自2010年以来,在全国范围内启动了学前教育国家培训计划,各地还实行了"学前教育名师工作室""影子教师""送教下乡"等促进教师专业成长的项目及活动。可见,幼儿园教师专业化发展是学前教育发展的长期趋势。

(五)加强学前教育法制化建设

从古至今,无论是在西方,还是在我国,对儿童教育的重视程度在不断提高,为了让学前教育能够沿着规范化、科学化的道路健康成长,还需要一个完整的法制体系去保障和督促它的每一步实施,所以,加强学前教育的法制化建设势在必行。西方国家在发展学前教育的道路上,始终重视法律的作用,通过多项立法,保证他们所推行的儿童教育趋势能够有效地传承下去。事实说明,他们的做法加速了学前教育规范化系统的建立,同时也在短时间内实现了学前教育的普及目标,例如,西方许多国家主张通过立法将入园年龄义务化,进一步推行免费的教育政策或低廉收费政策。其中,澳大利亚、奥地利、美国和加拿大就是实行1年免费学前教育的国家,荷兰和爱尔兰是实行2年免费学前教育的国家。通过对比发现,有颁布相关法律的国家入园率均超过了90%,远远胜过了缺乏相关措施的国家。所以,从西方的经验来看,我国学前教育法制化进程必须进入常规建设当中,这是学前教育事业建设的重点任务之一。

(六)学前教育国际化

学前教育国际化使学前教育走出国门,与世界其他国家展开学前教育交流、合作与资源共享。学前教育国际化可以吸取他国的优秀经验来提高本国的学前教育质量,以国际视野来发展本国的学前教育事业,同时也可以促进世界学前教育的发展。1988年开始,中国成为OMEP(世界学前教育组织)正式会员国,除了承办国际学术交流论坛之外,还积极参与到其他国家举办的国际学术活动当中。在2013年,中国上海就单独承接了第65届

OMEP工作会议和国际学术研讨会议,这意味着我国学前教育国际化进程迈上了一个新台阶。除此之外,我国还采取鼓励一些示范性中外合资机构的开办、支持扩大公派出国留学名额等措施来促进学前教育事业的国际化发展。

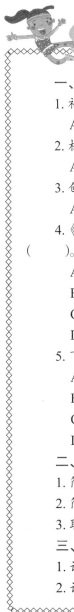

本章练习题

一、单项选择题

1. 福禄贝尔在幼儿园教育实践中创制的活动玩具被称为(　　)。
   A. 凡物　　　　B. 积木　　　　C. 恩物　　　　D. 念物

2. 杜威认为,学校生活的组织中心是(　　)。
   A. 教材　　　　B. 家长　　　　C. 教师　　　　D. 儿童

3. 创设"行为课程"的是我国儿童教育家(　　)。
   A. 张雪门　　　B. 陈鹤琴　　　C. 陶行知　　　D. 张宗麟

4.《幼儿园教育指导纲要(试行)》的结构主要包括四个部分,其内容依次为(　　)。
   A. 总则、教育内容与要求、组织与实施、教育评价
   B. 总则、组织与实施、教育内容与要求、教育评价
   C. 总则、教育内容与要求、教育评价、组织与实施
   D. 总则、教育评价、教育内容与要求、组织与实施

5. 下列关于我国幼儿教育改革动态的说法,正确的是(　　)。
   A. 改革开放以来,我国幼儿教育逐渐形成以公办幼儿园为主体的发展格局
   B. 幼儿教育体现了"以人为本"的思想,强调为了每个幼儿的发展
   C. 教师的角色定位更偏向于知识的传递者
   D. 目前,我国幼儿园的课程模式以综合教育课程为主

二、简答题

1. 简述杜威关于教育本质的观点。
2. 简述卢梭自然主义教育的儿童观。
3. 联系目前幼儿园实际,谈谈我国现代学前教育观的主要内容。

三、论述题

1. 论述现代教育发展趋势。
2. 论述陈鹤琴的"活教育"思想对学前教育的启示。

第三章 学前教育的要素

学习目标

1. 了解各个时期的儿童观,树立正确的儿童观。
2. 掌握学前儿童的学习特点和学习方式以及学前儿童发展的特点。
3. 理解家长的角色以及家长与教师的关系。
4. 掌握教师的专业能力和专业素养,给自己的专业成长制订一个计划。
5. 理解环境对学前儿童发展以及对学前教育的重要性。

案例导读

新生入园的第一天,孩子们都来上幼儿园了,唯有小男孩源源没有来。一周过去了,他还是没有来。是什么原因导致源源一个星期不来上幼儿园呢?源源的教师带着这份疑惑去源源家进行了家访。家访中,源源父亲说出了自己的困惑:"源源从小一直由爷爷奶奶带大,爷爷奶奶的溺爱使他脾气很坏、很犟,在家里经常欺负邻居家的孩子,爱打人、咬人。生活自理能力也低于其他同龄的孩子,不会自己独立吃饭、穿衣等,我担心他不能适应幼儿园的生活,所以想等他大一点懂事了再让他上幼儿园。"不难看出,源源的父亲出于对源源的担心而做出了不让他上幼儿园的决定。那么,源源父亲的观念和做法对不对呢?众所周知,学前儿童的成长是不能脱离群体的。源源父亲的观念及做法显然是错误的。在教师耐心地开导和讲解科学育儿知识之后,源源的父亲终于放心地让源源上了幼儿园。在幼儿园生活了一段时间后,源源的上述情况有了很大的转变,开始适应幼儿园生活了。可见,教师、家长作为教育的重要人物,对学前儿童的发展有着重要的影响。由此,我们不禁要问:学前教育有哪些基本要素?各自发挥着什么重要作用?怎样才能具备这样的作用?本章将一一解答这些问题。

第三章 学前教育的要素

学前教育的要素指学前教育活动不可或缺的组成部分。学前教育要素有两个：一是人的要素，包括学前儿童、家长与教师；另一个是物的要素，包括环境和提供的条件。这两个要素相互联系、相互制约，在学前教育中发挥着重要作用。

第一节 学前儿童

学前儿童是学习的主体，是学前教育中最积极的要素。学前儿童主体性的发挥与否，是学前教育成败的关键。学前儿童是学前教育的"焦点"：一方面，学前儿童的发展是学前教育的目的，也是衡量学前教育质量的依据之一；另一方面，学前教育要以学前儿童的身心发展规律为依据，否则就难以实现学前教育的目的。如果教育者没有正确的儿童观，教育过程不符合学前儿童的学习方式和学习特点，不遵循其发展规律的话，那么我们所做的一切都将失去意义。

（一）儿童观的含义

儿童观是人们对儿童的总的看法和基本观点，是人们对儿童的本质的认识。简言之，儿童观就是社会或成人把儿童看成什么样的人，在社会或成人心中他们是怎样的存在以及采取怎样的方式对待他们。不同的时代、不同的地域、不同的文化背景下会产生不同的儿童观，我们透过儿童观可以发现在特定的时代，在特定的文化影响下的人们对于儿童认识的深度和广度，以及处于该时代的人们的自我意识水平与价值观。

儿童观是教育观的前提和基础，儿童观对儿童教育的影响十分重大。儿童是教育对象，有什么样的儿童观，就会有什么样的教育理念，就会采取什么样的教育方式和措施。中国有句古话说"三天不打，上房揭瓦"，就是处于封建时代和文化背景下的成人对儿童的认识，认为儿童喜欢捣乱，不听话。在这种观念的指导下，成人认为只有通过体罚才能对他们进行管制，所以在教育儿童的问题上，成人往往采用强制、惩罚的手段来控制和制止儿童的行为。

因此，儿童的教育问题要建立在儿童观之上，只有在正确儿童观的指导下才能产生优质的教育。

（二）儿童观的历史演变

人类对于儿童的认识从很早以前就开始了。从古至今，在不同的时期人类对儿童有不同的看法，儿童观经历了一个复杂的演变过程。

1. 家族本位的儿童观

家族本位的儿童观是以家族需要为中心，将儿童看作是家族继承和繁衍的工具，儿童是父母的隶属物或私有财产，不是独立的个体，而是依附于成人的。家族本位的儿童观在中国传统文化中是根深蒂固的，历史最悠久，地域涉及范围最广，流传至今。

在这种儿童观下,家长是绝对的权威,儿童的一切都由家长决定,他们的个性被压抑,在教育中处于绝对服从的地位。

2. 国家本位的儿童观

国家本位的儿童观是以国家需要为中心,认为儿童是国家的财富、未来的劳动者和兵源,是国家的利益所在。儿童没有独立的权利和地位,也没有完整的人格。国家本位的儿童观与家族本位的儿童观并存,东西方兼有,延续至今。

这种儿童观体现了儿童教育上的"国家意志",是国家对儿童的一种"重视",尽管有国家功利思想,但也成了今天公共教育的雏形。

3. 神本位的儿童观

神本位的儿童观即宗教本位的儿童观,认为儿童不是父母的私有财产,而是上帝的恩赐,是未来的天国公民,儿童没有独立的人格,是依附于上帝的。

中世纪广为流传的"原罪说",认为所有的人都是带着原罪来到人世,人可以为善,也可以作恶,恶就是犯罪,就是对上帝的背叛①。所以人生下来必须要去赎罪,只有通过"畏神"的教育,才能消除原罪。显然,这种儿童观是为传播宗教思想服务的工具。

4. 人本位的儿童观

文艺复兴运动高举人文主义的旗帜,在带来"人性、人道、人权"思想的同时,也带来了具有人文主义精神的儿童观。人本位的儿童观认为儿童不是罪恶的,而是甜蜜、天真、纯洁的,要求人们尊重人性,把儿童当作"人"来看待,认为儿童不再是"小大人",儿童与成人有区别,主张"发现儿童"。

17世纪,英国教育家洛克提出"白板说"的儿童观,即认为儿童不是生而有罪的,而是一块纯真无瑕的白板,意识到儿童具有可塑性。18世纪,法国启蒙思想家卢梭对儿童有了新的"发现"。他在《爱弥儿》中充分论述了自然教育和儿童的天性,他说:"大自然希望儿童在成人以前就要像儿童的样子。如果我们打乱了这个次序,我们就会造成一些早熟的果实,它们长得既不丰满也不甜美,而且很快就会腐烂;我们就会造成一些年纪轻轻的博士和老态龙钟的儿童。儿童是有他特有的看法、想法和感情的,如果用我们的看法、想法和感情去代替他们的看法、想法和感情,那简直就是最愚蠢的事情。"②卢梭认为儿童遵循自然生长的规律,真正的教育在于使儿童的本性得到发展。因此,洛克和卢梭的儿童观体现了儿童观的大进步。

在人本位儿童观的引导下,儿童不再是国家或者家族的附属品,不再依附于成人的需要而存在。这种儿童观使儿童的天性得到了尊重,获得了自由发展,也让更多的人关注儿童世界,为儿童的发展创造更好、更有利的条件。

(三)现代儿童观的内容

1. 科学地认识儿童

20世纪以来,随着哲学、人类学、生理学、心理学等学科的发展,人们对儿童有了新的认识,并逐渐形成科学意义上的儿童观。这种新的儿童观奠定了儿童的价值,也是现

---

① 吴式颖. 外国教育史教程[M]. 北京:人民教育出版社,1999:72.
② 卢梭. 爱弥儿——论教育(上卷)[M]. 北京:商务印书馆,1983:91.

代儿童观的基本立场。

科学的儿童观认为，儿童是人，不是上帝、国家和家庭的"工具"，也不是"小大人""私有财产""生而有罪的人""像白板一样的人"，儿童就是他自己，他有自身存在的价值，不是任何人的附属品，他和成人一样都是具有独立个体和完整人格的人。我们要正视儿童的特点，把儿童当作儿童来看，既不能盲目抬高，也不能随意贬低。

儿童是发展中的人，而且具有巨大的发展潜能。脑生理学研究证明，人的大脑有补偿机制，大脑额叶某区域受损后，健全的其他大脑额叶区域会协助完成该区域的功能。这说明儿童发展潜力很大。尽管儿童年龄小，不成熟，认识事物能力弱，知识经验少，但儿童的可塑性大，他们的发展具有无限的可能性。这要求我们要用科学的方法来挖掘儿童的潜能，科学地教育儿童。

2.儿童拥有自身的权利和地位

在人类历史上，儿童曾长期被看作是父母的私有财产，他们的权利和地位不被承认。但现代，人们开始认识到儿童的权利，认为儿童与成人具有相同的价值，法律应赋予儿童基本的权利。同时，由于儿童年龄的特性，又享有一些特别的权利，如被保护权、发展权、受教育权等，任何人都不能以任何理由忽视、剥夺儿童的权利。1959年联合国大会通过了《儿童权利宣言》，规定了儿童应享有健康成长和发展、受教育的权利，以儿童利益最大化为原则，保障儿童的权益。1989年联合国大会一致通过了《儿童权利公约》，规定儿童享有多项权利，要求各缔约国应履行儿童权利保障职责，确保儿童生存权、发展权、受保护权和参与权的实现。

今天，儿童的权利已经得到了社会的认可。学前教育者要认识到儿童是有自己的尊严和人格的，他们也享有和成人同样的社会地位和权利保障；要树立儿童权利的观念，在教育实践中保障儿童的各项权利，尊重儿童的主体地位，为儿童提供各种受教育的机会和条件。

3.每个儿童都是独特的个体，具有个性特点

儿童与成人不同，他们具有巨大的发展潜能。儿童有自身独特的认识方式和行为特点。比如，儿童与同伴发生矛盾时，他们往往以一句"我不跟你玩了"来排解他们之间的不愉快，之后又在一起玩，似乎忘记自己先前所说的话。

每个儿童还是独特的个体。由于受到遗传素质、环境和教育等方面的影响，每个学前儿童身心发展速度与水平都不相同，形成各自的个性特点。我们要认识儿童的个体差异，尊重差异，循序渐进地保证每一个儿童的充分发展。

二、学前儿童的主要学习方式和学习特点

学前儿童作为学前教育的基本要素，是学习的主体，在学前教育中发挥着重要作用。学前教育要建立在尊重学前儿童的学习方式和学习特点的基础上，如果没有充分尊重和了解学前儿童的学习方式和特点，就难以发挥儿童的主体作用。

（一）学前儿童的主要学习方式

1.操作-感知

学前儿童常常对新奇的事物感兴趣，喜欢探索，他们对外界的探索离不开对对象的操

作。学前儿童的操作学习主要是其与周围环境中的人或物直接相互作用的活动,通过操作,学前儿童利用各种感官对物体进行感知,从而提高学前儿童认识事物的能力。因此,操作学习和感知学习是相互联系的。

学前儿童知识经验少,对事物的认识需要借助实物,其思维发展处于行动与形象思维阶段,他们的思维过程与操作实物分不开。成人总是让学前儿童想好了再做,可是学前儿童总是喜欢先做再想或边做边想,他们操作的过程就是想的过程,甚至可以说,正是因为他所做的才激发他去想。因此,学前儿童在学习时需要有可操作的物体,在与物体的相互作用中形成自己的认知结构。比如,学前儿童搭积木,通常把小的积木放在下面时上面的积木就会垮塌,经过无数次的尝试,终于明白了大小积木之间的关系,在获得物体特性的同时发展了思维能力。操作学习对学前儿童动作技能的提高也具有重要作用,比如,在学习一项基本的球类运动时,学前儿童可以通过对动作的反复练习来获得经验,提高动作技能。操作学习还可以帮助学前儿童提高自信,实现自我价值。

2. 观察－模仿

观察是指借助视觉、听觉、触觉等各种感官来感知事物的过程。模仿是指再现他人语言、行为的过程。观察和模仿都是学前儿童的学习方式。学前儿童的观察学习和模仿学习相联系,观察学习是模仿学习的基础。俗话"看样学样",说的就是儿童的观察－模仿这种学习方式。年龄较小的学前儿童,通常模仿的是一些表面现象,看到他人做什么,自己也做什么,还特别喜欢重复周围人说的话。年龄稍大的学前儿童,模仿行为开始内化。教师和家长是学前儿童主要的模仿对象。学前儿童常常不自觉地模仿教师和家长的行为和语言。比如,在幼儿园里,有些幼儿喜欢模仿教师的语气来指挥或教训其他幼儿,把自己当作领导者。因此,教师和家长要言传身教,给儿童树立良好的榜样。同时,当儿童模仿好的行为时,教师和家长要给予赞许和鼓励,也要在儿童模仿不好的行为时加以制止。

3. 人际交往

学前儿童的学习可以通过与成人和同伴的交往来实现。交往无处不在。在交往中,学前儿童与他人进行信息交流。由于人际交往的具体内容是十分丰富的,所以学前儿童总能够从对方那里获得一定的知识,因而交往本身就是一种学习。交往学习是一种互动学习,学前儿童与他人可以相互分享、借鉴、启发。交往学习还是一种生活化的学习,一切都是在生活中悄悄完成的。

交往学习最大的效果是去除"自我中心"。学前儿童年龄小,常常以自我为中心,还不会形成正确的自我评价。在交往过程中,可以形成社会参照,即通过他人对自己的评价来认识自己,促进自我意识的形成,学前儿童只有在与他人的交往中才能发现自己,认识自己的独特性。

交往也是学前儿童社会性的表现。交往学习还能帮助学前儿童了解人际环境,认识人际关系,学习社会行为规范。例如,在做客时,学前儿童能感受人际亲疏关系,学习与人打招呼,了解做客应有的基本礼貌和规矩。

4. 倾听－表达

学前儿童的倾听,简而言之就是能够细心听并且听懂他人说话,然后做出回应。学前儿童通过倾听来认识世界,与人交往。倾听是学前儿童获得信息的重要途径和方式,倾听的习惯也是衡量学前儿童学习能力的标准之一。良好的倾听能力和习惯对学前儿童来说十分重要，它们能够保证学前儿童听懂语言，也能够让学前儿童学会尊重他人；同时，也可以帮助学前儿童提高智慧，让学前儿童形成良好的注意力。例如，学前儿童听故事，他学习的不仅是故事本身，而且还包括对语言的理解、对讲故事的人的关注态度等。

表达也是学前儿童学习的一种方式。学前儿童通过说话，能够清晰地表达自己的观点，也能够让他人明白自己。表达的过程是学前儿童语言组织和语言运用的过程，也是学前儿童的思维提炼的过程。年龄较小的学前儿童，常常语言表达不清楚，说话不准确，需要成人适时的指导。教师要给学前儿童提供表达的机会，激发学前儿童的表达乐趣和欲望，鼓励学前儿童大胆地表达。教师也要善于倾听学前儿童的表达，及时给予回应，当学前儿童表达不清楚时，要加以引导，让学前儿童学会表达。

（二）学前儿童的主要学习特点

1. 学前儿童的学习受兴趣和需要的驱使

学前儿童自身的意志力薄弱，决定了他们不可能像成人一样被迫学习，学前儿童的学习不是靠意志力来控制的，其动机更多的是来自兴趣和需要。爱因斯坦曾说，兴趣是最好的老师。一旦学前儿童对某种事物产生兴趣，他就会主动去探索、去感知，在过程中获得积极的情感和体验。没有兴趣的学习，学前儿童往往不能坚持。因此，要让学前儿童主动学习，就需要提供学前儿童感兴趣的事物，让学前儿童的需求得到满足。在教育过程中，教师一方面要将学前儿童的兴趣和需要放在首位，重视培养学前儿童的学习兴趣；另一方面也要尽可能将学前儿童学习的内容以学前儿童感兴趣的形式呈现出来，让学前儿童获得主动学习的体验。

2. 学前儿童的学习以直接经验为基础

学前儿童的年龄特点决定了学前儿童对事物的认识是感性的，其思维需要动作的帮助，因而他们对于事物的认识很大程度上依赖于对物体进行的直接操作。学前儿童很难理解大多数的间接知识和事物的抽象概念，他们的学习需要建立在直接经验的基础上。

直接经验是指学前儿童与环境中的人或者物的相互作用的过程。建立在直接经验基础上的学习也是一种具有探索性、实践性和交往性的学习。学前儿童的这一学习特点要求我们提供丰富多彩的材料，创造机会让学前儿童自己去操作、体验和建构知识。例如，教师在组织"沙子的特点"的科学活动中，为学前儿童提供不同沙子和玩沙的材料，学前儿童在整个活动过程中自己玩沙子，通过动手探索，认识沙子的特点，掌握有关沙子的粗浅知识。

3. 学前儿童的学习以无意学习为主，有意学习正在发展

学前儿童的学习具有无意性。无意学习是在无意识状态下，无目的、自动化的加工活动，具有随意性，学习活动能自发进行，无需耗费心神。[①] 无意学习是学前儿童在不知不觉中的学习，是一种潜移默化的行为，不会受学前儿童的年龄、智力、情绪等外在因素的影响。实践中经常会遇到这样的孩子，他在自己玩自己的，看似没有参与课堂，但是课后却发现他对这个活动中的大部分内容都掌握了。

学前儿童的无意学习不需要教师去强调或刻意安排，但教师需要为学前儿童创造良好的条件，让他们轻松地学到东西，如在午餐时放上一段舒缓的音乐。同时，随着学前儿童

---

① 牟生调，韩爱晶. 学前儿童发展和学习［M］. 长春：吉林大学出版社，2013：266.

有意注意的不断发展，学前儿童的有意学习也在发展之中，教师也应逐渐加强学前儿童学习意志力的培养。

4. 学前儿童的学习具有整体性

学前儿童对事物的认识依赖于整体感知方式，单一的感官不足以形成其对事物的认识。学前儿童年龄小，没有成人的认识能力，更需要运用多种感官甚至身心的全部力量来进行学习。例如，3~4 岁学前儿童听故事时不仅耳朵在听，他的全身都在"听"，听到高兴时还会手舞足蹈，这是因为他需要调动身心的全部力量才能感知外部事物。

学前儿童对事物整体的感知能让他们获得关于事物的完整经验。例如，认识某些水果时，学前儿童通过看、闻、摸、掂、切、尝等多种方式，获得关于这些水果的外形、颜色、软硬、轻重、光滑与粗糙、暖与凉、内部构造、气味、味道等完整的经验，而不只是这些水果的名称。

三、学前儿童发展的主要特点

儿童发展是指在儿童生长过程中生理和心理方面有规律地进行的量变与质变的过程。生理发展主要包括身体形态、结构和功能两方面的生长、发育和成熟。心理发展包括心理过程各种机能，如感知觉、记忆、注意、思维、想象、情感、意志的发展及个性心理特征，如能力、性格、个性品质的形成和发展。学前儿童的发展具有以下几个特点：

（一）学前儿童的发展具有规律性

学前儿童的发展有其自身的客观规律。学前儿童的发展经由简单到复杂，无论从生理方面还是心理方面都遵循这个规律。例如，学前儿童的动作发展是由简单的大肌肉动作到复杂的精细动作，认知发展由简单的感觉发展到复杂的思维发展等。学前儿童的发展具有顺序性，其身心发展表现出的顺序是固定不变的。例如，个体的生长发育是由头至下肢，各部分的发育也不是呈直线型的，内部器官的发育早于四肢。再如，学前儿童对事物的认识也按如下顺序：从认识自我到认识周围的人与物，再到认识整个社会。

（二）学前儿童的发展具有整体性

学前儿童的生理和心理发展是相互联系、相互制约的，它们构成一个有机的发展整体。生理发展是心理发展的基础，而心理发展也同样直接影响生理机能，两者相辅相成。比如，儿童厌食症可能是由生理方面的疾病引起而导致心理的病变，或者可能是由心理方面，如情绪的变化等引起的营养不良和体质下降等因素所导致的。再如，爬得早的婴儿比爬得晚的婴儿在独立性和空间知觉方面的发展更好些。从此看出，儿童年龄越小，其生理和心理发展的关系越密切。

（三）学前儿童的发展具有连续性和阶段性

学前儿童的发展是一小步、一小步逐渐积累的过程，是由低级向高级，由量变到质变连续变化的过程。无论是身体还是心理，儿童的发展都是不间断的。即便是在发展的某个阶段，儿童的发展也不是孤立的、无联系的过程，每一个发展阶段都为下一个发展阶段做了铺垫，并且每一发展阶段也是儿童生长发育新的起点。

学前儿童的身心发展又具有一定的阶段性，每一个阶段都有各自发展的特点，前一阶段的发展状况直接影响下一阶段的发展。儿童每个阶段的变化都是十分明显的，比如学前儿童的语言发展，经历了由咿呀学语、模仿成人发音、单字句向双字句及复杂句的转变，再到掌握基本的表达，能够轻松地与人交谈的过程。再如，学前儿童的思维发展也经历了一系列过程。2岁时，思维的发展主要依靠动作，3~4岁以形象思维为主，5~6岁抽象思维开始萌芽。

学前儿童发展的连续性和阶段性，要求教育既不能中断，同时还要结合每个阶段的发展特点，为儿童各阶段的发展创设条件，引导儿童向更高阶段发展。

（四）学前儿童的发展具有不平衡性和个体差异性

学前儿童个体发展的速度和水平是不平衡的。一方面，幼儿的生长发育不是直线上升的，而是时快时慢，呈波浪式状态①。比如，儿童的身高和体重的增长有两个高峰期，一个是儿童出生后的一年，另一个是青春期。在这两个高峰期，儿童的身高和体重发展的速度比平常快。另一方面，儿童在不同方面的发展也具有不平衡性。例如，在儿童的心理发展中，时间知觉和空间知觉的发展要比数字概念的形成稍微晚一些②。

儿童的发展因受到遗传、环境的影响而具有差异性，每个儿童都具有各自的发育速度和特点，都具有自己的个性特征。因此，教育学前儿童时，我们要了解学前儿童不同的发展水平，因材施教，使每一个儿童在原有水平上得到充分的发展。

第二节 家长和教师

学前儿童是学前教育的核心要素，但并不意味着有了学前儿童，学前教育就可以自发地实现。家长和教师作为影响学前儿童的重要因素，在学前儿童的发展中具有不可忽视的作用。家长和教师在学前儿童的发展过程中扮演着不同的角色，发挥着各自的作用，他们之间的相互关系会对学前教育的效果产生影响。

一、家长是儿童的第一任教师

家庭是人生成长的摇篮，家长是儿童的第一任教师。家长对儿童的影响是潜移默化的，而且不可替代。

家长在儿童成长与教育中充当着以下主要角色：

（一）家长是儿童的养育者和监护人，承担着相关责任

家长在儿童的生活中扮演养育者的角色。儿童从呱呱坠地的那一刻起，就开始接受家

---

① 牟生调，韩爱晶. 学前儿童发展和学习［M］. 长春：吉林大学出版社，2013：11.
② 孙俊三，雷小波. 教育原理［M］. 长沙：湖南教育出版社，2007：61.

长的照顾。家长作为儿童的养育者和监护人,承担着相应的责任和义务。既要为儿童的生活负责,也要为儿童的健康和安全保驾护航;既要教会儿童简单的生活自理,培养儿童基本的生存能力,也要促进儿童身心发展和道德水平的形成。

(二)家长是儿童与环境的中介

家长在儿童与环境的互动中扮演着中介的角色,比如,年龄很小的婴儿,需要家长为他提供所需要的物品,否则他拿不到。学前儿童在家长的引领下开始接触环境,逐渐与环境中的人和物发生互动,在家长的帮助下初步了解与适应环境。因此,家长是儿童接触社会、融入环境的桥梁。

(三)家长是儿童智慧的启蒙者

儿童的智慧将影响儿童整个一生的发展。家长是儿童最早的知识启蒙者,对儿童的心智发展具有重要影响。儿童最初的知识和经验都来源于家长。对于家长来说,要了解自己孩子的认知需求并及时支持,以正确的方式培养其学习兴趣,引导其各方面能力的发展。例如,我国著名的教育家黄炎培对于孩子的培养独具慧眼,他既善于观察,又因势利导,他的一个儿子少年时喜欢读佛经,他便引导他去研究哲学,另一个儿子喜欢玩积木,搭建物品,他便带他去游览名胜,培养孩子对建筑的兴趣。

> **知识链接**
>
> 国外研究者做过一个关于母亲与婴儿语言发展的实验,实验证明母亲的言语行为对婴儿词汇的增长具有决定性的作用。随着婴儿年龄的增长,母亲的言语水平与婴儿的词汇量呈正相关,不同的言语水平对婴儿词汇量的增长影响不同。婴儿年龄越大,高言语水平的母亲对婴儿词汇量的影响越大(图3-1)。
>
>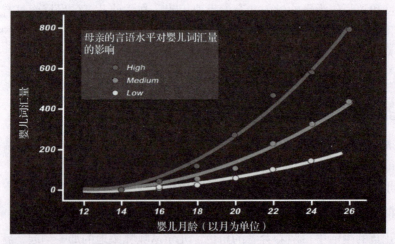
>
> 图3-1 母亲言语对婴儿词汇的影响
>
> (资料来源:Huttenlocher et al, Developmental Psychology, 1991.)

由此可知，父母在儿童学习和成长中的作用是不可忽视的。儿童作为主动学习、发展的个体，需要父母或者长辈加以引导和激发。

（四）家长是儿童学习的榜样

俗话说，"父母是孩子的镜子，孩子是父母的影子"。由此可以看出家长对儿童的表率作用。儿童每天与家长生活在一起，家长的言行举止对儿童具有潜移默化的影响。在儿童的意识中，成人是最好的，家长是他们崇拜的对象，也是他们学习和模仿的榜样。家长作为儿童的榜样示范者，要以身作则，着力培养儿童良好的习惯和言行举止，也要加强自身的修养，为儿童树立榜样。

二、学前教师的专业角色、专业素养和专业化发展

教师是学前教育的要素之一，是幼儿园教育的核心力量，也是学前教育取得成功的关键。教师的教育对象是学前儿童，学前儿童身心发展的特征决定了学前教师不可能像对待普通学生那样去对待他们。因此，社会对学前教师的专业角色和专业素质提出了与其他教师不一样甚至更高的要求。学前教师需要不断提升自己的专业化发展水平，以适应社会的要求。

（一）学前教师的专业角色

1. 学前儿童心灵的倾听者、保护者

《幼儿园教育指导纲要（试行）》中提出，学前教师要"以关怀、接纳、尊重的态度与幼儿交往"，他们是学前儿童心灵的倾听者、保护者。

（1）倾听者。

教师作为倾听者，是指教师要听取学前儿童的意见，理解他们的学习特点与方式，了解他们的内心想法和真实的需要，并站在他们的角度思考问题，给予他们应有的尊重、鼓励和赞许。例如，学前儿童把海水画成红色，先不要批评指责他，而是听听他的想法再做决定。

有时候，成人未能真正地倾听学前儿童，未能理解他们的感受，从而导致教育方法出现错误。例如，在学前儿童眼中，他们会把指甲当作弯弯的月牙来欣赏，但是成人认为指甲是脏的、有细菌的，不让学前儿童放在手中。于是，成人习惯性地破坏着儿童的想象力，没有把儿童当儿童看。可见，成人认真倾听儿童是多么重要。

（2）保护者。

作为保护者，教师既要保护好学前儿童的健康和安全，也要尊重他们，保护他们的天性和童真。日本的幼儿园教师把自己比作学前儿童"白日里的妈妈"，而我国幼儿园教师也是承担着教师和家长的双重角色，都强调教师要给予学前儿童情感和心灵上的呵护。

2. 学前儿童学习与发展的支持者、合作者、引导者

《幼儿园教育指导纲要（试行）》中明确提出，学前教师在教育过程中的角色绝不仅仅是知识的传递者，而"应成为幼儿学习活动的支持者、合作者、引导者"。

（1）支持者。

在学前儿童有想法、有兴趣和有需要的时候，教师应给予学前儿童肯定、鼓励和帮助。例如，学前儿童在画鱼时提出一个问题："鱼吃什么？"教师鼓励他积极寻找答案，并把他找到的答案画在原来的画上。

（2）合作者。

教师成为学前儿童学习和游戏的伙伴，跟学前儿童一起成长。例如，当"娃娃超市"半天没有顾客时，教师便以顾客的身份参与进来，和学前儿童一起享受游戏的快乐。

（3）引导者。

当学前儿童在活动中遇到疑问、困难或认知冲突的时候，教师引领学前儿童思考和探索。例如，学前儿童围绕"蚂蚁有几只脚"的问题争执不休，教师说："我们去找一只蚂蚁看看不就知道了？"学前儿童在教师的引导下找到一只蚂蚁，并把蚂蚁置于投影仪下放大，终于弄清楚了，原来蚂蚁有6只脚。

3. 学前儿童与社会交往的组织者、沟通者

学前儿童的社会经验不足，不知道怎样与人交往，因此交往时常常会产生人际冲突，有些甚至害怕交往。教师需要为学前儿童提供交往机会，组织一些交往活动，帮助学前儿童增强交往技能，增强他们的自信心，克服对陌生人的恐惧和抵触心理。例如，班上突然来了一些前来参观的陌生人，教师可以组织学前儿童跟他们交谈、一起做手工或游戏。教师还可以与家长和社区沟通，请他们配合，为学前儿童的社会交往提供一个更大的舞台。

（二）学前教师的专业素养

《幼儿园教师专业标准（2012）》提出了学前教师应具备的3个方面的专业素养：专业理念与师德、专业知识和专业能力。

1. 专业理念与师德

专业理念是指教师对专业的基本认识和态度，师德是指教师的个人道德修养和职业行为规范。这两者是学前教师从事教育工作的前提。其中，师德是教师职业的灵魂，也是衡量教师是否合格的首要标准。近年来，幼儿园内屡屡发生的虐童事件给我们一个重要的警醒：要防止此类行为的再次发生，必须要加强师德建设。

（1）对学前教育有正确认识和基本态度。

作为学前教师，首先要认识到保教工作的意义，重视生活、游戏、环境等对学前儿童发展的独特作用，发挥学前儿童的主体性。在尊重学前儿童身心发展规律的基础上，提供适宜的教育。同时，也要认同幼儿园教师的专业性和独特性，注重自身专业发展。

（2）热爱学前教育事业。

学前教师要热爱学前教育事业，具有职业理想和敬业精神。众所周知，对一份职业的投入程度源于一个人对这份职业的爱，因此，教师只有热爱学前教育事业，以积极的心态对待工作，才能全心全意地投入进去，克服各种困难，切实履行教师的职责。实践经验表明，幼儿园教师在学前教育工作中做出成绩，其动力主要来自对学前事业的热爱，她们勤勤恳恳、不辞劳苦，不怕麻烦，不计时间，不计报酬，克服种种困难，日复一日，辛勤工作，为提高教育质量和教育改革做出成绩。

（3）热爱并尊重学前儿童。

热爱学前儿童就是要给予孩子关爱、帮助和引导。教师只有对学前儿童具有充分的爱，才能真正了解和亲近学前儿童，取得学前儿童的信任，最终教育好学前儿童。教师给学前儿童的爱必须是博大的，教师要爱每个学前儿童，而不是偏爱；教师的爱也应该是理智的，不对学前儿童放任宠溺，也不严厉冷酷。同时，教师也要尊重学前儿童，不武断地批评或否定学前儿童，不歧视、侮辱学前儿童，要把每个学前儿童当成一个独立的个体来尊重。

（4）有良好的个人修养。

学前教师不仅要有爱心，还要有责任心、耐心和细心，保持积极乐观、热情开朗的性格和亲和力。在教育实践中，学前教师要善于自我调节情绪，对人对事都能保持一种平和的心态；同时，教师还要注意衣着整洁大方、语言规范健康、举止文明礼貌，树立为人师表的形象。

（5）团结集体，尊重家长。

学前教师在教育工作中不可能靠单枪匹马完成任务，而是需要群策群力，与同事及家长等协作。因此，教师要团结集体，尊重家长，与他们合作，形成一致的教育理念，共同促进儿童的发展。

 知识链接

学前教师的"三心二意"

三心——爱心、信心和耐心。学前教师面对学前儿童时必须心中有爱，时常展现笑容，和蔼可亲，选择适合学前儿童的好教材，寻找适宜的学习方法，释放自己的感情，这些是孩子最需要和最喜爱的。有信心的教师对学前儿童绝不失望，也绝不轻易放弃，他会寻求各种学前儿童的学习方法并注意个别差异。教师情绪稳定，不会乱发脾气，那么自然会建立起相互信赖的师生关系。一个深受孩子信赖、喜爱和仰慕的老师，必如置身于天使之中，享受着工作的乐趣。

二意——善意和诚意。这是针对家长和同事说的。不管家长如何责难，教师也要本着善意和诚意，并运用专业知识技能与其沟通，取得家长的谅解、理解。教师对同事也要本着善意和诚意，交换工作心得，相互包容、扶持，建立起宽松温馨的工作环境并在工作中取得较好的效果。

（资料来源：张燕. 学前教师专业发展［M］. 北京：北京师范大学出版社，2006：109.）

2. 专业知识

教师的专业知识是其教育工作的知识技能性的保障。人们常说：要想给学生一碗水，教师自己要有一桶水。因此，要想胜任学前教育工作，教师必须具备丰富的专业知识。学前教师应具备以下专业知识：

（1）学前儿童发展知识。

学前教师要了解不同年龄儿童身心发展的特点和规律。比如，学前儿童在游戏中为什么会出现这样那样的行为，了解其发生的原因，才能"对症下药"。同时，学前教师也要了解学前儿童在发展水平、速度与优势领域等方面的个体差异，才能制定适宜的教育教学目标，因人施教。

（2）保教知识。

学前教师要熟悉幼儿园教育的目标、任务、内容、要求和基本原则；掌握幼儿园各领域教育的特点与基本知识；掌握幼儿园环境创设、一日生活安排、游戏与教育活动、保育和班级管理的知识与方法；掌握观察、谈话、记录等了解学前儿童的基本方法。除此之外，学前教师还必须掌握一些意外事故和危险情况下学前儿童安全防护与救助的基本方法，以备不时之需。

（3）通识性知识。

学前教师的通识性知识是指有利于学前教师开展教育教学的一般科学文化知识，主要是人文科学、自然科学、技术方法及艺术、法律等方面的知识。这些知识对于学前教师自身文化素养的发展起着基础性作用。教师要树立终身学习的理念，不断充实自己的通识性知识，只有这样，才能真正促进儿童的发展。

3. 专业能力

教师要胜任工作，实现自己的职业理想，就必须要将教育理论知识转化为实践，而要做到这一点，教师必须具备相应的专业能力。学前教师的专业能力是在幼儿园的保教活动中形成和发展的，是学前教师专业素养的重心。学前教师的专业能力包括：

（1）观察和了解学前儿童的能力。

观察和了解学前儿童是教师做好教学计划，开展教学活动的前提。了解学前儿童要以观察为基础，因此，观察能力是学前教师一项基础的专业能力。它是指教师通过自身感官去察觉学前儿童的学习发展状况并进行分析思考，为教育实践提供行动依据的一种能力。学前教师对学前儿童的观察是一种直觉的、原样的、不加任何操作的自然观察，分为随机观察和有计划的观察两种。随机观察是在没有任何计划的情况下，对学前儿童一日生活当中的各个环节进行的观察。有计划的观察是教师有目的、有计划、有组织地对学前儿童的行为表现进行观察并做好记录。这两种观察都需要教师准确地捕捉每个学前儿童的表情、动作和语言以及客观分析这些行为背后的原因和意义。

（2）沟通能力。

学前教师的沟通能力是指保障学前教师同儿童、幼儿园其他保教人员、家长、社区管理者等有效交流、沟通的能力的总称。对于学前教师来说，沟通主要发生在他们与学前儿童和家长之间。

学前教师需要掌握多样化的沟通方式和沟通艺术，以保障沟通效果。例如，和学前儿童沟通时，教师的语气要亲切，恰当地运用身体语言，适度地增加一些谈话的幽默与夸张，会让沟通的效果变得更好。教师与他人的有效沟通还需要建立在"阅读"与理解沟通对象的基础上。在与学前儿童的沟通中，教师读懂他们、理解他们的需要是有效沟通的前提。例如：

一名入园不久的学前儿童问教师："妈妈什么时候来接我？"

教师甲："11点半。"

教师乙："你现在想妈妈了是吗？妈妈11点半就来接你。"

显然，教师乙的这种沟通方式使学前儿童的焦虑情绪得到减轻。

（3）教育教学能力。

教育教学能力是指教师能够对儿童的一日生活进行合理安排，在组织儿童开展各种游戏活动、集体教学活动，创设和利用环境的过程中表现出的能力。首先，它要求教师了解儿童的学习特点、发展规律和知识经验水平，使教师组织的教育教学活动建立在儿童已有的知识经验基础之上。其次，教师要以丰富多样的手段吸引儿童进行活动，发挥儿童学习的主体性。第三，教师要及时进行教育教学反思，以提高自身的教育教学质量。

（4）教研能力。

学前教师不仅仅是一名教育实践者，还是一名研究者、创造者。学前教师要善于发现自己教育教学中的实际问题，分析并解决问题，不断探索适合本班儿童的教育内容和方法，不断改革和创新。在促进儿童发展的同时，实现自身的专业发展。

知识链接

教师的工作是充满智慧的创造性工作，而非仅仅按照既定程序操作的简单机械劳动。教师的专业智慧是现代教育理念、新型专业知识结构、相应的专业能力等诸素养综合运用的产物，也是教育教学经验积累升华的结晶。它集中表现为：在教育教学的具体情景中，感受、判断、处理随时出现的新状态、新问题的能力；准确地把握教育时机，转化教育矛盾，解决冲突的机智；根据实际对象、情景和问题，迅速做出决策，改变、调节教育行为的能力等。教师只有具备教育智慧，才能感受到教育工作对人智慧的挑战，在战胜挑战中，实现智慧的超越，并进而享受到教育工作的魅力。

（摘自：叶澜. 创建上海中小学新型师资队伍决策性研究总报告[J]. 华东师范大学学报，1997（1）．）

（三）学前教师的专业化发展

1. 教师专业化发展的含义

学前教师的专业化发展又称学前教师专业化成长，是学前教师在个体的专业知识能力不断提高，最终成为专业化学前教师的过程。美国学前教育家丽莲·凯兹（Lilian G.Katz）

将专业化学前教师形象地比喻为,能抓住孩子丢来的球,并且把它丢回去,让孩子想继续跟他玩游戏,并在玩的过程中不断创造出新的游戏来。① 专业化学前教师同一般的学前教师的区别在于,前者能用专业知识诊断分析事情的前因后果,并能做出有利于学前儿童长远发展的教育决策和行动。后者则是着眼于减少眼前的麻烦,采取的是"息事宁人"的做法。

2. 学前教师专业成长的意义

(1)学前教师专业成长是提高专业素养的需要。随着知识经济时代的来临,知识的不断创新,人们对教师也提出了更高的要求。在创新型社会,对儿童进行创造性的培养也需要有创造性的教师来完成。所以,教师需要不断地提高自身的专业素养。

(2)学前教师专业成长是提升教师社会地位的需要。教师作为"专业人员",充分说明了教师社会地位的提高,教师职业得到了重视。正因为如此,社会对教师的期待和要求也提高了,教师只有促进自身的专业化成长才能顺应社会的期待和要求。但这一过程是漫长的,因此教师的专业化发展不再是阶段性的,而是终身发展。

(3)学前教师专业成长是实现生命价值的需要。教师在促进专业化成长的同时就是在实现生命的价值。教师职业的内在魅力,首先在于它是人与人之间心灵的交流,智慧的对话,生命的呼唤。② 教师一直以来都是燃烧自己,照亮别人,这是作为教师的独特魅力。教师要善于思考、创造,只有愿意用自己的创造性劳动来实现生命价值的教师才能实现专业化发展。

3. 学前教师专业成长的途径

学前教师实现专业成长的途径有两种:内驱式发展和外驱式发展。

(1)内驱式发展。主要是教师自我发展,包含价值观、自我意识专业能力、职业精神等方面的发展。教师的专业成长不会自动地实现,它需要教师的努力与付出。教师要努力提高自身的专业知识和能力,进行自我激励和自我反思,同时也要虚心向有经验的教师学习,不断地提升、发展自己,使自己的专业趋于成熟。

(2)外驱式发展。教师要实现专业化发展,还需要依靠外部的推动力量。教师可以通过专业的培训和辅导,将培训和教学研究紧密结合,促进自身实现专业化发展。

三、家长和教师的关系

家长和教师作为学前教育的主体,对学前儿童的发展都具有重要作用。二者的关系将会影响学前教育的质量,最终影响学前儿童的发展水平。

(一)家长和教师的关系定位

现实中,有些家长认为学前教育仅仅是教师一方的事情,从而把自己当作儿童教育的局外人;也有些家长相信教师的绝对权威,认为自己的责任仅仅是配合教师的工作,将自

---

① 张元. 试析学前教师专业化的特征及其实现途径 [J]. 学前教育研究, 2003 (1): 50.
② 杨晓萍, 李静. 学前教育学 [M]. 重庆: 西南师范大学出版社, 2011: 86.

已置于被动地位；还有一些家长在儿童教育中与教师各顾各的，缺乏沟通，彼此无涉。作为学前教育中的教育者，家长和教师都在学前教育中扮演着重要的角色，他们不是彼此孤立的，而是相互联系的，要为学前教育提供各种各样的资源。家长和教师之间应该是一种良好的合作伙伴的关系，双方在儿童教育中相互尊重、相互信任、相互支持，共同促进儿童的发展。

（二）家长和教师的关系建立

家长和教师建立良好的合作伙伴关系，对家长、教师和学前儿童来说都是有利的。对家长来说，可以丰富家长的育儿知识，改善家长的育儿行为，营造良好的家庭教育环境；对教师来说，可以充分利用家长的各种资源，获得来自家长的支持与帮助，从而更充分地了解学前儿童的个性特点；对学前儿童来说，父母与教师的良好关系可以使学前儿童不管是在家庭中还是在幼儿园都处于良好的环境，享受被关爱和被照顾的氛围，也可以使幼儿园和家庭教育保持一致性，从而有利于学前儿童健康成长。可以说，学前儿童是最大的受益人。

家长和教师要建立良好的合作伙伴关系，就需要双向配合，双方的教育方法要保持一致。要做到这一点，必须：

1. 双方沟通

学前教师要认识到与家长的长期沟通是必要的，而不是在学前儿童出现问题的时候才进行沟通，这样才能保证全面、系统地了解学前儿童。教师也要积极主动地向家长了解学前儿童在家的情况，对一些家长的不良教养行为进行交流和指导，让家长学会科学育儿。

2. 建立信任基础

家长和教师的合作关系应建立在相互尊重和充分信任的基础之上。为此，家长和教师要明确，合作的最终目的就是使学前儿童健康发展。因此，学前儿童是家长和教师交流的核心。首先教师要了解学前儿童，关爱学前儿童，教师对学前儿童保持良好的态度才能取得家长的尊重和信任，才能让家长配合教师的工作。其次，教师要提高自身的能力和修养，成为学前儿童的榜样，家长也会充分相信教师，积极主动地配合，形成教育合力。

第三节　学前教育环境

学前教育环境是学前儿童发展所需和依赖的各种条件的总和，也是学前教育的基本要素，它制约着学前教育的发展。没有了环境，学前教育将寸步难行。

一、学前教育环境对学前儿童发展的促进作用

（一）学前教育环境可以促进学前儿童的认知发展

建构主义心理学认为，学前儿童是在通过与周围环境互动的过程中实现认知发展的。

环境对学前儿童认知发展具有重要作用。比如,丰富的材料可以激发学前儿童的探索欲望。学前儿童一边操作材料一边观察和思考,这是学前儿童认知能力发展的契机。没有良好的环境,儿童的智力和才能就无法发展,其语言、思维甚至动作的发展都会受到极大的限制。众所周知,儿童认知发展要以大脑的发育为基础,如果没有丰富环境的刺激,儿童的大脑就不能正常发育和成熟,儿童的智力发展也就无从谈起。

知识链接

20世纪60年代,美国加利福尼亚大学的马克·罗茨威格和他的同事爱德华·本奈特以及玛丽安·戴蒙德历时十余年,进行了一项实验,揭示了环境对大脑的影响。他们专门选了一批遗传素质一致的老鼠(一窝的老鼠),把它们任意分成三组。第一组3只老鼠被关在铁笼子里一起喂养,空间足够大,总有适量的水和食物,此为"标准环境"。第二组老鼠被单个地隔离起来,身处在三面不透明的笼子里,光线昏暗,几乎没有刺激,此为"贫乏环境"。第三组十几只老鼠一起被关在一个大而宽敞、光线充足、设备齐全的笼子里,内有秋千、滑梯、木梯、小桥及各种"玩具",此为"丰富环境"。这三组老鼠分别经过几个月的环境"熏陶"后,马克·罗森茨威格发现处于"丰富环境"中的老鼠最"贪玩",处于"贫乏环境"中的老鼠最"老实"。之后他们将老鼠的大脑摘出解剖,进行分析,结果发现三组老鼠在大脑皮层厚度、脑皮层蛋白质含量、脑皮层与大脑的比重、脑细胞的大小、神经纤维、神经胶质细胞的数量等方面,都存在着明显的差异。"丰富环境"组的老鼠优势最为显著,而"贫乏环境"组的老鼠最劣势。有关两组老鼠大脑的神经突触发现,在"丰富环境"组的老鼠,比在"贫乏环境"组的老鼠,神经突触大50%(图3-2)。

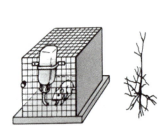 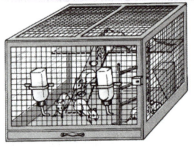 

"贫乏环境"　老鼠大脑细胞　　　　"丰富环境"　　　　老鼠大脑细胞

图3-2 "独"与"群"情境下的大脑发育

上述实验表明,环境刺激可以丰富老鼠的大脑皮层,促进其大脑的发育。这一研究虽然是在动物身上进行的,但研究结论同样适合于人类。

（二）学前教育环境可以促进学前儿童情绪的发展

环境影响儿童的情绪。例如，环境的色调对儿童的情绪有一定的影响，不同的色调通过视觉对儿童产生不同的感受：暖色调能给儿童温暖、美的感受，对儿童的情绪有激活作用；而冷色调则让儿童感到压抑，进而产生消极的情绪。再如，新生儿焦躁不安、哭闹等消极情绪往往是由外界不适宜的环境引起的，往往要通过哺乳、拥抱、抚摸等动作才能使其情绪稳定。

良好的环境可以使学前儿童产生积极愉快的情感体验，让他们情绪安定，并能够充满信心、大胆地去探索周围事物。比如，在爱和陪伴中成长的孩子常常是开朗、自信、情绪稳定的，而一个充满压抑和争吵、缺乏温暖和安全感的家庭，会使孩子产生自卑、脾气大、焦躁不安等一系列的消极情绪。因此，成人要创设良好的环境，促进学前儿童积极情绪的产生与发展。

（三）环境可以促进学前儿童社会化发展

行为主义理论学家华生认为，人的行为是对刺激所做出的反应。环境作为学前儿童发展的一种刺激的条件，可以帮助学前儿童塑造行为，我国古代有"蓬生麻中，不扶而直"的说法，说明环境可以带来行为的改变。

经验证明，物质环境过于贫乏会导致学前儿童产生一些不良的社会行为，比如，为学前儿童活动所提供的材料不充足，而教师也没有加以引导的话，学前儿童就会产生争抢、打人等攻击性行为。再如，肮脏杂乱、吵吵闹闹的环境则使学前儿童内心浮躁、自我控制力变弱，违纪行为也随之增多；而干净、丰富的生活环境可以满足学前儿童多方面的需要，使他们全部身心投入活动中。学前儿童自我约束能力增强，分享、谦让、轮流、合作等亲社会行为也会增加。所以，幼儿园有必要创造一个良好的环境，以促进学前儿童社会化的发展。

二、学前儿童发展对环境有特别的依赖性

学前儿童的身体发展和心理发展的特点决定他们对环境的依赖性比人生其他阶段更大。学前儿童需要一种安全、丰富和受尊重的环境。只有在安全和受尊重的环境中，学前儿童的身体才能正常生长发育，其学习与发展才能达到最佳状态。

（一）学前儿童的生长发育需要一个倍受呵护的环境

学前儿童身体弱小，生长发育不全，身心各方面都处于不断发展的过程中，可塑性大，对环境有特殊的依赖性。

一方面，学前儿童自身的生长发育需要环境。比如，胎儿的健全发育需要母体提供足够的营养，还要避免疾病、药物和不良情绪等因素带来的不利影响。学前儿童的"剥夺性矮小症"表明，如果学前儿童生长环境中缺乏来自抚养者的关爱，则会导致学前儿童产生过多的情绪压抑，心理易紧张，严重的情感剥夺还会影响学前儿童的内分泌系统，抑制生长激素的分泌，影响学前儿童的身体发育，从而出现身材矮小和生长速度变慢等症状。

另一方面，学前儿童的独立生活能力尚在形成之中，他们还不具备自己获得生活资料的能力，需要成人为他们准备所需的生活环境，并以之作为生存与发展的保障。

> **案 例**
>
> 2013年6月21日，南京市江宁区某小区内发现两名幼龄女童（3岁和1岁）死于家中，据警方消息，疑似为饿死。据称，其父犯罪被抓坐牢，爷爷奶奶已经去世，母亲有吸毒史。当日下午，犯罪嫌疑人乐某（两名死亡孩子的母亲）已于21日下午被抓获归案。乐某因涉嫌故意杀人，已被江宁警方刑事拘留。经调查，孩子整夜拍门喊着妈妈，饿得趴在马桶里吃粪便，尿不湿不换导致下身溃烂。

诸如此类事件的出现折射出社会职责的缺失，更说明学前儿童这一独特群体对生存环境的依赖。在不利的环境面前，他们连最基本的自保能力都没有，生存受到严重的威胁。因此，我们必须提供适宜的环境，呵护学前儿童的健康成长。

（二）学前儿童的学习对环境的高度依赖

学前儿童由于皮质兴奋大于抑制，容易注意力不集中，其注意以无意注意为主；学前儿童的自控能力较其他阶段为弱，其注意易受外界物理特性的吸引，情绪易受环境感染等。这些特点决定了学前儿童的学习对环境的高敏感度。例如，教师为了增强学前儿童学习效果，可以适当提供特征鲜明的观察对象，或者借助新奇的玩具；但室内环境布置不宜过于繁杂、花哨，因为有时候琳琅满目的摆设，甚至教师的服饰过于奇异都会分散学前儿童的注意力，反而影响学习效果。

学前儿童行动性与形象性的思维特点以及操作-感知学习方式决定了学前儿童的学习对环境的高依存度。离开了环境与材料，学前儿童就无法进行感知，其思维也无法发展，对周围事物的认识也就变得不可能。例如，学前儿童学习"水"，需要以真实的水作为对象，在玩水的过程中了解水的特性，建构自己对于水的认识，其对水的知识绝对不是通过读或写几遍"水"字就能掌握的。

三、环境对学前教育的独特意义

环境是学前教育的有机组成部分，是开展各种教育活动的必备条件。环境对学前教育具有独特的作用与意义。与其他阶段的教育相比，学前教育对环境的依赖性更大，也就是说，学前教育在很大程度上必须依靠环境进行，寓教育于环境之中。

（一）环境是学前教育的必备条件

学前儿童年龄尚小，他们不具备年长儿童的知识水平，还没有掌握获得间接经验的方式，也就是说，他们还不能进行词语概念意义上的学习。这一特点决定学前教育必须让儿童获得直接经验，而直接经验必须在儿童与环境相互作用中才能获得。况且，学前儿童活泼好动，喜欢探究，思维具有行动性和形象性。学前儿童身心发展的这些特点，使得学前儿童比学龄儿童更加依赖物质环境和对材料的操作。这些特点决定了学前教育不可能像小学教育那样以教授书本知识为主，而是对环境提出了更高的要求，学前教师需要创设环境，让儿童在与环境的互动中生活与学习。

（二）环境是学前教师开展工作的基础

教师是通过创设并利用环境来组织学前儿童的学习活动的，学前儿童是通过与环境的互动来接受教师的指导并促进其自身发展的。所以，环境是教师与学前儿童的中介，也是学前教师工作的基础。离开了环境，教师的工作无法进行，学前儿童也不能得到良好的发展。

一方面，丰富的幼儿园物质环境让教师拥有更多的手段和方式对学前儿童实施教育，比如教师可以利用多媒体带给幼儿最直观的体验，利用丰富的材料和宽阔的活动场地来引导学前儿童自主探索、发现、游戏，而缺乏一定的物质环境，教师就只能以语言讲解和更多的纪律约束方式对幼儿实施教育[①]。另一方面，当教师能以积极、平和、尊重的态度对待学前儿童，为他们营造一种安全、温暖、和谐的心理环境时，学前儿童也会相应地以同样的态度回馈教师，双方在教育中达成一种默契，教师的工作效果和学前儿童的学习效果才能同时达到最佳状态。

（三）环境促进学前教育机构的发展

学前教育机构的存在与发展也要以一定的物质环境为基础。经验证明，如果一个学前教育机构的条件过于简陋，无法为学前儿童提供完善的设备和丰富的物质资源，那么学前儿童的需要就不能得到满足，他们不愿意生活在这样的教育机构中，家长对这样的机构也不会满意，这个教育机构就无法生存下去，更谈不上发展。

总之，环境是学前教育的要素之一，同时也是学前教育的必要条件，没有环境的学前教育是无法想象的。环境不仅是学前教育的条件，从某种意义上来讲，环境本身就是教育。在意大利瑞吉欧的教育体系中，环境被看作是"第三位老师"，强调了环境的教育意义，这为学前教育中环境的重要性提供了有力的佐证。

本章练习题

一、单项选择题

1. 学前教育的基本要素不包括（　　　）。
   A. 学前儿童　　　　　　　　B. 学前教师
   C. 环境　　　　　　　　　　D. 幼儿园课程

---

① 郑三元. 幼儿园教育基础［M］. 北京：高等教育出版社，2015：107.

2.作为学前教师,最基本、最重要的任务是（　　）。
　　A.确保学前儿童安全　　　　　　B.促进学前儿童身体健康发展
　　C.促进学前儿童智力发展　　　　D.促进学前儿童与周围环境的相互作用
3.学前儿童的主要学习特点不包括（　　）。
　　A.受到兴趣和需要的驱使　　　　B.以直接经验为主
　　C.具有整体性　　　　　　　　　D.以有意注意为主
4.学前教师与家长沟通中,正确的做法是（　　）。
　　A.多倾向于表现好的学前儿童
　　B.想到什么说什么,不顾及家长感情
　　C.事先准备,交谈举止得体,语言平和
　　D.有事沟通,无事不管

二、简答题
1.简述现代儿童观的主要内容。
2.简述家长在学前儿童成长过程中扮演的角色。
3.简述学前教师需要具备的素质。
4.简述环境对学前儿童发展的作用。

三、论述题
1.结合实际情况,谈一谈正确的教师观和儿童观对学前教育的意义。
2.结合实际情况,谈一谈学前教育的发展为什么需要环境。

四、材料分析题
材料：近年来屡屡发生的幼儿园虐童事件成为社会焦点。先是太原某幼儿园一位教师,半小时内打了孩子70个耳光,该校监控录像显示,多名幼童被殴打。接着,浙江温岭又出现一名以拍虐童照片为乐的教师,揪耳朵提起男童,将幼童扔进垃圾桶。3岁女童的下体被老师放置芸豆,7岁男童被逼接受紫外线"消毒"的惩罚,还有7名儿童因上课说话而被老师用电熨斗烫伤。
　　问题：幼儿园教师应该有什么样的师德？

第四章 学前教育的性质、目标及任务

学习目标

1. 掌握学前教育的基本性质和特点。
2. 理解学前教育目标及其基本任务。
3. 能够运用本章的相关知识分析相关教育现象。

案例导读

在一次家长会上,一些家长对学前教育是一种什么样的教育、学前教育的任务是什么等问题表示很模糊。在他们的意识中,学前教育就是早点让孩子识字、计算而已,与小学没有什么根本的不同。还有的人认为学前教育充其量就是让孩子玩,根本算不上一种教育。2016年中国教育科学研究院对西部5个国家级贫困县442所幼儿园的调研显示,从桌椅摆放和教室布置、作息制度以及课程内容和教学方式等来看,大约2/3的幼儿园都存在一定程度的"小学化倾向",做到基本符合幼儿园特点的仅占1/3。幼儿园教育小学化使得幼儿园的生活变成了上课,同时给天真、好动、无拘无束的孩子上了一道无形的枷锁,让孩子失去了丰富多彩的童年生活,给学前儿童的一生带来抹不去的阴影;而忽视学前教育自身的性质和追求对于学前儿童的发展来说同样是有害的。

为什么幼儿园教育出现"小学化倾向"呢?学前教育到底是一种什么样的教育?科学适宜的学前教育又有着什么样的特点呢?我们的教育到底应该培养出什么样的人才呢?通过本章内容的学习,你就能初步解答这些问题。

第一节 学前教育的性质与特点

学前教育的性质与特点是由学前儿童身心发展规律和社会发展要求所共同决定的,既反映学前教育与其他阶段教育的联系,同时也揭示学前教育与其他阶段教育的区别。

一、学前教育的性质

(一)奠基性

学前教育的奠基性可以从以下两个方面来理解:一是学前期对整个人生的奠基意义;二是学前教育在学校教育体系中的基础地位。

"人生百年,立于幼学。"学前期作为人毕生发展的奠基阶段,不仅是智力形成的关键时期,而且还是人格陶冶最重要的时期。陶行知早就说过:"人格教育,端赖六岁以前之培养。凡人生之态度、习惯、倾向,皆可在幼稚时代立一适当基础。"①

> **知识链接**
>
> 美国心理学家本杰明·布鲁姆对近千人的智力发展,从幼儿一直追踪研究到成年,得出结论:如果个体从出生到17岁时的智力水平达到100%,那么0~4岁就获得50%,4~8岁又获得30%,其余的20%是从8~17岁完成的。也就是说,个体智力发展的最初4年是以后13年的总和,其学习成就很大程度上取决于早期经验。
>
>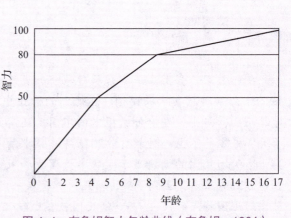
>
> 图4-1 布鲁姆智力年龄曲线(布鲁姆,1964)

学前教育作为我国学制的第一阶段,是基础教育的有机组成部分,具有奠基性。《幼儿园工作规程》(2016)明确规定:"幼儿园是对3周岁以上学龄前幼儿实施保育和教育的机构。幼儿园教育是基础教育的重要组成部分,是学校教育制度的基础阶段。"学前教育

---

① 陶行知.陶行知文集[M].南京:江苏教育出版社,1981:111.

也是人终身教育的基础。这意味着,学前教育应该注重培养儿童那些诸如基本态度、基本能力、良好习惯等能为儿童今后进一步学习与发展提供有力支持的品质。只有这样,才能真正体现学前教育的奠基作用。当前,一些地方存在的"超前教育""学前教育小学化"现象对儿童今后的教育不仅起不到奠基作用,反而有害。

(二)公益性

学前教育的公益性是指学前教育是为全民谋福利的事业。它意味着办学前教育,受益的应该是全社会和全体儿童,不能将学前教育办成那种让少数人受益的教育。学前教育在我国的法律、政策文件中都体现出"非盈利性""公益性"的特点。1997年教育部颁布的《全国幼儿教育事业"九五"发展目标实施意见》中又特别提出:"幼儿教育既是教育事业,又具有福利性和公益性的特点。"《幼儿园工作规程》重申:"任何组织和个人举办幼儿园不得以盈利为目的。"2010年的《关于当前发展学前教育的若干意见》更是明确指出,学前教育是终身学习的开端,是国民教育体系的重要组成部分,是重要的社会公益事业。办好学前教育,关系到亿万儿童的健康成长和千家万户的切身利益,关系到国家和民族的未来。

学前教育的公益性首先是由其社会功能所决定的。学前教育不仅使幼儿及其家庭受益,而且可以外溢给社会,在提高国家人口素质、减少贫困和犯罪等社会问题方面,起到了早期预防的作用,并为国家未来人力资源的开发奠定了基础。正因为如此,国际社会,包括许多发展中国家,都切实地把对学前教育的投入看作是为国家积累财富,将学前教育放在优先发展的位置上,国家更多地承担起发展学前教育的责任,并坚定不移地执行职责。

此外,接受学前教育是所有儿童都应该公平享有的基本权利,这也可以认为是其公益性的表现之一。《儿童权利公约》(1989年)规定,生存权和发展权是每个儿童都应享有的基本权利;《世界全民教育宣言》(1990年)指出,出生即为学习的开始,各会员国应为所有儿童提供早期保育和教育;《达喀尔行动纲领》(2000年)提出的全民教育六大目标之首就是:"扩大和改善幼儿,尤其是最脆弱和条件最差的幼儿的全面保育与教育。"全世界几乎所有的国家都签署了这三个重要国际文件,向儿童做出了提供学前教育服务以保证其基本权利的政治承诺。

也有人指出,公益事业的实质是社会财富的再次分配。在资源有限的情况下,公共财政首先向弱势群体倾斜可起到促进社会公平的作用。而大量国际研究证明:以社会处境不利儿童为优先照顾对象的学前教育能够降低和抵消不利社会地位(社会等级、贫穷、性别、种族或宗教等潜在因素)对其发展的负面影响,使他们有更多机会脱离贫困,打破"一代贫困、代代贫困"的恶性循环,促进社会阶层的流动,进而促进社会的稳定。因而,世界各国在发展学前教育时,特别是在资源不足的情况下,都将有限资源首先用于保证各种社会处境不利幼儿的学前教育机会上。①

---

① 冯晓霞. 坚持学前教育的公益性和普惠性[N]. 中国教育报,(2011-4-8)

（三）非义务性

当前，我国的学前教育并不属于义务教育，因此具有明确的非义务性。一方面，学前儿童去幼儿园接受教育是自愿的而非强迫的。家长完全可以根据孩子和家庭各方面的情况，综合考虑是否送孩子进托儿所或幼儿园，以及送孩子进哪所托儿所或幼儿园。学前儿童在学前教育机构的学习可以是自主的、自由的。另一方面，对于幼儿园来说，他们也不必按照义务教育阶段来使用统一的教学大纲。每个幼儿园都可以按照自身的情况来选择适合本园学前儿童的课程和其他活动，因此组织和管理更加具有个性化。

二、学前教育的特点

学前教育作为整个教育体系的有机组成部分，是人生教育的起始阶段。与其他类型和阶段的教育相比，它有自身突出的特点。

（一）启蒙性

所谓"启蒙"，即"开启蒙昧"。学前儿童对客观世界的认识尚处于朦朦胧胧的阶段，还不能接受一些系统性、科学性的知识。因此，学前教育要对儿童进行最基本的、入门式的教育，为其以后的学习和发展打下初步的基础。学前教育启蒙性的完整含义表现在学前教育的目标、内容和方法都要具有启蒙性。学前期是学前儿童生理发育、认知发展、个性萌芽的初级阶段，因此这一阶段的教育不以传授系统科学的理论知识和过多的技能技巧作为主要目标，而是要为学前儿童今后的学习和发展打下扎实的基础。为了实现这一目标，学前教育的学习内容也多与学前儿童的生活经验密切相关，采用的学习方法也多强调学前儿童的主动探索、操作实践、合作交流和表达表现，启发学前儿童养成良好的学习品质。

（二）生活性

早在20世纪，我国著名教育家陶行知就提出了"教育即生活"的理论。在他看来，教育要以生活为中心，教育不能脱离生活，教育要通过生活来进行。陈鹤琴也提出"大自然、大社会都是活教材"的观点，强调教育的生活性。学前教育的生活性体现在两个方面：一是学前教育内容来源于生活，是学前儿童熟悉的、感兴趣的、有认知需要的实际的内容，二是学前教育以生活的方式进行，让学前儿童在生活中学习生活。学前教育的生活性能使学前教育反映社会生活中学前儿童个体的需要，帮助学前儿童更好地了解社会生活，也使学前教育成为生活的一部分，从而真正体现学前教育的价值。

（三）游戏化

游戏是儿童活动的基本形式之一，它通过虚拟情境以再现成人的社会经验和人际关系，从而使儿童达到认识周围世界的目的。学前儿童是具有独立人格的、社会的人，是不同于成人的、正在成长发展中的人。就像成年人需要工作一样，学前儿童也需要游戏。游戏在儿童世界中的存在非常普遍，对儿童的魅力更为独特。游戏能赋予学前儿童最大程度的自由，使他们获得在不同空间的运动能力。学前儿童通过游戏反映和表达自己的经验，家长和教师也能通过观察儿童的游戏来进行反思。学前儿童在游戏中发现问题、解决问题，获得身体、认知、社会性和情绪等多方面的发展。

《幼儿园工作规程》已明确了游戏在幼儿园教育中的地位，将"以游戏为基本活动，寓教育于各项活动中"专门作为幼儿园教育的一条指导原则，指出"游戏是对幼儿进行全面发展的重要形式"。学前教育面对的是学前儿童，教育的内容、方式和组织要充分考虑学前儿童学习的方式和特点，注重游戏性和趣味性，寓教育于学前儿童的生活和游戏中。

> **案 例**
>
> 2017年5月23日，教育部和浙江省人民政府在安吉县共同举行2017年全国学前教育宣传月启动仪式。今年宣传月的主题是"游戏——点亮快乐童年"，教育部党组成员郑富芝出席并讲话。省人民政府副秘书长李云林、联合国儿基会驻华副代表郑道出席启动仪式并致辞。
>
> 郑富芝指出，教育规划纲要颁布实施6年来，学前教育改革发展取得了前所未有的历史性成就，"入园难"问题得到明显缓解。他强调，学前教育的快速发展呼唤科学的保育和教育。科学保教与加快普及同等重要。学龄前阶段是人一生中发展速度最快的时期，也是人身心各方面素质发展最重要的奠基阶段。今年宣传月的主题定为"游戏——点亮快乐童年"，就是要在全社会树立尊重儿童、尊重规律的理念，引导社会充分认识游戏是幼儿的天性，是幼儿特有的生活和学习方式，也是幼儿的基本权利，家长和幼儿园应当创造充足的机会和条件，鼓励和支持孩子在游戏中学习，在快乐中成长，扭转当前存在的重知识轻游戏、成人干预、"导演"幼儿游戏、用电子游戏产品替代玩教具等违反幼儿身心发展规律的现象。郑富芝最后要求：各地要强化游戏价值，推进科学保教；要整合专业力量，加强业务指导；要创新宣传方式，确保宣传实效。

从上述案例中，我们可以看出，我国越来越重视游戏在学前教育的重要性，把游戏作为学前教育宣传月的主题，更是凸显了游戏的价值，并以期得到整个社会的关注和认可。

（四）直接经验性

按照皮亚杰的认知发展阶段理论，学前儿童的思维属于典型的具体形象思维，思维依靠具体的形象事物。学前儿童认知水平较低，知识经验缺乏，主要通过各种感官来认识世界。只有在获得丰富的感性经验的基础上，学前儿童才能理解事物，才能对事物形成相对比较抽象的认识。学前儿童的这种具有行动性和形象性的认知方式和认知特点，使得学前教育必须以学前儿童主动参与的教育性活动为其基本的存在形式和构成成分。对于学前儿童，只有在活动中的学习才是有意义的学习，只有在直接经验基础上的学习才是理解性的学习。因此，在学前教育中，要注意为学前儿童提供丰富的实物材料和真实的生活情境，帮助他们获得直接经验。

第二节 我国的教育目的与学前教育目标

教育目的是教育的根本问题。要把受教育者培养成什么样的人,在教育活动开始之前,就应清晰地存在于教师的头脑中,教师从事的一切教育活动都是为了实现这个目的。因此,为了做好学前教育工作,首先必须要正确认识我国的教育目的和我国的学前教育目标。

一、我国的教育目的

教育目的是指一个国家、民族通过教育把受教育者培养成什么样的人的一种规定,它是国家对培养人才的质量和规格的总要求。在进行教育之前,人们对于要把受教育者培养成什么样的人,已经在观念上有了某种预期结果或理想形象。人们之所以进行教育活动就是要引起受教育者身心发生的预期变化,形成他们的个性,使他们成长为合乎社会需要的人,这种预期的结果或理想的形象,就是我们所说的教育目的。①

教育目的是一个历史性的范畴。1949年以后,我国对教育目的的表述也是随着历史的发展而有所不同。较早的明确阐述是1957年毛泽东同志在《正确处理人民内部矛盾的问题》中提出的:"我们的教育方针,应该使受教育者在德育、智育、体育几方面都得到发展,成为有社会主义觉悟有文化的劳动者。"1985年5月,在《中共中央关于教育体制改革的决定》中提出了适合新时期社会主义建设需要的教育目的,具体表述为我们培养出来的人才"都应该有理想、有道德、有文化、有纪律,热爱社会主义祖国和社会主义事业,具有为国家富强和人民富裕而艰苦奋斗的献身精神,都应该不断追求新知,具有实事求是、独立思考、勇于创造的科学精神"。这是适应改革开放和以经济建设为中心的需要而提出的对于人才培养规格的新要求。

1995年3月全国人民代表大会通过了《中华人民共和国教育法》,提出我们的教育方针是:"教育必须为社会主义现代化服务,必须与生产劳动相结合,培养德、智、体全面发展的建设者和接班人。"这一教育目的的规定,指出了我国社会主义现代化建设新时期教育对象的发展方向,它也是我国现阶段一切教育活动的出发点和归宿。

二、我国的学前教育目标

(一)学前教育目标的具体内容

学前教育目标就是根据国家提出的总的教育目的,结合学前儿童身心发展水平而提出的具体目标,它是教育目的在学前教育中的具体体现。当前我国学前教育主要是在家庭、

---

① 陈幸军. 幼儿教育学[M]. 北京:人民教育出版社,2010:41.

托幼机构中实施,其中托幼机构对儿童实施的是有目的、有计划的教育。学前教育目标具体来说包括0~3岁婴幼儿早期教育目标和幼儿园教育目标。

1. 0~3岁婴幼儿早期教育目标

1981年,卫生部颁布的《三岁前小儿教养大纲(草案)》中提出了托儿所教育目标:"培养小儿在德、智、体、美各方面得到发展,为造就体魄健壮、智力发达、品德良好的社会主义新一代打下基础。"托儿所教育目标的具体要求如下:

要发展小儿的基本动作,进行适当的体格锻炼,增强儿童的抵抗力,提高婴幼儿的健康水平,促进身心正常发展。

要发展小儿模仿、理解和运用语言的能力,通过语言及认识周围环境事物,使小儿智力得到发展,并获得简单知识。

要进行友爱、礼貌、诚实、勇敢等良好的品德教育。

要培养小儿的饮食、睡眠、衣着、盥洗、与人交往等各个方面的文明卫生习惯及美的观念。①

2. 幼儿园教育目标

幼儿园教育目标是总的教育目的在幼儿园教育这一阶段的具体化,是国家对幼儿园或学前教育机构提出的培养人才的规格与要求,反映了学前儿童发展的素质结构。

2016年新修订的《幼儿园工作规程》将幼儿园教育目标规定为:"贯彻国家的教育方针,按照保育与教育相结合的原则,遵循幼儿身心发展的特点和规律,实施德、智、体、美等方面全面发展的教育,促进幼儿身心和谐发展。"具体如下:

促进幼儿身体正常发育和机能的协调发展,增强体质,促进心理健康,培养良好的生活习惯、卫生习惯和参加体育活动的兴趣;

发展幼儿智力,培养正确运用感官和运用语言交往的基本能力,增进对环境的认识,培养有益的兴趣和求知欲望,培养初步的动手探究能力;

萌发幼儿爱祖国、爱家乡、爱集体、爱劳动、爱科学的情感,培养诚实、自信、友爱、勇敢、勤学、好问、爱护公物、克服困难、讲礼貌、守纪律等良好的品德行为和习惯,以及活泼开朗的性格;

培养幼儿初步感受美和表现美的情趣和能力。②

上述四个方面构成了学前儿童全面素质培养的目标,体现了我国学前教育培养人才的规格和发展方向。2001年颁布的《幼儿园教育指导纲要(试行)》从健康、语言、社会、科学、艺术等五个领域出发,阐述了幼儿园全面发展教育的具体目标,如下:

(1)健康领域。

身体健康,在集体生活中情绪安定、愉快;

生活、卫生习惯良好,有基本的生活自理能力;

知道必要的安全保健常识,学习保护自己;

喜欢参加体育活动,动作协调、灵活。

---

① 中华人民共和国卫生部妇幼卫生局制订. 三岁前小儿教养大纲(草案)(1981.06)
② 中华人民共和国教育部. 幼儿园工作规程(2016.03)

（2）语言领域。

乐意与人交谈，讲话礼貌；

注意倾听对方讲话，能理解日常用语；

能清楚地说出自己想说的事；

喜欢听故事、看图书；

能听懂和会说普通话。

（3）社会领域。

能主动地参与各项活动，有自信心；

乐意与人交往，学习互助、合作和分享，有同情心；

理解并遵守日常生活中基本的社会行为规则；

能努力做好力所能及的事，不怕困难，有初步的责任感；

爱父母长辈、老师和同伴，爱集体、爱家乡、爱祖国。

（4）科学领域。

对周围的事物、现象感兴趣，有好奇心和求知欲；

能运用各种感官，动手动脑，探究问题；

能用适当的方式表达、交流探索的过程和结果；

能从生活和游戏中感受事物的数量关系并体验到数学的重要和有趣；

爱护动植物，关心周围环境，亲近大自然，珍惜自然资源，有初步的环保意识。

（5）艺术领域。

能初步感受并喜爱环境、生活和艺术中的美。

喜欢参加艺术活动，并能大胆地表现自己的情感和体验。

能用自己喜欢的方式进行艺术表现活动。①

知识链接

日本的学前教育目标

2007年6月，日本政府新颁布的《学前教育法》第二十三条提出了幼儿园教育的5项具体目标：

（1）培养健康、安全的幸福生活所必需的基本生活习惯，促进身体各种机能的协调发展。

（2）通过集体生活培养快乐地参加集体活动的态度，加深对家人和周围的人的信赖感，培养自主、自律与协作精神以及规范意识的萌芽。

（3）培养对周围的社会生活、生命和自然的兴趣、理解、态度和思考力。

（4）通过日常会话、图书、童话等喜好的活动，培养正确的语言表达能力和

---

① 中华人民共和国教育部. 幼儿园教育指导纲要（试行）.（2001.07）

愿意理解他人语言的态度。

（5）通过音乐、身体表现和造型等喜好的活动，培养丰富的感受性和表现力的萌芽。

俄罗斯的学前教育目标

《俄罗斯联邦教育法》规定，俄罗斯学前教育机构在开展学前教育工作中力求达到以下目标：

（1）提供安全的环境，保护幼儿免受一切生理、心理的伤害，保证幼儿身体的发展，促进幼儿身心的健康成长。

（2）介绍基本的自然科学知识，激发幼儿的求知欲，培养幼儿创造的兴趣，发展幼儿的智力、想象力、语言表达能力，保证幼儿创造性才能和兴趣的发展。

（3）传递人类的文化遗产，尤其是俄罗斯的传统文化，培养幼儿的爱国情感，同时提供学习民族艺术作品、民间工艺品的机会，培养幼儿的美感和艺术素养。

（4）帮助幼儿养成愉快、乐观的心境，满足幼儿情绪交往的需求，提高幼儿的社会交往和社会适应能力。

（5）对缺陷幼儿进行矫治、给予帮助，帮助儿童与个人特点相适应的发展权利，为保证儿童的充分发展与家庭相互作用。

（资料来源：姚伟．比较学前教育［M］．北京：高等教育出版社，2015．）

（二）我国学前教育目标的特点

1. 以儿童的全面发展来定位各年龄阶段的教育目标

无论是在学前儿童的哪一阶段，其教育的目标不是为了培养所谓的"专家"和"全才"，而是为了学前儿童基本素质的发展服务，为儿童的全面发展服务。我国的《幼儿园教育指导纲要（试行）》（2001）中明确规定了幼儿园教育的基本任务是促进儿童体、智、德、美的全面发展，强调"完整儿童"的培养，这意味着儿童的社会、情感、身体、智力和道德的发展之间是相互联系、不可分割的，不能片面追求儿童的特长和技能。把儿童全面和谐发展本身作为学前教育的目标也是当前世界各国的普遍做法。

2. 学前教育的目标体现了学前教育的独特性

学前教育目标在促进儿童全面发展方面与我国总的教育目的保持一致，但同时具有自身的特点，体现了学前教育的独特性。

其一，由于学前儿童的身心发展处于特殊时期，身体各器官正在快速成长，身高、体重不断增加，神经系统成长较快，其身心发展速度是人生中最快的一个阶段。同时，学前儿童又处于身体、生活自理能力、心理承受能力和疾病抵抗能力都较弱的时期。因此，学前教育尤其重视学前儿童的身心健康，并将促进其身体正常发育、增强其体质、培养其良好生活卫生习惯等置于学前教育工作的首位。因而，《幼儿园教育指导纲要（试行）》（2001）在学前教育目标的表述顺序上，将体育目标放在其他目标之前。

其二，由于学前儿童尚处于人生发展的初始阶段，其各方面的能力还在发展之中，因此学前教育目标与小学、中学等其他阶段的教育目标相比，具有明显的启蒙性和浅显性。例如，学前儿童智育的目标，不是要求学前儿童掌握系统的文化知识，而是着重发展儿童的感知能力、动手操作能力、探究能力，并激发学前儿童的好奇心和求知欲。

3. 学前教育目标与小学教育目标相接轨

教育是连续的、长期的过程。从整体的角度来看，任何一阶段的教育目标既要适合本阶段教育的特点，又要体现与下一阶段教育目标之间的连续性。儿童进入小学后将从游戏期进入学习期，由成人的完全照料转化为更多的独立活动，由在成人帮助或提醒下行动变为在自我约束下行动。这种变化表明，学前教育目标与小学教育目标相接轨，考虑儿童进入小学学习的特点与需要。为使儿童更有准备地适应入学后的学习生活，学前教育目标必须包含有利于儿童入学准备的各项目标，同时也避免目标过高和小学化倾向，使儿童能够在学前获得充分的发展并顺利过渡到小学阶段。

（三）我国学前教育目标的制定依据

1. 教育目的

教育目的是一切教育工作的出发点和归宿，它贯穿于教育工作的始终和方方面面。幼儿园教育目标是根据教育目的并结合幼儿园教育的性质和特点制定出来的，是教育目的在幼儿园教育阶段的具体化。我国幼儿园教育的目标是培养全面发展的儿童，它体现了我国教育目的的基本精神，并兼顾了幼儿园教育的性质和特点。

2. 学前儿童的身心发展规律

学前教育的终极目标指向儿童的发展。因此，必须研究和把握儿童身心发展的实际水平、需要和可能性，在此基础上确定儿童进一步发展的潜力、方向和节奏。因此，了解学前儿童身心各方面发展的特点和可能性对于确定教育目标来说是必不可少的。如果对学前儿童提出过高、过难或过低、过易的教育要求，都会违背幼儿身心发展规律，达不到发展潜能的目的。例如，学前儿童通常不能理解抽象的概念，他们的思维处于直观形象阶段，不能将掌握书面语言作为学前教育的目标。所以，制定教育目标必须以幼儿身心发展的客观规律和要求为依据。

3. 社会发展的需要

学前教育目标总要反映社会的愿望和要求，并关注社会的变化。不同的社会、不同的阶级或社会集团，总是根据自身的利益和需要来规定培养新一代人的方向。社会主义的学前教育，要为学前儿童进入小学打好基础，培养社会主义事业的建设者和接班人。

随着社会经济文化的发展与进步，社会价值观念的变化会通过各种途径影响学前儿童，其中有积极影响，也必然存在着一定的消极影响。幼儿园应立足现实，对教育目标进行适当的调整。与传统的社会相比，当前的信息技术时代需要全面发展的综合创新型人才，既要身心健康，又要能创新发展、合作共赢。学前教育要依据这一要求，在制定教育目标时准确地反映这一社会新变化，把全面发展作为重要培养目标。

第三节 学前教育的基本任务

2016年新修订版的《幼儿园工作规程》第三条明确规定:"幼儿园的任务是:贯彻国家的教育方针,按照保育与教育相结合的原则,遵循幼儿身心发展特点和规律,实施德、智、体、美等方面全面发展的教育,促进幼儿身心和谐发展。幼儿园同时面向幼儿家长提供科学育儿指导。"

我国幼儿园是学制的基础阶段,应与其他各级各类学校一样,使受教育者在德、智、体、美等方面得到全面发展,同时,幼儿园作为一种社会公共育儿机构,具有福利性,因此,它还担负着其他学校机构所没有的为家长服务和为社会服务的特殊任务。这也体现了我国幼儿园在社会主义现代化建设中的独特作用。

一、促进学前儿童全面发展

《幼儿园工作规程》中明确规定幼儿园的基本任务是促进学前儿童德、智、体、美的全面发展,这是符合儿童身心发展规律的。这一点虽然在理论上已经达成共识,但在当前的教育实践中仍然存在许多的偏向,如重智育轻德育,重智育轻体育,重知识轻能力等。这些普遍问题既与我国传统文化中对文化知识的学习和积累的重视程度有关,也与当前高考竞争和就业竞争的现实状况相关。"不要输在起跑线上"被简单地用知识和技能作为衡量标准。这种现象在很大程度上影响了幼儿园全面发展教育目标的贯彻实施。

全面发展并不等于对全体儿童进行统一标准的教育。儿童的生理和心理特征具有年龄阶段性和个别差异性。不同年龄的儿童身心发展特点不同,同一年龄阶段的儿童在身心特征方面也存在着个体差异。应该说,每一个儿童都有自己的特点,因此要根据儿童个人的潜能和特性来促进他们在体、智、德、美等方面和谐地全面发展。全面发展教育的最终结果就是个人潜能和社会价值充分展现,这也是全面发展教育的根本目的之所在。

促进儿童身心全面和谐发展是符合儿童身心发展特点和需求的,也是符合现代社会对未来一代要求的。作为学前教育工作者,在学前教育目标的制定、教育内容的选择、教育方式和教育评价的运用等方面都要符合全面发展的要求。学前儿童各方面的发展是一个有机的整体,学前教师既不能偏重也不能偏废某一方面,这样才能促进学前儿童整体的协调发展,为学前儿童一生的发展打下良好的基础,也为国民素质的全面提高打下良好的基础。

二、为家长提供服务和指导

在我国,学前教育是一项社会公益性的事业。学前教育的发展水平关系到广大人民群众的根本利益。学前教育机构不仅仅是一个教育机构,也是一个社会服务机构。根据《幼儿园工作规程》规定，幼儿园应同时面向幼儿家长提供科学的育儿指导。因此幼儿园需要为在园的幼儿家长提供便利条件，并通过多种形式与家长进行沟通、交流和合作，为家长提供科学的幼儿指导，双方形成合力，促进学前儿童的健康发展。

随着我国经济建设的发展，优生、优育、优教观念的增强，以及目前"二胎政策"的全面开放，人民群众生活水平日益提高，对教育的重视程度也有了新的飞跃。"知识改变命运，教育成就未来"的理念深入人心。广大的学前儿童家长既希望通过自身的工作实践不断提高自身的文化水平，也更加重视学前教育，迫切希望自己的孩子也能受到良好的教育。比如在为孩子选择学前教育时，家长一方面急切地选择合适的幼儿园，希望孩子在园中能获得理想的教育；另一方面，也希望幼儿园能传递给家长科学适宜的育儿理念，以使得孩子在家里、在园里均能获得全面健康的发展。因此，当前的幼儿园在为家长服务方面，已经不仅仅是单纯为了让家长安心工作，而更多的是在生活上为家长解决后顾之忧，提供便利条件，并通过多种形式来提升家长的科学育儿理念。

家庭是孩子的第一所学校，父母是孩子的第一任老师，但事实上，我国不少家长在教育观念上还存在着许多误区，在教育方法上还有偏差。因此，广大幼儿园需要肩负起宣传、教育、引导家长学习科学育儿知识的任务，需要指导和支持家庭教育，帮助家长树立正确的教育观念，营造有利于学前儿童成长的环境，改善家长的教育行为和教育方法，共同提高育儿水平。幼儿园可以通过家访、家园联系栏、召开家长会、建立家长学校等方式，解决家长的各种问题，为家庭教育贡献幼儿园的力量。

随着我国社会主义经济体制改革的日益深入和社会主义市场经济的逐步建立，人们的生活方式、生活意识、价值观念等空前多样化，生活节奏加快，时间意识增强，人员流动量增大。在这种形势下，幼儿教育机构类型单一、服务范围狭窄、机制不灵活的现状就难以适应社会的需求。家长要求幼儿园办学形式更加多样化，除了全日制以外，还应有计时制、机动的寄宿制等；要求增加节假日服务，甚至晚间服务、护理病孩服务等。总之，幼儿园应在办园形式、管理制度、收托时间、保育范围、运作机制等各方面更灵活、更方便，以适应不同家长工作、学习、生活方面的特点和需要，在此基础上充分满足他们日益增长的对学前教育质量的要求。

知识链接

中新网2016年11月14日讯　据中国全国妇联消息，近日，全国妇联联合教育部、中央文明办、民政部、文化部、国家卫生和计划生育委员会、国家新闻出版广电总局、中国科协、中国关心下一代工作委员会共同印发了《关于指导推进家庭教育的五年规划（2016—2020年）》（以下简称《规划》）。

《规划》提出建立健全家庭教育公共服务网络，依托城乡社区公共服务设施、城乡社区教育机构、儿童之家、青少年宫、儿童活动中心等活动阵地，普遍建立家长学校或家庭教育指导服务站点，城市社区达到90%，农村社区（村）达到

80%。着力推动将家庭教育指导服务作为城乡社区服务站工作的重要内容，确保每年至少组织2次家庭教育指导和2次家庭教育实践活动。在城市90%的中小学、幼儿园、中等职业学校中建立家长学校，农村达到80%。确保中小学家长学校每学期至少组织1次家庭教育指导和1次家庭教育实践活动，幼儿园家长学校每学期至少组织1次家庭教育指导和2次亲子实践活动，中等职业学校每学期至少组织1次家庭教育指导服务活动。《规划》还要求，公共图书馆、博物馆、文化馆、纪念馆、美术馆、科技馆等公共文化服务阵地，每年至少开展2次公益性的家庭教育讲座或家庭教育亲子活动。

三、服务于社会

学前教育机构具有许多教育优势，如完善的硬件设施和环境，专业的师资力量，有计划、有组织的教育内容和活动等。学前教育机构可以利用自身优越条件，服务于社会。例如，幼儿园作为社区环境的一个组成部分，社区精神文明建设的一个单位，可因其良好的环境而成为社区精神文明建设的典范。幼儿园可以向社区群众宣传优生、优育、优教的科学知识，指导优生、优育、优教。幼儿园可以在双休日开放园内的一些设施，为社区儿童活动提供条件和机会，或是担负起培养社区教育辅导员的任务，促进整个社区学前教育质量的提升。

除此之外，学前教育还能通过直接作用于儿童，尤其是处境不利的儿童，促进他们的发展，从而进一步促进社会公平。在国外，为确保学前儿童享有平等的受教育权，许多国家都设立了带有社会福利性质的学前教育机构。如俄罗斯就有一类叫作"社会服务性学前班"的学前教育机构，该类机构是俄罗斯对3~7岁儿童提供教育的学前教育组织，兼具全日制和寄宿制性质。它是由俄罗斯联邦政府倡导，由各州、市根据本地区的经济发展情况和幼儿教育发展的实际需要而成立的，由地方教育委员会管理的一种学前教育机构。社会服务性学前班所需资金来源于政府拨款和地方财政支出，招收对象为家庭贫困的孩子、孤儿、残疾儿童与弃儿，带有社会福利性质。美国著名的"开端计划"和"帕里学前教育法案"也针对处境不利的儿童进行了许多公益性的早期干预，不仅使儿童得到终身发展，也加快促进了社会公平。

案 例

2004年4月的一天，北京师范大学学前教育专业教授张燕在一次课题调研中，和自己的学生来到了位于德胜门内大街的四环综合市场。按照事先安排，学生们逐一问那些三十岁左右的商户："对孩子的学前教育有什么打算？"答案其实很明显：热闹的

市场里，几十个三四岁的孩子乱跑着，忙于生意的家长们无暇照顾他们。张燕和她学生的调研让家长们误以为她们要来办个幼儿园。张燕真的做了一个决定：免费为孩子们提供学前启蒙教育。2004年4月7日，北京四环游戏小组正式成立，由北京师范大学学前教育专业师生创办，为西城区德胜门外大街四环综合市场的流动儿童提供学前教育。2007年，四环游戏小组被联合国教科文组织北京办事处、国务院妇儿工委办公室和北京市妇儿工委办公室列入社区保护流动儿童的项目试点。2012年，四环游戏小组项目获得北京电视台公益类一等奖，10万元奖金全部到账；小组与北京市教委合作的流动儿童学前教育项目也于同年正式立项通过。迄今为止，已有几百名孩子从这里"毕业"。

上述案例中的"四环游戏小组"就是学前教育服务社会的一个典型案例，随着社会的发展，这种服务性的学前教育机构会越来越多。

总之，学前教育要更好地完成这三大任务：使幼儿发展、使家长满意、使社会进步，就必须关心、顺应社会的发展和变化，不断调整自身的运行机制，进行深入的课程改革。幼儿园只有不断提升教育质量，才会生源充足，获得良好的社会效益和经济效益。

本章练习题

一、单项选择题

1. 最初的托幼机构（公共学前教育）原本就是慈善性、救助性的，以保护工人和贫困家庭的年幼子女的生命安全为目的，是一种典型的社会公益事业。之后，一些国家开始视其为家长和儿童的福利而予以保障。这体现了学前教育的（　　）。

　　A. 奠基性　　　B. 公益性　　　C. 非义务性　　　D. 免费性

2. 下列各项，（　　）是总的教育目的在幼儿园教育这一阶段的具体化要求。

　　A. 幼儿园教育目标　　　　　　B. 学前教育目标
　　C. 幼儿园活动目标　　　　　　D. 幼儿园保育目标

3. 学前教育的三大基本任务是（　　）。

　　A. 促进儿童全面发展、为家长提供服务与指导、服务于社会
　　B. 促进儿童全面发展、为教师提供指导、服务于社会
　　C. 促进儿童全面发展、为教师提供指导、服务于家长
　　D. 促进儿童身体发展、为家长提供服务与指导、服务于社会

二、简答题

1. 简述学前教育的特点。
2. 简述学前教育的性质。

三、论述题

1. 试论述制定学前教育目标的依据。
2. 请结合具体实例,试论述学前教育的基本任务。

四、材料分析题

1. 材料:我国当前有 20.99 万所幼儿园,公办仅占 24% 左右,企事业办园占比超过 9%,民办园占比达到 66.36%。

   问题:在目前民办园占较大比例的情况下,如何凸显学前教育的公益性?

2. 材料:

   某幼儿园园长说:"期末了,要让家长知道孩子们都学了什么,也考核一下老师们的教学效果,咱们组织一次幼儿识字和计算的比赛。"很多老师每天加班加点地对孩子们进行训练和督促,还布置了家庭作业,让家长帮助督促,家长们觉得这个幼儿园真是认真负责的好幼儿园。

   问题:这个幼儿园的做法正确吗?为什么?

3. 材料:

   某幼儿园根据附近社区家庭的实际情况,主动与周边社区 12 个居委会取得联系,在发放调查问卷、走访、了解社区家庭的基础上,经过分析归纳出了这些家庭的几种入托需求:一是疲于奔忙,无暇照顾子女,想把孩子托付给幼儿园;二是想让孩子入优质园享受优质的教育;三是孩子未满 3 岁,但是想早些接受正规幼儿教育;四是家中虽有看护人,但是希望能得到幼儿园的亲子教育辅导;五是部分少数民族家庭和有轻度残障困难的家庭,需要幼儿园给予特殊服务。针对这些不同的入托需求,幼儿园为家长开设了多种可选择的入托形式,让家长根据自己的实际情况进行选择。幼儿园常年开办整托、日托、长日托、半日托、临时托、低幼托、回民托、轻度残障托和亲子班,从而让每个家庭都能各得其所。

   幼儿园为家长制定了切合实际需要的服务项目,如:为幼儿钉扣、扦边、修拉锁、粘鞋底、缝开线、绣名字、洗澡、理发、代买幼儿用品、代交托儿费、方便雨披、方便雨伞、方便小座椅;为部分幼儿烹调回民饭、婴儿饭、防过敏饭、病号饭、特需饭。为了不断提高家长的科学育儿水平,幼儿园还设立了多种与家长交流、互动的宣传形式,有家长会、家长委员会、家园联系册、家园宣传栏、家长信箱、电话访谈等。家长们充分体验到了老师们细致入微的服务所带来的温暖。幼儿园的保健医生主动为幼儿联系矫冶医院,带将要入托的幼儿去体检,还给幼儿进行保护牙齿的教学指导。

   问题:该幼儿园在为家长服务方面有哪些做法?有何意义?

第五章 学前教育的基本原则

学习目标

1. 理解幼儿园教育各基本原则的含义。
2. 掌握幼儿园教育各基本原则的运用要领。
3. 能够运用幼儿园教育原则的相关知识分析幼儿园教育的实际问题。

案例导读

一次语言活动中,吕老师跟大家讲完《三只小猪》的故事,让小朋友们尝试着自己再讲一次。吕老师点的前几名幼儿多少都可以讲一些,但到了小蝶时,小蝶憋红了脸说了句:"老师,我不知道怎么讲。""你怎么这么笨,别的小朋友都可以,就你每次都是这样。"吕老师气愤地说。自那以后,小蝶更不敢说话了,就连别的小朋友也嫌她"笨",不愿意跟她一起玩。

这个案例中吕老师的教育行为严重地伤害了小蝶的自尊心,也影响了其他小朋友对小蝶的态度,起到的完全是负面的作用。这个案例同时也告诉我们,教师在幼儿园教育中遵守一定的教育原则的必要性和重要性。学前教育有哪些基本原则?它们分别具有什么含义?在日常的教育活动中应该如何体现这些原则?这些原则在幼儿园活动的组织过程中又该如何具体实施呢?通过本章的学习,你就会解答这些问题了。

所谓教育原则,就是在教育工作中必须要遵循和依据的规律和标准。同理,学前教育原则是学前教育工作者必须遵循的准则。学前教育原则是依据学前儿童身心发展规律、学前教育的性质和特点以及学前教育实践经验所制定的。学前教育原则是学前教育活动开展的科学基础和有力保障。

第五章 学前教育的基本原则

学前教育应遵循的原则主要包括两个方面，即教育的一般原则和学前教育的特殊原则。教育的一般原则就是那些在儿童的其他教育阶段同样适用的原则；学前教育的特殊原则就是学前教育阶段所特有的原则。

第一节 教育的一般原则

一、尊重和保护儿童的原则

（一）尊重和保护儿童原则的含义

尊重和保护儿童的原则是幼儿园教育工作的前提和基础，是指教师要把儿童当作主体来看待，不管在任何时候、任何地方，都要尊重儿童的地位与权利，并为其发展提供一定的保障，以促进儿童健康持续的发展。这一原则是以《儿童权利公约》的内容为基础，结合我国学前教育的实际以及儿童身心发展特点制定的。

1. 尊重儿童

每一个人都渴望被尊重，也享有被他人尊重的权利。儿童也是如此。因此，教育者要尊重儿童。尊重儿童，就是要尊重儿童的人格尊严，尊重儿童的生存权、发展权、受保护权以及参与权等，尊重儿童身心发展特点和规律，尊重儿童的个体差异，尊重儿童的学习特点等。

2. 保护儿童

儿童是国家和民族的未来，他们是未成年人，属于社会中的弱势群体，他们需要受到保护，社会也有责任和义务保护他们。《中华人民共和国未成年人保护法》对如何保护以及从哪些方面保护未成年人，做出了详细的规定。

知识链接

《中华人民共和国未成年人保护法》（节选）[①]

第一章　总则

第三条　未成年人享有生存权、发展权、受保护权、参与权等权利，国家根据未成年人身心发展特点给予特殊、优先保护，保障未成年人的合法权益不受侵犯。

[①] 全国人民代表大会常务委员会. 中华人民共和国未成年人保护法 [Z]. 2012.

未成年人享有受教育权,国家、社会、学校和家庭尊重和保障未成年人的受教育权。

未成年人不分性别、民族、种族、家庭财产状况、宗教信仰等,依法平等地享有权利。

第五条 保护未成年人的工作,应当遵循下列原则:

(一)尊重未成年人的人格尊严;

(二)适应未成年人身心发展的规律和特点;

(三)教育与保护相结合。

第三章 学校保护

第二十一条 学校、幼儿园、托儿所的教职员工应当尊重未成年人的人格尊严,不得对未成年人实施体罚、变相体罚或者其他侮辱人格尊严的行为。

第二十二条 学校、幼儿园、托儿所应当建立安全制度,加强对未成年人的安全教育,采取措施保障未成年人的人身安全。

学校、幼儿园、托儿所不得在危及未成年人人身安全、健康的校舍和其他设施、场所中进行教育教学活动。

学校、幼儿园安排未成年人参加集会、文化娱乐、社会实践等集体活动,应当有利于未成年人的健康成长,防止发生人身安全事故。

第二十三条 教育行政等部门和学校、幼儿园、托儿所应当根据需要,制定应对各种灾害、传染性疾病、食物中毒、意外伤害等突发事件的预案,配备相应设施并进行必要的演练,增强未成年人的自我保护意识和能力。

(二)尊重和保护儿童原则的实践运用

作为一名幼儿园教师,在实际的工作中怎么做才是尊重和保护儿童呢?教师不该只是威严的教导者和知识的传递者,还应是儿童权利的维护者和保障者,也是儿童学习的合作者和支持者。作为教师,应该时刻把孩子放在心里,尊重儿童的人格尊严,保障儿童的身心健康发展,保护儿童的权利不受侵犯,不能变相体罚、虐待、侮辱、歧视儿童,教师应平等地对待每一个生命。

具体来说,幼儿园老师至少应该做到以下几点:

1. 以平等的身份与儿童互动,学会欣赏儿童

教师不能以成人的眼光去看待儿童,也不能以成人的标准去审视、评判儿童的行为和语言,更不能用僵化的标准衡量儿童的发展情况。教师应该以平等的身份与儿童进行互动,做到"蹲下来和孩子说话",尽量与儿童保持平视,必要的时候教师应以小伙伴的身份参与其中,仔细观察儿童的言行举止,认真倾听儿童内心的声音。这些简单的行为正是尊重和保护儿童的体现。

教师要尝试着用儿童的方式观察世界、理解世界,这样才会从中获得很多乐趣。比如,儿童静静地蹲在蚂蚁窝边,看蚂蚁搬家。成人会觉得这样的活动好无聊,儿童的行为好傻。其实并不是这样,儿童在观察的过程中能学到不少知识。教师要学会欣赏他们,理解他们的世界。

2. 及时发现儿童的兴趣,抓住教育契机

在幼儿园日常的教育活动中,教师总是希望每一个儿童都能按要求活动。但事与愿违,总有个别儿童不配合,他会更专注于自己的事情。例如,一位老师将儿童带到室外进行体育活动,一个女孩意外发现院子里的枫树叶变红了,她就跑过来大声告诉老师:"老师,那棵树的叶子变红了。"所有的儿童都对枫树产生了兴趣,忘记了要组织体育活动。这位老师意识到这是一个好的教育机会,她没有为了实现活动目标而阻止儿童。这位老师先把儿童组织起来,让大家绕着枫树围成一个圈,然后大家一起讨论"枫树叶子为什么变红了?"每一个儿童都积极说出自己的想法,最后他们一起得出了枫树叶变红的原因。儿童的兴趣被满足后,老师才开始组织之前的体育活动。这位老师并没有因为一个儿童"捣乱"而训斥她,也没有执着于实现原本的活动目标,而是及时满足了儿童的兴趣,抓住了教育契机,这样的做法很好地保护了儿童的好奇心、自信心,尊重了儿童的发展特点。

3. 呵护儿童的身心健康

儿童的身心发展处于初级阶段,他们自我保护的能力还比较弱,所以教师更要注重呵护儿童的身心健康。比如,教师要给儿童创设安全的活动环境,保障他们的身体不会受到伤害。除此之外,教师还要保护儿童的心理健康发展。每一个儿童都是一颗与众不同的种子,他们会在不同的时间开出不一样的花朵,结出不一样的果实。作为老师,应该尊重儿童的个体差异和发展特点,允许他们按照自己的方式生长。例如,在数学活动中,老师让小朋友点数玩具,并说出总数。欢欢的数数能力比同龄的孩子好一些,他总是能很快说出总数;小贝的数数能力要弱一些,他总是很费力才能说出正确的得数。老师从来不会因为欢欢的能力强而过分地夸奖他,也不会因为小贝的能力弱一些就瞧不起他,反而会更多地鼓励小贝要大胆,帮助小贝学会数数。这位老师的做法很好地保护了儿童的自尊,也尊重了儿童的个体差异。

4. 不以教师为中心,不滥用教师权威

以教师为中心、完全是教师自己说了算的教育是不可能对儿童构成真正的尊重与保护的。教师在教育活动中应允许儿童有自己的想法,让儿童有说话的机会。教师不能为了顺利完成自己设计好的活动、达成学习目标,就阻止"插曲"的出现,更不能用"某某某,你不要乱动,不要老插嘴,怎么就你问题最多……"教师的这种语言暴力是教师滥用权威的体现,会对儿童的心灵造成严重的伤害。因此,不能以教师为中心,更不能滥用教师权威。社会赋予教师的权威不是让教师用它去伤害儿童的,而是让教师保障儿童更好发展的。

案 例

沈阳大东区幼儿园有个叫松松的小男孩,是个出了名的调皮蛋。他爱打架,常欺负班里的小朋友,让带他的老师很头疼。通过与他妈妈交谈,我了解到,松松的爸爸常年在外地打工,妈妈也很忙,平时没有多少时间管孩子,而松松又比一般的孩子好

动、调皮，妈妈管教儿子的办法只是一味地训斥、打骂，但收效甚微。松松的坏习惯不仅没有改掉，而且只要妈妈打骂了他，他一定会打别的小朋友。对于这样的孩子，我感到要让孩子感受到爱、感受到尊重，要用老师的爱去温暖孩子的心。通过观察，我发现松松特别喜欢恐龙，一说起恐龙，他马上滔滔不绝地讲起来，"冠龙""优头甲龙""鹦鹉龙"头头是道。于是在一次讨论"地球上的生物"活动中，我特地请他当一日小老师，给小朋友讲一讲恐龙。至今我还记得他当时的表情：开始他不信任地看着我，好像在说："这是真的吗？"我向他点点头，示意他这是真的，松松马上变得兴奋起来，非常认真地给小朋友讲了起来。这天，松松一直很高兴，还主动帮助可露捡起掉在地上的手绢。这使我对他有了新的认识，对他有了信心。毕竟每个人都有自尊心，都是爱面子的。于是我更多地关注松松，只要他有一点点的进步，我都会认真地肯定和赞扬他，慢慢地，松松变得友善了，也懂事了。由此可见，一个人在人们对他的肯定与尊重中可以学会自尊、关爱，也可以学会尊重别人，爱别人。

二、全面协调发展的原则

（一）促进儿童全面协调发展原则的含义

全面协调发展原则就是全面教育和协调发展原则，即教师在活动计划的制定、活动过程的设计以及活动的实施等阶段中，都要考虑儿童已有的和未来可能的身心发展水平，以此为基础，教师通过组织形式多样、内容丰富的符合儿童身心发展规律与特点的活动，来促进儿童身心的全面协调发展。

在幼儿园教育中，全面教育是指学前儿童体、智、德、美等方面的教育，也指学前儿童身体、情感、认知、个性、社会性等方面的教育；协调发展主要包括：学前儿童身体的各系统之间及各器官之间的协调发展、学前儿童的各种心理机能的协调发展、学前儿童的生理与心理的协调发展、学前儿童的个体需要与社会需求之间的协调发展等内容。全面教育和协调发展原则为幼儿园教育内容的选择提供了依据。

（二）促进儿童全面协调发展原则的贯彻

1. 满足儿童多方面的发展需求

在成长的过程中，儿童的需求是多方面的：学习生活技能的需要、与人交往的需要、进行游戏的需要、对未知世界进行探索的愿望等。他们渴望通过亲自动手、自主体验的方式感知周围环境，习得技能。因此，要在实际的教育活动中，满足儿童多方面的需求，为儿童多提供动手动脑的机会，允许其进行自主活动，促进其肢体动作与思维的全面协调发展。

2. 教育目标制定和内容选择应有全面性和整体性

（1）制定全面性和整体性的教育目标。

当下流行一句话："一个人无才无德是废品，有德无才是半成品，有才无德是危险品，有德有才是正品。"这说的就是全面发展教育的重要性。儿童的发展是全面的、整体的，因此在制定教育目标时，要考虑儿童体、智、德、美诸多方面的发展目标，而每一方面都要尽量涉及情感态度、认知、技能等。除此之外，在更具体的某一领域活动中，还要协调好该活动的目标重点与非重点的关系。

（2）选择全面、完整的教育内容。

教育目标的全面性和整体性要求教育内容要具有全面性和综合性。儿童对各方面的知识经验相对比较欠缺，他们已有的知识经验大多是零散的。这就决定了幼儿园教育内容的特殊性。类似小学的分科教学形式对幼儿园教育是不合适的，也不能有那种注重对儿童某一方面训练的"特长教育"和"超前教育"。幼儿园教育内容的选择要尽可能涉及儿童发展需要的各个方面，同时也要善于把零散的活动内容整合成系统性强、包容性广的活动。只有这样，才能帮助儿童全面协调地发展。

3. 教育过程的组织与指导应促进儿童全面协调发展

（1）多样化的教育过程组织。

不同的教育过程组织对儿童的作用不同。例如，集体形式的组织能让儿童感受集体的气氛，学习相应的规范；小组形式的组织能帮助儿童学会协商、合作；个人形式的组织则能发挥儿童学习的自主性。另外，专门性的组织与渗透性的组织也各有各的作用。因此，为促进儿童全面协调发展，学前教育过程的组织应灵活多样，避免采取单一的形式。

> **案 例**
>
> 某幼儿园大班组织户外活动。孩子们都在操场上进行滚轮胎的比赛。在比赛的过程中，正正淘气地把轮胎抬了起来，并迅速地跑到了终点。王老师和其他小朋友随即发现了正正违反比赛规则的行为。当王老师问正正为什么那么做时，正正高兴地回答到："我的力气大。"王老师感觉这是一个教育孩子学会合作的契机。于是，又组织孩子们分别进行了个人抬轮胎比赛和小组（自由组队，人数不限）抬轮胎比赛。活动后，王教师引导孩子们思考：抬轮胎比赛究竟是一个人抬容易，还是小组抬容易？从而启发孩子们明白"团结力量大，合作最容易"的道理。孩子们理解了这句话后，以后在收拾轮胎归位时，更愿意寻找伙伴帮助，大家一起合作来整理了。

（2）在引导儿童学习的同时，关注其情绪情感状态。

在教育过程中，教师不应只关注儿童掌握的知识和技能本身，还应关注他们的情绪情感状态。实践中经常有老师因为追求知识的学习而忽视儿童情绪情感的案例。例如，在一次数学活动中，老师为了让孩子们理解数的前后关系，通过游戏的形式让儿童猜数字。小勇选择了数字"8"的卡片，问小亮："这个数前面是7，后面是9，这个数字是多少？"小亮很快说出："这个数字是8。"小勇很不高兴，说小亮偷看了，小亮说他没有。这个时候，老师只是简单说小亮猜对了，制止了他们之间的争辩，并没有关心两个孩子脸上的落寞。教师关注儿童学习中的情绪情感、态度、习惯等，实质上是在促进儿童全面协调发展。

三、面向全体和因人施教原则

（一）面向全体和因人施教原则的含义

面向全体和因人施教指教育要面向全体受教育儿童，促进每一个儿童的健康发展，同时又要针对每个儿童的特点和发展水平来进行教育。

面向全体和因人施教是相辅相成、不可分割的两部分，二者并不是对立的关系。教育面向全体，意味着每个儿童不管他长相怎样、家境如何，都有被平等地对待和获得发展的权利，教师必须对所有儿童一视同仁、平等关注。教育面向全体，考虑的是儿童的共性，而因人施教考虑的则是儿童的个性。没有面向全体，因人施教会变得没有意义。同样，"全体"是由一个个的人所组成的，如果不能因人施教，那么面向全体也会失去"根基"，从而变得名不副实。面向全体并不等同于集体教育，因人施教也不等同于个别教育，教师在组织教育活动时要注意协调好两者的关系，切勿对立。

知识链接

据《论语·先进》记载，孔子的两个弟子，一个叫子路，一个叫冉有，两个人在政治方面都颇有成就。有一次子路问孔子："闻斯行诸？"这意思是听到了好的事情就马上实行吗？孔子回答："不行，有父兄在世，怎么听到了就马上实行呢！"意思是要考虑家庭情况，看父兄是否同意。然而，当冉有去问这同一个问题时，孔子就很肯定地回答说："听说了就要实行！"

孔子截然相反的回答使得另一个弟子公西华大惑不解，于是就去问孔子。孔子说："求（冉有）也退，故进之；由（子路）也兼人，故退之。"这是说，冉有比较懦弱，所以我就鼓励他，推他走快一点；而子路个性好胜，所以我就有意抑制他，让他缓和一些。

孔子就是根据学生的个性，在回答问题时有针对性地加以引导的。可见，孔子的因材施教是无处不在的，不论他是在看待学生的优势与不足上，还是在教学内容、教学方法上，甚至在回答不同性格的学生的问题上。

尽管弟子有各种不同的性格、禀赋和才能，但在孔子的教育与引导下，都能得到较好的发展，学有所成，为当时的社会管理、经济发展、道德进步和文化普及提供了坚实的知识基础和丰富的人才资源。

（二）面向全体和因人施教原则的实施

1. 以促进每个儿童的发展作为学前教育的终极目标

教育不是一部分人的教育，它需要面向每一个儿童。在幼儿园中经常会遇见这样的情况：长相甜美或帅气的孩子、语言表达能力强的孩子、听话的孩子更招老师的喜欢和关注，而那些表现不够出众、又不怎么爱说话的孩子就经常被教师忽视，得不到应有的发展。当然，老师这样做可能是觉得，与那些能力较弱的、不听话的孩子相比，那些能力强的、听话的孩子更能配合自己完成教学计划，但是这种做法明显违背了教育公平的精神。教师要将促进每个儿童的发展作为学前教育的终极目标，确保教育对每一个儿童是公平的，做到有教无类。

2. 把教育建立在每个儿童的原有发展水平基础上

教育要面向全体并不是说让每一个儿童的发展都要实现同样的目标，达到同样的水平。由于教育对象的性格、学习特点、经验水平、兴趣、需要、能力等是因人而异的，因此，教育要以儿童现在的发展水平为出发点，使每个儿童都能发挥其独特的潜能，在自己原有的发展水平上得到最大限度的发展。

3. 多种组织形式促进儿童的发展

目前，我国的大部分幼儿园都存在场地小、班额大的问题。这样的客观条件就使得集体教育活动成为幼儿园最主要的活动组织形式，小组活动和个别活动相对较少。这三种活动形式各有优势。教育面向全体与因材施教是不可分割的两方面，是在各种组织形式的活动中统一实现的，只有集体活动是不可能真正面向全体的。因此，教师在教育活动的组织中要灵活地将集体活动、小组活动以及个别活动整合起来，真正做到面向全体和因人施教的有效统一。

第二节　学前教育的特殊原则

学前儿童的身心发展特点决定了学前教育除了应遵循教育的一般原则外，还应遵循学前教育特有的原则。

一、保教结合原则

学前教育是人生最初的教育阶段，学前儿童身心发展的特点决定了学前教育必须是保教并重的。《幼儿园工作规程》中明确提出："幼儿园的任务是：贯彻国家的教育方针，按照保育与教育相结合的原则，遵循幼儿身心发展特点和规律，实施德、智、体、美等方面全面发展的教育，促进幼儿身心和谐发展。"

（一）保教结合原则的含义

保教结合原则是指既保养学前儿童使其正常发育、健康成长，又在知识、智力、品德方面对其进行合理、科学的训练与教育。保教结合是一个整体概念，"保"和"教"是教育整体的不同方面，但二者不是截然分开的，它们同时对学前儿童产生影响。

1. 保

"保"指对学前儿童的生活保养和健康维护。健康的内涵十分广泛，有身体方面的，

有心理方面的,还有社会方面的。身体方面包括预防疾病,加强营养和锻炼,使学前儿童有健康的体魄;心理方面指培养学前儿童良好的情绪,注重其健康、积极的情感培育;社会方面指培养学前儿童探索环境、适应社会的能力,同时还要培养学前儿童良好的交往能力,使学前儿童不仅有与他人交往的勇气,也可以掌握与他人交往的技巧。以前我们更多的是重视学前儿童身体上的健康,而忽视了学前儿童心理和社会方面的健康,致使一些学前儿童情绪不高、情绪波动大、封闭、孤僻、不知道如何与他人交往,这是不能称之为健康的。

2. 教

"教"即幼儿园的教育教学,这是按照体、智、德、美的要求,有目的、有计划地对学前儿童进行全面发展的教育。例如,合理安排学前儿童的饮食、睡眠,帮助他们养成良好的生活习惯;传授知识经验,发展语言、智力及社会适应能力;培养积极的情感和良好的个性品质。幼儿园教育具有不同于中小学的特殊性,要从学前儿童的年龄特点和能力需要出发,加以组织安排。

3. 保教一体化

尽管"保"和"教"是幼儿园教育整体的两个方面,各有侧重,但并不是彼此分开、孤立展开的,而是相互渗透并有机结合在一起的,"保"和"教"是在同一过程中实现的。例如,在组织儿童喝水时,教师和保育员应要求儿童遵守秩序、要排队、不能推搡,同时也会告诉儿童每天要多喝水,以及这样做对身体的好处;在组织教学活动时,教师也应该允许儿童根据需要随时喝水。这就是保中有教,教中有保,保教一体化。

知识链接

我国保教结合传统:抗战时期延安保育院的做法①

陕甘宁边区第一保育院又称延安第一保育院,是战时儿童保育会陕甘宁边区分会所设立的一所保育院。因该院地处边远,受到战争的干扰较小,同时得到陕甘宁边区政府的高度重视,使其在战时儿童保育会所属的60多所保育院中独树一帜,与国统区的各保育院存在着较为明显的差异,其所探索、实施的儿童集体保教为新中国的基础教育打下了坚实的基础。

(一)分年龄段的保教

陕甘宁边区保育院按儿童年龄分成四部:乳儿部(6个月到1岁的乳儿)、婴儿部(1岁到3岁儿童)、幼稚部(3岁到6岁的幼儿)、小学部(6岁到15岁的儿童)。后为了便于管理,将小学部迁到安塞县白家坪另建校址,其余三个部分留在院址归为幼稚部,于是陕甘宁边区保育院共分为两个部分:小学部与幼稚部(乳儿

---

① 张纯. 抗战时期陕甘宁边区第一保育院的保教实施及历史意义[J]. 河北师范大学学报, 2015(07).

班、婴儿班和幼稚班)。

幼稚部的教育采取保教合一的教养原则，要求保姆与教师对孩子的生活与教育具体分工、共同负责。这种做法打通了年幼儿童生活与教育之间的沟壑，提高了教育效果，也使得人员之间关系实现了相互的帮助与改善。乳儿班和婴儿班主要对乳儿、婴儿进行身体保育、教他们学步、学说话，进而给予感官训练。在增强他们体质的同时养成他们良好的卫生习惯。幼稚班主要是通过游戏活动启发他们对大自然的热爱，形成他们快乐活泼的性格。幼稚班的课程来自儿童周围的自然和社会环境以及儿童自发的活动。课程包括音乐、故事、游戏、谈话、静息、识字、识数。对幼稚部的儿童不采取过分严格的军事化的管理，给幼儿提供足够的自由活动的空间和时间。幼稚班重视幼稚生良好习惯的培养、基本生活能力的养成与认知方面的教育。幼稚部还通过对敌人残暴的行径、抗日将士英勇故事的讲述培养儿童抗战建国的一般常识。

保育院的教育总目标："启发儿童的民族意识和改造社会的思想，灌输他们初步的自然与社会常识，养成他们集体生活、劳动互助的习惯，鼓励他们勇敢积极的精神。"

(二) 注重儿童身体健康

要给处在生长发育期的儿童提供充足的、营养丰富的食品是抗战时期摆在保育会面前最大的难题。因食物缺乏、营养不足，很多保育院的儿童体质下降，患上各种疾病，甚至死亡。陕甘宁边区第一保育院也存在物质匮乏的困难，但边区政府给予了食物和经费补助，并且享受中灶待遇，因此，陕甘宁边区第一保育院儿童基本没有出现挨饿情况，不仅如此，该保育院孩子们还能享受到鸡、肉、蛋、糖、水果等营养食品。为了提高各种食物的营养价值，边区保育院还根据儿童年龄大小、身体健康状况进行食物的调配。

在卫生清洁、疾病预防方面，保育院一方面通过教育儿童养成良好的卫生习惯，另一方面也引导儿童通过劳动改善生活卫生环境。对于爱吃手指、捡地上脏东西吃、躺在地上哭闹、玩生殖器的儿童保育院教师要督促其改正，同时帮助他们养成自己洗脸、刷牙、饭前便后洗手等良好卫生习惯。对于儿童生活的环境卫生的改善，则在老师带领下全体儿童共同参与：经常打扫房屋卫生，定期洗衣、被。除了做好了个人与环境卫生外，保育院还特别注意对儿童疾病进行预防与治疗：新入院儿童需要经过严格体格检查，一旦发现传染病，立即隔离并进行环境消毒。在幼稚部的保教人员要参加医疗卫生股的学习，了解病理学、儿童心理和对各种病源研究，保姆还要学习《怎样带孩子》《怎样预防疾病》《怎样看护病孩》等知识。

(三) 教育方法上的探索

在教育方法上，陕甘宁边区第一保育院采取集体自动学习原则，以启发式与自学辅导相结合，实行集体分组互助的小先生制。院中摒弃"读死书"的情形，注意将教育与实践紧密联系起来，实行与生活打成一片的生活教育。教育的内容是

儿童在生活中能够接触到的或体会到的。教师在上课之前要收集好材料，然后让儿童对材料进行观察或阅读，同时教师要提出问题，启发引导儿童观察、研究和讨论，最后由教师进行解释和补充。除了课堂教学外，保育院还规定了课外作业和社会活动，例如，组织各种问题的研究会，进行短途旅行，进行农作物试验等。在组织实施教学中，保育院还采取了单元教学法，以某一中心主题为一单元，围绕主题组织各种相关游戏、活动。这样可以使儿童对一个问题有一个生动、全面的认识和理解，同时将儿童的兴趣与教学计划相结合，实行"计划教育与兴趣教育相配合"，这样既注意了儿童的兴趣及个性发展，又注重了儿童系统知识的获得。

在对儿童的管理上，陕甘宁边区第一保育院摒弃体罚，采取教师耐心说服和儿童自治组织管理两种方法。教师、保姆要以身作则，做出各种示范，对待儿童态度要温和，多采用正面鼓励和表扬的方式来帮助儿童形成良好的习惯。发展儿童的自治能力，让儿童自己管理自己，是保育院儿童管理的重要方法。

（二）贯彻保教结合原则时应注意的问题

1. 避免保教分离

保育和教育本是幼儿园中地位平等的两个岗位，对学前儿童的发展都要承担责任并发挥重要的作用。但是，在我国的幼儿园中，一般情况下教师和保育员的工作内容是分开的，教师主要负责组织促进学前儿童发展的各种教育活动，保育员负责学前儿童的午睡、吃饭等生活内容。而且，教师与保育员的薪资待遇和工作地位也是有区别的，保育员明显偏低。这样的情况就导致保育员对自己的职业责任认识产生偏差，觉得自己的任务就是照顾好学前儿童的午睡、吃饭等生活方面的事情，至于教育那是教师的事；而部分教师也认为保育员没有必要参与学前儿童的教育，保育员只要负责好学前儿童的生活内容即可。教师和保育员的错误认识，就导致了幼儿园中保教分离的现象。

为了更好地实现保教结合，教师与保育员之间要建立良好的工作关系，二者是互帮互助的，不是分开的。教师和保育员要认可彼此所侧重的工作内容，也要明白只有二者进行工作内容的互补，才能更好地促进学前儿童的发展。幼儿园的管理者也要改变曾经的认识，要意识到在幼儿园中，教师和保育员的工作都很重要，没有谁重谁轻，要缩小二者地位上的差别，促进二者建立良好的工作关系。

2. 避免重"教"轻"保"

重"教"轻"保"的问题主要发生在教师的身上。部分教师认为，学前儿童学习更多的知识和技能才是最重要的，为了达到所设定的"教"的目标，而忽视对学前儿童的"保"。

案 例

在一次美工活动中，谢老师组织幼儿做手工。她先教给幼儿叠"钢琴"的方法，让幼儿跟着做，然后她让幼儿独立叠一架"钢琴"。在巡回指导的过程中，她发现小敏并没有按她的要求做，便有点不高兴，说："小敏，你是不会叠吗？我再教你一遍，你认真看。"之后，当她再回头去看的时候，发现小敏还是没有叠好，便生气地把小敏未完成的"钢琴"撕得粉碎。小敏的眼泪落了下来，之后很长一段时间都不敢再参与任何手工活动，也没有笑过。

在上述案例中，谢老师的行为是非常不合适的。为了达成所设定的目标，不惜做出伤害幼儿心灵的行为。作为一名老师，过于追求"教"的目的，而忽视"保"的重要性，依然成不了好的老师，这样的教育也不是好的教育。

可见，教师要做好保教结合，不能重"教"轻"保"，在教育活动重尤其需要保护好儿童美好的心灵，与儿童建立良好的师幼关系。教师要理解、接纳、信任、尊重学前儿童。在教育活动组织中，不能过多控制、支配学前儿童的言行，要允许学前儿童的个性发展，并允许他们有主见。

3. 避免保教结合简单化、浅表化

部分对幼儿园保教结合理解不够深刻的教师或保育员会认为这只是保、教人员工作的简单配合，如教师只是帮助保育员打扫卫生、组织儿童进餐，而保育员在教师组织活动时，也只是帮助教师维持秩序等。这些想法都将保教结合理解得过于简单化、浅表化了。保教结合是"保"与"教"的相互渗透与有机结合。例如，在儿童跳舞时，不能只关注儿童的动作做得好不好，还应关注儿童活动了多久，是不是该休息喝水了。再如，午休结束后，有些孩子的生活能力弱一些，扣扣子、系鞋带慢，保育员就直接替孩子扣好、系好，其实这也是指导孩子学习生活技能的良机。

无论是教师还是保育员，都需要真正理解保教结合的含义，使保教结合落到实处。

二、寓教育于学前儿童一日生活之中的原则

（一）寓教育于学前儿童一日生活之中原则的含义

寓教育于学前儿童的一日生活之中是指幼儿园的教育教学要渗透、融入学前儿童在园的一日生活中的每个环节，即一日生活皆教育。所谓"一日生活"，就是指学前儿童从早上入园到下午离园，在这期间发生的一切活动，包括生活起居的内容，如吃饭、睡觉、盥洗、如厕等；也包括促进学前儿童发展的一切教育活动。

《3~6岁儿童学习与发展指南》的"说明"中明确要求"珍视幼儿生活和游戏的独特价值"。《幼儿园教育指导纲要（试行）》（2001）也指出："幼儿园应为幼儿提供健康、丰富的生活和活动环境，满足他们多方面发展的需要，使他们度过快乐而有意义的童年。""教育活动内容的组织应充分考虑学前儿童的学习方式和特点，注重综合性、趣味性，寓教育于生活、游戏之中。"这就说明，幼儿园教育中要重视一日生活中每个环节的教育价值，通过科学、有效地活动组织，尽最大可能发挥一日生活的整体教育功能。

（二）寓教育于学前儿童一日生活之中原则的具体实施方法

1. 科学合理地安排学前儿童的一日生活

科学合理地安排学前儿童的一日生活，有助于学前儿童养成良好的生活习惯，提高学前儿童的自理能力和适应能力，让学前儿童明白什么时间该专心去做什么事。比如，该吃饭的时候，能主动去吃饭，吃得香；中午该睡觉的时候，就去睡觉，能睡得安稳；该学习的时候，能聚精会神地学习；该游戏的时候，就积极、主动地参与游戏等。这对学前儿童以后的发展很重要。

对于整个幼儿园来说，科学合理地安排学前儿童的一日生活还有助于减轻教师的压力，使幼儿园合理有序地开展各项工作，提高工作效率。

2. 抓住一日生活中的教育契机对学前儿童进行有针对性的指导

儿童在园的一日生活基本包括：入园、晨检、晨间活动、教学活动、游戏活动、自主游戏活动、如厕、用餐、午睡、离园等环节。这些看似平常的生活环节，随时都会产生良好的教育机会。教师要善于抓住这些契机，对儿童进行有针对性的指导和帮助，使教育融入生活。例如，儿童午睡时，要让其明白睡觉时要安静，即使自己睡不着，也不能去打扰别人，要懂得尊重他人。

3. 充分挖掘一日生活中蕴含价值的教育内容

在看似平常的生活中，处处蕴藏着有价值的教育内容。陶行知先生提出"生活即教育"。在幼儿园中，几乎所有的教育内容和话题都来自于学前儿童在生活中感兴趣的事物，或者是在生活中遇到的问题。例如，在区域活动时，有一名儿童提出想开一家"饭店"，老师就鼓励她大胆去做，在她寻求帮助时给予适当的支持。在组建饭店的过程中，她要与其他儿童进行商讨如何开饭店，包括要确定菜单、要写饭店的名字等，在这个过程中，她获得了与他人合作的体验和与同伴交往的技能，还增强了友谊。该儿童的想法来源于生活，并借助生活中已获得的经验成功实现了自己的想法，收获了"饭店"成立的喜悦。

三、幼儿园内与幼儿园外教育相结合的原则

为促进学前儿童的全面协调发展，需要幼儿园、家庭、社区等多方面的共同合作才能达到最好的效果。幼儿园内教育固然重要，园外教育的作用也不容忽视。

（一）幼儿园内与幼儿园外教育相结合原则的含义

幼儿园内与幼儿园外教育相结合，是指学前教育在大教育观和开放教育观的指引下，不仅要重视幼儿园的教育，而且要重视家庭、社区等对儿童的教育影响，还要把幼儿园、家庭和社区等方面对儿童的教育影响结合在一起，加强相互间的沟通与合作。学前教育如果局限在幼儿园内，不仅会造成幼儿园教育自身的封闭、狭隘，而且也会造成教育资源的极大浪费。因此，学前教育要充分调动一切有利因素和资源，形成教育合力，来为儿童的发展和活动提供更多的机会和更宽阔的平台。

（二）贯彻幼儿园内与幼儿园外教育相结合原则的要求

1. 充分利用好儿童自身这个教育资源

在儿童生活中，在家庭、社会、教育机构、街道、市场、田野，在儿童的自身和群体中，在看电视、听广播、交谈、游戏、旅游等各种活动中，都存在着丰富的教育资源，这些教育资源都来自儿童自身，是儿童自己看到的、听到的，也是他们感兴趣的，都在对儿童发挥着教育影响作用，其广泛性、灵活性、多样性、及时性是其他教育资源难以比拟的。

2. 幼儿园教育与家庭和社区教育相互配合

幼儿园、家庭和社区教育不能各行其是，而要相互配合、相互衔接，步调一致。儿童在家庭和社区中获得的经验，可以作为幼儿园教育的基础，但幼儿园教育不能简单重复这些经验。例如，儿童在家已经吃过不少种水果了，也知道那些水果的形状、味道等基本特征，如果幼儿园再让孩子去感知了解这些水果的特征就不合适了，幼儿园应该在此基础上，帮助儿童形成关于水果多样性的概括化认识。同样，家庭和社区也需要对幼儿园的教育要求做出积极的回应。例如，在幼儿园，教师要求儿童将垃圾分类丢进垃圾桶里，但回到生活的小区和家里，却没有设置分类的垃圾桶，那么幼儿园对儿童的这一教育要求就很难取得满意的效果。幼儿园、家庭和社区的教育需要相互补充、相互延伸，使教育影响保持一致。

3. 发挥教师在多方教育合作中的主导作用

首先，教师应积极关注儿童，积极从他们那里"捕捉"到有价值的教育信息；其次，教师要加强与家长之间的沟通，分享有关儿童的信息，让家长理解、支持幼儿园的工作。再次，教师还要加强与社区的联系，充分利用社区丰富的教育资源，促进相关幼儿园教育活动的开展，同时也为社区的学前教育服务。总之，教师要主动担负起协调者、沟通者、引导者的角色，在促成幼儿园内、园外教育有机结合方面发挥关键的作用。

四、教育的活动性和活动的多样性的原则

（一）教育的活动性和活动的多样性原则的含义

1. 教育的活动性原则的含义

学前儿童的身心发展特点使他们不可能像中小学生那样主要通过课堂书本知识的学习来获得发展，他们的学习与发展需要通过积极主动的活动来实现。这就要求，学前教育应积极创造各种条件，让学前儿童与环境相互作用，通过亲身感知、操作去探索和发现周围世界的奥秘，并获得各种经验。具体到幼儿园教育，不能将儿童坐在位子上听讲作为主要方式，而必须以活动为主导，以活动贯穿整个教育过程，以活动作为幼儿园教育的主要内容和形式。

2. 活动的多样性原则的含义

学前儿童还处于社会化的过程中，他们的兴趣是广泛且多变的，他们的发展需求是多样的。这些特点要求学前教育活动也必须是多种多样的。比如，学前儿童有身体健全发育的需要，所以就有盥洗、进餐、睡眠等满足基本生理需要的活动和散步、体操、体育游戏

等促进他们身体健康发展的活动;学前儿童有自理能力发展的需要,所以就有以此为基础开展的系纽扣、系鞋带等活动;学前儿童有审美发展的需要,所以就有唱歌、跳舞、绘画、手工、艺术欣赏等发展学前儿童美感的活动。

幼儿园教育应建立在丰富多彩活动的基础上,尽可能全面地促进学前儿童的发展。

(二)教育的活动性和活动的多样性原则的具体实施方法

该原则实施的关键在于给学前儿童提供活动的机会,创造有利于他们积极、主动参与活动的环境,提供进行多样化活动的必备条件,具体如下:

1. 为学前儿童提供充足且丰富的活动材料

学前儿童是活泼好动的,他们特别喜欢摆弄和操作物体,在与材料相互作用的过程中,学前儿童可以获得多种知识。教师应为儿童提供多种材料,让儿童积极动手操作。为此,教师投放的材料本身要具有吸引力,数量要丰富,以保证每个儿童都能得到使用材料的机会。例如,为了让儿童积极探索有关电的现象,教师应投放电池、灯泡、电线、曲别针、纸片、塑料片、铁片、木片等材料,儿童被这些丰富的活动材料所吸引,纷纷开始探索起来。

2. 为学前儿童营造宽松的精神环境

儿童活动的顺利开展不仅需要丰富的活动材料,还需要有一个宽松、充满关爱的精神环境。儿童在这样的环境里自由探索,能最大限度地激发他们的主动性、创造性。为此,教师要鼓励和支持儿童的活动,满足儿童的好奇心和探索的欲望,并允许儿童犯错,使儿童心情愉悦地活动。

小蚂蚁[①]

幼儿近来特别喜欢玩蚂蚁,在户外活动时,总是三人一堆、两人一伙地玩蚂蚁。幼儿还把蚂蚁抓回教室放在瓶子里,里面还放了一些米粒。幼儿告诉老师,他们想看看蚂蚁怎么吃东西。老师看到蚂蚁被幼儿抓进教室,并没有阻止幼儿说蚂蚁不卫生,也没有责骂幼儿把教室环境弄脏,而是顺应了幼儿的这一兴趣和需要,积极鼓励幼儿进行探索和实验,想办法找到答案,让幼儿进行讨论,开始了对蚂蚁吃什么的探究。

此案例中,教师的"宽容"就为学前儿童的探究创设了宽松的精神环境,让学前儿童有机会独立探索,自己寻找答案,这极大地保护了学前儿童的好奇心和探究欲。

3. 及时满足学前儿童的活动兴趣和学习需求

兴趣是儿童最好的老师,学习需求是儿童开展活动的根本动力。现在,以儿童的兴趣和需求为教育活动的出发点,已成为学前教育界的共识。教师应及时满足儿童的学习需要,保障教育活动积极有效的开展。教师只有利用好学前儿童的兴趣和需求,才能更好地

---

① 刘占兰. 幼儿科学教育[M]. 北京:北京师范大学,2008:119.

发现教育的价值，否则就难以体现出学前儿童在活动中的主体性。

> 王老师正组织全体幼儿进行某一主题的谈话活动。这时，一位迟到的幼儿急匆匆地冲进来，大声嚷着家里养的蚕宝宝结茧了，活动室里开始有点骚动。王老师便中断了当前的活动，也没有批评他，和其他幼儿一起认真听完了他说的话。之后问他："蚕宝宝结的茧什么颜色啊？是什么形状的呢？"这个幼儿都积极地进行介绍。王老师表扬他观察得很仔细，及时肯定他愿意和大家一起分享快乐的好品质。王老师邀请他第二天把蚕茧带来幼儿园，他也愉快地答应了。
>
> 第二天，这个幼儿带来了几个蚕茧，全班幼儿一起讨论蚕结茧的过程。大家讨论得很认真，并且积极参与全过程。

五、幼儿园教育以游戏为基本活动的原则

（一）幼儿园教育以游戏为基本活动原则的含义

《幼儿园工作规程》（2016）明确规定幼儿园教育以游戏为基本活动，要求幼儿园教育尽量以游戏的形式开展，寓教于乐。这也是学前教育的基本原则之一。

1. 游戏是学前儿童的基本活动

基本活动也称为主导活动，是受人在某一年龄阶段的心理发展水平所决定的，并与之相适应的活动。具体而言，基本活动指在人生的某个阶段，出现频率最高，对人的生存发展最有价值，最适合那一年龄阶段的活动。工作和劳动就是成人的基本活动；上学校学习是学龄期儿童的基本活动，而游戏就是学前儿童的基本活动。游戏是学前儿童最喜爱的活动，也是最适合他们的年龄阶段发展水平的活动。游戏能有效促进学前儿童的发展，具有其他活动不能替代的教育价值。

2. 幼儿园教育为什么要以游戏为基本活动

（1）游戏最符合学前儿童身心发展的特点，最能满足学前儿童学习与发展的需要。比如，学前儿童正处于发展的阶段，跟社会的接触较少，但他们又对成人的生活感兴趣；他们渴望能像大人一样参与社会生活，但又没有能力，于是他们就玩起了游戏。在游戏中，他们充当各种社会角色，模仿角色的言行，"过"起了成人的生活。可见，游戏在满足儿童需要的同时，实际上也促进了儿童想象力、社会交往能力和认知经验的发展。

（2）对于学前儿童来说，游戏也是一种轻松的学习过程。游戏具有身心愉悦的功能。游戏的气氛是快乐的。儿童在游戏中是自主、自愿的，哪怕是接受游戏规则的制约，他们也是心甘情愿的。在游戏中，儿童能轻松、快乐地学习，不知不觉地获得知识经验，完全没有课堂学习的压力。

（3）对于教育者来说，游戏是一种最科学的教育方法，是最适合以学前儿童为对象的教育。学前儿童受到其心理发展水平的限制，其思维以具体形象为主，所以他们获得知识经验的最好方式不是老师的讲授，而是自己亲身的体验和感受。而游戏正是这样的一种方式。以游戏的方式进行教育活动，不仅符合学前儿童心理发展规律和学习特点，还能调动学前儿童作为学习主体的全部能量，并且能够融洽师幼关系。因而，游戏的方法是最适合学前儿童的教育方法。

（二）以游戏为基本活动原则的具体实施方法

1. 重视学前儿童的自发性游戏

自发性游戏是指学前儿童自己发起的游戏。这类游戏由学前儿童自己决定游戏内容、游戏对象和游戏方式，表现出极大的自主性、独立性和创造性。

幼儿园应支持学前儿童进行自发性游戏，保证学前儿童在一日活动中有一定的时间、适宜的场地和丰富的材料开展游戏，并在学前儿童需要时适时提供帮助。

2. 充分利用游戏形式组织幼儿园各类教育活动

游戏对学前儿童有着天然的吸引力。为了使幼儿园的教育活动更能吸引儿童的注意力、激发儿童的学习兴趣，更为了将预设的教育内容转化为儿童的学习需要，教师有必要用游戏的形式来组织幼儿园各类教育活动，使教学游戏化。例如，单纯地学画线条可能是一件比较枯燥的事情，教师可以引导儿童将手中的笔想象成"小鸟"，然后让"小鸟""飞"出不同的"路线"。这样，让儿童乐于参与活动，从而增强教育效果。

3. 满足学前儿童对多种游戏的需要

游戏是多种多样的，不同的游戏具有不同的特点和功能。教师应该为学前儿童提供多种游戏材料，让他们有选择游戏的机会，并允许他们以自己喜爱的方式玩游戏。随着学前儿童年龄的增长和知识面的扩大，他们对游戏的需求会有所改变，教师应该灵活地调整游戏，尽最大的能力支持学前儿童的游戏活动。

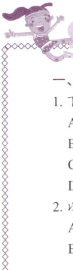

本章练习题

一、单项选择题

1. 下列选项不属于一般教育原则的是（　　）。

    A. 面向全体和因人施教原则

    B. 尊重和保护儿童原则

    C. 活动性原则

    D. 全面协调发展原则

2. 以游戏为基本活动原则的具体实施方法不包括（　　）。

    A. 重视幼儿的自发性游戏

    B. 充分利用游戏形式组织幼儿园各类教育活动

C. 限制幼儿进行自发游戏的次数

D. 满足幼儿对多种游戏的需要

3. 贯彻保教结合原则需要避免保教分离、（　　）等问题。

　　A. 重"保"轻"教"　　　　　　B. 重"教"轻"保"

　　C. 以教师为中心　　　　　　D. 滥用教师权威

4. 寓教育于学前儿童一日生活之中原则的具体实施方法不包括（　　）。

　　A. 幼儿的教育活动与生活活动没有交集

　　B. 科学合理地安排幼儿一日生活

　　C. 利用一日生活的教育契机对幼儿进行有针对性的指导

　　D. 从幼儿生活中挖掘有价值的教育内容

5. （　　）是根据幼儿身心发展规律、幼儿教育性质制定出来的，同时也是由幼儿教育实践经验总结而来的，更是今后的幼儿园教育工作者行动的依据。

　　A. 幼儿教育原则　　　　　　B. 幼儿教育要求

　　C. 幼儿园教育规范　　　　　D. 幼儿园教育原则

二、简答题

1. 学前儿童在哪些方面需要保护？

2. 在幼儿园日常活动中，如何以游戏为基本活动？

三、论述题

1. 论述全面协调发展原则的贯彻。

2. 论述保教结合应该避免的问题。

第六章 学前儿童全面发展教育

1. 理解学前儿童全面发展教育的内涵及组成部分。
2. 掌握学前儿童体育、智育、德育、美育的含义、目标、内容、实施以及实施中应注意的问题。
3. 能够运用全面发展教育的知识分析幼儿园中"片面教育"的现象。

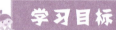

　　某教师每天要求幼儿学会她所教的东西，包括背诵诗歌、讲故事、画画等。其中画画基本上是"照葫芦画瓢"。该教师坚持认为，这样做见效快，也能让家长在短时间内就看到成效，并且他们也很认同自己的做法。至于发展幼儿的思维、培养幼儿的探究精神及行为习惯等，该教师觉得这些不是一朝一夕就能做到的，也无暇顾及。

　　显然，家长和教师的观念中仍存在着重知识灌输轻能力培养、重智力培养轻人格培养等错误倾向。一些幼儿园迫于家长压力或受经济利益的驱使，打着"培养学前儿童技能"的旗号，办起了各式各样的兴趣班、特长班。但学前教育本不应该是追求片面发展的教育，它是一种全面发展的教育。学前儿童全面发展教育的含义和内容是什么？如何实施学前儿童全面发展教育？通过本章的学习，这些问题将被一一解答。

　　学前儿童全面发展教育是指以学前儿童身心发展的现实与可能为前提，以促进学前儿童在体、智、德、美诸方面和谐发展为宗旨，并以适合学前儿童身心发展特点的方式、方法、手段加以实施的、着眼于培养学前儿童基本素质的教育。对学前儿童实施全面发展教育是我国学前教育的基本出发点，也是我国学前教育法规所规定的根本任务。

第六章 学前儿童全面发展教育

全面发展不是个体在体、智、德、美诸方面平均的发展，也不是个体各个发展方面孤立的发展。学前儿童全面发展教育应保证在体、智、德、美诸方面全面发展的基础上，允许个体在某方面保有一定的优势，但要注意保持各方面的协调发展。

体育、智育、德育和美育是学前儿童全面发展教育的有机组成部分，在学前儿童的发展中具有各自独特的作用和价值，不能相互取代。它们统一于学前儿童个体的身心结构之中，相互促进、相互渗透、相互制约，不可分割。对学前儿童的全面发展来说，不能偏废任何一方面，任何一方面的偏废都会对儿童的发展造成一定的影响。当体育、智育、德育和美育融合在一起时，会形成一种整体的教育力量，从而发挥出教育的最大功效。

第一节 学前儿童体育

生命的健康是人生存和发展的基础，身体是生命最直接的体现，是生命存在的直接依据。没有身体，人的一切都毫无意义。学前儿童体育是学前儿童全面发展教育的重要组成部分，不仅担负着增强学前儿童体质的任务，还要帮助学前儿童养成良好的体育活动习惯，指向学前儿童生命的健康。学前期是个体生长发育最迅速的时期，也是为个体毕生发展奠基的重要时期。学前儿童体育不仅关乎儿童身体的健康，还会影响儿童心理的发展。

一、学前儿童体育的概念和意义

（一）学前儿童体育的概念

体育是全面发展教育的重要组成部分，是提高人民健康水平、增强人民体质、丰富社会文化生活的手段。从广义上来说，体育泛指人类社会的各种体育活动；从狭义上来说，体育是与德育、智育、美育相配合的整个教育活动的组成部分，是有目的、有组织、有计划地在教育机构中进行的，以促进受教育者身体全面发展，增强体质，传授锻炼身体的知识、技术和技能，培养道德品质的教育活动。

学前儿童体育是指遵循学前儿童身体生长发育的规律，以促进学前儿童身体发展、增强体质和提高健康水平为目的所进行的一系列教育活动。

身体的发展主要表现为身体的正常发育和机能的协调发展与提高。身体的发展可以用"体质"来概括和评价。体质是指人体的质量，是人体在体格、体能、适应能力和心理因素等各方面表现出来的相对稳定的特征，是人身体发展状况的综合表现。体质主要包括以下几方面：

（1）体格：指人体的体型、生长发育水平和营养状况。
（2）生理功能状态：指人体的新陈代谢水平和各器官系统的效能。
（3）体能：指身体基本活动能力，如走、跑、跳等活动能力；身体素质，如爆发力、耐力、协调性、速度等素质。

（4）人体适应能力：指人体对疾病的抵抗能力和对外界环境变化的应变能力。

（5）心理因素：指人的情绪、认识能力、意志品质、个性等。

衡量一个人是否健康，应从体质的各个方面进行综合评价。健康的人不仅没有身体的缺陷和疾病，而且具有良好的心理状态和社会适应能力。对于学前儿童而言，良好体质的标志主要是适应环境和抵抗疾病的能力。

学前儿童体育有着不同于中小学体育的特点，这是由儿童身心发展的特点决定的。在学前期，由于儿童抵抗力差、骨骼和肌肉发展不成熟、动作不协调等，不宜进行爆发性的肌肉活动，故需要为学前儿童提供合理的膳食营养，创设安全、卫生的生活环境以帮助儿童养成良好的生活、卫生习惯，并科学地设计、合理地组织儿童的体育活动等。

（二）学前儿童体育的意义

1. 对学前儿童个体发展具有重要意义

（1）促进儿童生长发育。

体育是促进学前儿童正常生长发育的重要保证。学前儿童的器官和组织正处于发育阶段，生长发育迅速，新陈代谢旺盛，对营养、睡眠、新鲜空气等的需求较高。学前儿童实施合理的体育锻炼，有助于他们健康成长，并为其将来的强健体魄打下良好的基础。

（2）发展体能，提高儿童对环境的适应能力。

身体素质的发展受多方面因素影响。其中，体育锻炼是迅速发展体能所必不可少的环节。经常锻炼的儿童能够更频繁地接触户外的新鲜空气和阳光，相对于不经常锻炼的儿童，会对环境有更强的适应力，患病率会更低，身体的自我感觉更加良好，参与活动的精力会更旺盛，情绪也会更积极、更稳定。

（3）培养儿童良好的心理品质，促进儿童社会性的发展。

无论是哪种体育，都需要儿童付出体力和一定的意志努力。经常开展体育活动能培养学前儿童积极、稳定的情绪和坚强的意志力等良好的心理品质。同时，在体育活动中，学前儿童需要理解教师的要求并按要求运动，学习遵守纪律和规则，学会公平、友好地竞争，培养合作精神和与人分享的品质。这说明：体育活动能在一定程度上促进儿童社会性的发展。

（4）支持儿童智力的发展。

体育活动能够加快血液循环，为大脑和神经系统的良好发育及有效工作提供更充分的能量和营养，而大脑和神经系统的良好发育、有效工作可为智力发展提供更为坚实的基础。体育活动所含的大量智力挑战的内容也在一定程度上促进了学前儿童智力的发展。

2. 关系到未来的国民身体素质

学前儿童体育关系到国家的未来和民族的兴旺。因为一个国家、一个民族的兴旺和强盛依赖于一个个、一代代健康的国民。世界上许多国家都将人的能力看作"资源"。挖掘人力资源，才能促进社会生产和经济发展。而人的能力的发挥必须以健康的身体为基础。学前教育是培养人的基础教育，锻炼身体要从小抓起。

学前期儿童的身体状况对个体一生的健康都有重要的影响。根据人体遗传和优生学说，婴幼儿及青少年身体强壮了，就能使国民的体质一代胜过一代，从而逐步提高国民身体素质。因此，学前儿童的健康水平在一定程度上影响着一个国家和民族的健康水平。增强学前儿童体质，培养适应未来社会发展所需要的下一代，是从根本上提高我国劳动力身体素质的有效措施。

二、学前儿童体育的目标和内容

（一）学前儿童体育的目标

1. 保护学前儿童的生命与健康，增强体质，促进学前儿童身体的正常发育和生命发展

学前儿童正处于生长发育的关键时期，身体生长发育速度快，各部分器官与系统尚未发育成熟，比较娇嫩柔弱，身体形态结构也没有定型，可塑性强。同时，儿童对外界环境的适应能力和抵抗能力较差，容易感染疾病，身体易受损害。儿童独立生活能力差，需要依赖成人来满足自己身体发展的基本需要。他们缺乏生活经验与安全知识，没有能力保护自己的生命健康，需要成人的保护与照顾。因此，《幼儿园教育指导纲要（试行）》指出："幼儿园必须把保护幼儿的生命和促进幼儿的健康放在工作的首位。"科学合理地照顾、安排与组织儿童的生活，保障儿童的生命与安全，是学前儿童体育的首要目标。

2. 发展学前儿童的基本动作，激发学前儿童对体育活动的兴趣，并帮助学前儿童养成积极参加体育锻炼的习惯

在学前期，儿童的基本动作虽基本成形，但是动作的准确性和协调性比较差。在体育活动中，应通过包含基本动作训练内容的体育游戏来提高学前儿童神经系统对肌肉的调节能力及其对精细动作的控制能力，指导儿童发展走、跑、跳、投掷、攀登、钻爬等基本动作的能力，使儿童的各项基本动作朝着准确、协调、熟练的方向发展，提高学前儿童的速度、力量、耐力、灵敏性、协调性、柔韧性等身体素质。

学前儿童体育的真谛，不在于让儿童掌握体育的技能技巧，而在于激发儿童参与体育活动的兴趣，让儿童养成积极参加体育锻炼的习惯，促进其身心健康成长。同时发展儿童积极的自我概念，形成活泼开朗、勇敢坚强、乐观进取、团结互助的品质。

3. 帮助学前儿童了解基本的保健常识，培养儿童良好的生活与卫生习惯以及自我保护的意识和能力

掌握基本的保健常识对于学前儿童养成良好的行为习惯、促进学前儿童个体生命安全及身心健康发展有重要的意义。良好的生活与卫生习惯是促进儿童健康的必要条件，能使学前儿童终身受益。培养良好的生活与卫生习惯不仅能够促进学前儿童的身心健康，而且有利于学前儿童社会适应能力的发展。培养儿童的自我保护意识和能力，则是在对儿童施加幼儿园及家庭保护的同时，促进儿童安全与健康成长的另一重大保障。

（二）学前儿童体育的内容

1. 生活卫生教育

学前儿童生活卫生教育的目的是使学前儿童获得必要的卫生知识，培养学前儿童良好的生活习惯和卫生习惯。生活卫生教育主要包括以下几点：

（1）个人卫生习惯的培养。

良好的个人卫生习惯能有效促进学前儿童的身体健康。教师应引导儿童保持个人卫生

的清洁，培养儿童早晚刷牙、饭后漱口、饭前便后洗手、保持服装整洁等习惯；引导儿童学习使用手帕、学习擤鼻涕的方法；注意纠正儿童用手抠鼻孔、吸手指等不良习惯。

（2）环境卫生的教育。

环境卫生教育的主要内容包括教育学前儿童维护环境的清洁与整齐，如不随便在墙上乱涂乱画、不随地大小便、不随手扔垃圾等；让学前儿童懂得保护环境对人类发展的意义，如节约用水、爱护花草树木等。

（3）个人生活习惯的培养。

帮助学前儿童养成按时睡觉、独立睡觉、按时起床等良好的睡眠习惯；帮助学前儿童养成愉快安静地进餐、不挑食、不偏食、细嚼慢咽等良好的饮食习惯。

2. 自我保护与保健知识的教育

自我保护意识是保护学前儿童生命的重要条件。学前儿童独立生活能力及基本活动能力较差，安全知识缺乏，对危险的事不能做出准确的判断，难以独自预见行为的后果，缺乏安全意识。而学前儿童的活动中隐藏着许多不安全因素，所以教师应对学前儿童加强安全教育，增强学前儿童自我保护的意识与能力。

安全教育包括基本的安全知识教育和简单的自我保护技能的训练。基本的安全知识教育是教育儿童遵守各项活动的规则，懂得简单的安全知识，如不用脏手帕揉眼睛、不把东西放入口、鼻和耳内，不拿尖的东西奔跑玩耍，不触摸电线和电源插座，不玩火，不在池塘边、江河边、马路边玩耍等。简单的自我保护技能的训练包括：身体的保护训练（如保护五官）、训练儿童正确使用一些带有危险性的物品（如剪刀、铅笔等）和学习简单的自救技能（如鼻出血处理、烫伤自救等）。

学前儿童的保健知识教育要求学前儿童掌握必要的健康知识，逐步树立以预防为主的观念，如初步懂得"病从口入"，懂得保持个人卫生和公共卫生都是为了预防疾病；让学前儿童学会配合医务人员的预防和治疗工作，如接受打预防针、生病后不怕吃药、能配合治疗等。

3. 身体的运动与锻炼

学前儿童身体运动与锻炼的目的是通过开展体育活动与体格锻炼，提高基本动作的技能，促进生长发育，增强体质。其主要内容包括：基本动作、基本体操、体育游戏和运动器械。

（1）基本动作的练习。

基本动作又可称为一般身体动作。这些动作是人们日常生活中身体活动的基本模式，也是体育运动项目中身体活动的基本动作，包括走、跑、跳、投掷、攀登和钻爬以及发展这些动作必备的平衡能力，有时也包含旋转和翻滚。

（2）基本体操的练习。

学前儿童体操的内容包括徒手操、轻器械操、模仿操和基本队列队形练习。它是一种全身的、系统的身体锻炼活动，是有组织、有结构、成套的身体动作练习，一般有儿歌、音乐或节奏伴随。

徒手操：听教师口令或广播空手进行的体操练习。徒手操不需要任何器械，不受场地、设备限制。徒手操有相对固定的操节顺序：上肢运动—扩胸运动—下肢运动—腰部运动—腹背运动—跳跃运动—整理运动。徒手操对运动量的要求：从上肢运动开始，运动量逐步加大，跳跃运动时达到高潮。每套徒手操有两次运动高潮：小班——腹背运动、跳跃运动；中大班——下肢运动、跳跃运动。

轻器械操：在徒手操的基础上，手上拿一些轻器械如绳子、哑铃、棍棒等做操。轻器械操能提高儿童练习的兴趣和做动作的积极性。轻器械操有红旗操、花环操、哑铃操、棍棒操、铃鼓操、球操、纱巾操、三浴操等。

模仿操：从人的各种活动（如劳动、军事训练）或动物的动作中挑选出一些适合学前儿童模仿的动作，结合播放相应的儿歌或音乐编成的体操。模仿操动作形象，容易理解，虽然动作的精确性不高，但能有目的、有针对性地发展儿童的某些大肌肉群，促进动作的协调，激发学前儿童参加体育活动的积极性。

基本队列队形练习是在教师的统一指挥下，儿童整齐划一、协调一致地完成队列的统一规定动作，包括原地动作和行进间动作。例如：听口令做立正、稍息、看齐、转体、原地踏步、齐步走、跑步走等；听口令走成简单的队形，如走成圆圈、切段分队等。基本队列队形练习能使儿童保持良好的状态，还能培养他们的组织性、纪律性和集体观念。

（3）体育游戏活动。

体育游戏也称活动性游戏，既具有游戏的基本特征，如愉悦性、象征性等，又兼具发展儿童基本动作、增进活动能力和身体素质等功能。体育游戏内容丰富，形式多样，既可以独立进行，如游戏"老鹰捉小鸡"；也可以与其他练习方式交叉整合。例如，利用器械进行的器械游戏，利用故事情节开展的创造性身体表演游戏或利用基本动作要素组合编制的走、跑、跳游戏等。

（4）运动器械活动。

器械练习专指运用体育器械来进行身体锻炼的活动。其中包括利用各种小型器械（如球）、中型器械（如车）、大型器械（如攀登架）等专门性体育器械进行的练习活动，还包括利用各种自制的或替代性的器械进行的练习活动，甚至包括利用游泳池、沙池、假山、树林等各种可利用的物质环境条件进所行的身体练习和游戏活动。

4. 心理健康教育

学前儿童心理健康教育的目的是增强学前儿童自身的心理承受能力和心理强度，改善其心理品质，培养其活泼开朗的性格，使他们更好地适应社会生活。心理健康教育主要包括积极愉快情绪及自尊、自信等健康心理品质的培养。为此，教师和家长要安排丰富多彩、轻松愉快的活动，增强学前儿童的快乐体验，并在生活中和教育教学活动中尊重、欣赏和鼓励每一个儿童，让他们体验到被尊重、被接纳、被公平对待，让他们感受到成就感、责任感和幸福感等。

三、学前儿童体育的实施

（一）学前儿童体育实施的途径

1. 提供安全的、适宜学前儿童身体活动的良好环境和设施

良好的生活环境是学前儿童身体发展的物质前提。幼儿园要充分利用现有的经济条

件，因地制宜，为学前儿童的健康成长创设符合卫生要求的房屋、设备和场地。学前儿童开展体育活动和游戏的场地应符合卫生和教育的要求，活动室保证采光充足，有足够的活动空间，户外活动场地应平坦宽敞，保证学前儿童安全。环境绿化要到位，夏日适当地增加遮阴场所，布局设计要合理，以利于学前儿童活动为宜。另外，幼儿园应提供让学前儿童进行大肌肉活动的场地，按要求放置大型的设备和用具，如攀登架、滑梯、蹦床、大型积木等。器械的摆放要合理，以不妨碍学前儿童奔跑为原则。

2. 做好全面的保健工作，执行严格的卫生保健制度

幼儿园卫生保健工作包括对学前儿童的日常护理工作、清洁卫生消毒工作、疾病预防及常见病的治疗工作、儿童身体健康检查工作、营养的调配及膳食卫生检查工作等。幼儿园要制定各项卫生保健制度，包括体格检查制度（教师、工作人员和学前儿童的体格检查）、晨间检查制度（一看、二摸、三问、四查）、预防接种制度、消毒制度、疾病的治疗和隔离制度、清洁卫生制度、饮食管理制度、防暑降温制度和冬季防冻保暖制度。幼儿园全体工作人员要协同努力，严格地执行各项保健制度，使保健工作落到实处。

3. 建立合理的生活制度

生活制度是以科学为依据，合理安排学前儿童一日生活中各项活动（包括入园、进餐、睡眠、教育活动和离园等）的时间和顺序，使学前儿童在园的生活有规律、有节奏，张弛有度。生活制度的安排要符合学前儿童生理特点，活动形式多样化，做到动静交替，保证儿童有足够的睡眠时间，活动之间也要保持合理的时间间隔。例如，由于学前儿童消化功能较差，食物在胃里停留时间一般为3~4个小时，因此两餐之间的间隔不少于3个小时，不超过4个小时。根据学前儿童的身心发展特点，适当安排户外活动的时间和次数，让儿童充分享受新鲜空气和阳光。另外，生活制度的制定还要考虑季节的变化、地区特点和家长的需求。

4. 开展多种多样的体育活动

体育活动是完成体育任务的重要途径，幼儿园在保证学前儿童充足的户外活动时间的基础上，应设计、组织多种多样的体育活动，激发儿童积极参与其中。

（1）早操。早操是早上进行的身体锻炼的活动总称。早操的活动内容既可以是全国统一的少儿广播体操，也可以是幼儿园自己设计的基本体操，还可以是韵律操。一般来说，早操内容相对固定，但是可因年龄的不同而不同，也可因季节的变化而变化。幼儿园早操内容应尽量做到有趣化，形式也要轻松活泼，吸引儿童参与。

（2）体育课。体育课是教师有目的、有计划、有组织地引导学前儿童积极参与的体育活动课和健康教育课。前者以基本动作练习促进身体活动能力为主，后者以获得健康方面的知识、经验为主。体育课虽然以集体活动为主，教师的主导作用较大，但也应采取游戏化、情景化的方式，增进儿童的直接经验与情感体验，避免机械训练或空洞说教。

（3）运动区的活动。运动区的活动是儿童在园内所开辟出的若干个运动区（如投掷区、球类活动区、攀登区、钻爬区等）内的活动。它可以是儿童自选的，也可以是儿童在教师的组织下按一定的线路轮换或循环进行的。运动区的活动面向全园的儿童开放。幼儿园运动区除了少数设在大型活动室内及走廊，大多设在户外，因此运动区的活动有时归属于户外体育活动。

（4）户外体育活动。户外体育活动是在户外环境下所进行的体育活动，注重对阳光、空气自然因素的利用。户外体育活动形式多样。可以是集体形式的活动，如户外体育游戏、集体锻炼、散步等；也可以是小组形式的活动，如滑滑梯、荡秋千等；还可以是个人自由活动，如骑独轮车。

（5）全员性的运动会。全员性的运动会一般每年举行1~2次，一般选择在春季或秋季举行，其主要目的在于培养儿童的集体意识，丰富儿童的体育生活，促进儿童健康。运动会的形式要多样化，开展的项目要富有趣味性，也可以邀请家长一起举行亲子运动会。运动会时间不宜太长，各项目间衔接应连贯，一般不超过半天时间。

（6）郊游活动。郊游也是对学前儿童身心发展十分有益的体育活动。攀上一座小山或漫游一个公园，可以使学前儿童走出封闭的幼儿园围墙，与大自然亲密接触，呼吸新鲜的空气，聆听小鸟和昆虫的吟唱，闻到花草树木的芳香，欣赏到美丽的自然景色，让儿童在感受美的过程中陶冶了情操，愉悦了身心。此外，在郊游中，学前儿童攀、爬、走、跳等运动技能也能得到进一步的锻炼。教师在组织学前儿童进行郊游活动时应做好准备工作，包括事先获得家长的同意和支持、叮嘱儿童注意安全等，以便顺利地完成郊游活动。

（7）进行专门的体格锻炼。学前儿童的体格锻炼，主要是利用自然因素，即日光、空气和水进行锻炼，其目的是增进身体健康，增强体质。学前儿童的体格锻炼可以在日常生活中进行，如保证每天的户外活动时间，让他们都能沐浴在阳光下，呼吸新鲜的空气，提供戏水的机会等。另外，在幼儿园一切条件允许的情况下，可以组织儿童进行日光浴、空气浴和冷水浴。

（二）实施学前儿童体育该注意的问题

1. 注重学前儿童身体素质的提高

提高学前儿童的身体素质，是实施学前儿童体育的首要任务。儿童身体素质的提高主要是体质的增强，而影响儿童体质的因素有很多，如遗传、营养、疾病、生活环境、锻炼等。其中，开展科学的、适宜的体育活动是增强学前儿童体质最有效的途径之一。因此，在幼儿园中，体育活动应以增强学前儿童体质为核心，不能把教学的重心放在技能技巧的训练上，更不允许以比赛、表演、为幼儿园争名次或争荣誉的名义进行可能对学前儿童身体造成伤害的任何活动；并且要充分考虑学前儿童身体的特点，用丰富多彩、轻松活泼的形式来激发儿童参与体育活动的积极性，增强儿童体质。

2. 重视培养学前儿童对体育的兴趣和积极态度

学前儿童对体育活动是否感兴趣，是否能积极地参与其中，是评价体育活动是否有成效的重要指标之一。因此，体育活动的开展必须重视培养学前儿童的兴趣和积极态度。那种只为完成计划而不顾儿童兴趣、强硬要求儿童必须完成某项运动的做法是极不可取的。教师也不能因为儿童不能达到自己的要求而责备甚至体罚他们。

3. 专门组织的体育活动与日常活动相结合

专门组织的体育活动是训练儿童基本动作的有效途径，但要达到培养学前儿童良好生活卫生习惯这类的目标，仅仅靠专门组织的体育活动是难以完成的，还必须抓住日常活动中的教育契机进行随机教育。因此，实现体育的目标，必须结合多种途径，更要重视日常活动中的体育。

第二节 学前儿童智育

一、学前儿童智育的概念和意义

（一）学前儿童智育的概念

智育是指有目的、有计划地让受教育者掌握系统的科学基础知识和基本技能，促进受教育者智力发展的教育过程。

学前儿童智育是有目的、有计划地让学前儿童获得粗浅的知识技能，发展智力，增进对周围事物的求知欲，学习"如何学习"，并养成良好学习习惯的教育过程。学前儿童智育应当根据学前儿童认知发展的规律来进行。

> **知识链接**
>
> **与智育相关的概念**
>
> 知识：是人们在社会实践中所获得的认识和经验的总和，是人的心理活动的内容，可表现为对事物的感觉、知觉、表象、概念等心理形式，也可表现在书籍、音像和其他人造物中。知识的形成是人类实践活动的结果。人在长期实践过程中积累了对客观世界的认识，并经过反复的实践检验，逐渐形成了具有严密逻辑的、反映客观事物本质的各种知识体系。从知识获得的途径看，知识可以分为直接经验和间接经验。直接经验是受教育者在直接接触外界或在改变外界的活动中通过亲身感受获得的知识。间接经验是通过他人传授或阅读等方式获得的知识。在学前教育中，学前儿童认知发展水平的特点决定了间接经验为主的智育形式。
>
> 技能：是人们为达到认识或改造客观事物的目的而经常运用的具体行动方式。技能包括通过内部语言进行的智力技能，如构思、心算、默语等，还包括在大脑控制与调节下身体的操作技能，如唱歌、运动、绘画等。技能的形成与知识的掌握是密不可分的，技能的形成要以一定的知识为基础，技能的形成又有助于进一步获取知识。
>
> 智力：是一种人认识事物的能力，包括观察力、注意力、记忆力、思维力、想象力和创造力等要素，其中思维力是智力的核心。知识与智力是不同的概念，获得了知识不等于就发展了智力，但智力的发展离不开知识。

（二）学前儿童智育的意义

1. 学前儿童智育能为提高社会文化科学水平奠定基础

当前，社会劳动生产率的提高依靠的是劳动者的脑力劳动，而不是简单的体力劳动，现代化的社会生产更是需要掌握现代科学知识、具有较高智力水平及开拓创造精神的劳动者大军。不仅如此，科学还通过各种技术渠道深入人们生活的各个领域，人如果没有足够的知识修养，就难以适应现代化的社会生活。由此可见，只有充分发挥智育的作用，才能为国家和社会培养出具有良好智力结构的建设者和接班人，而对学前儿童进行智育则是培养这种人才的开端。

2. 学前儿童智育是儿童发展，尤其是认知发展的需要

现代生物学、医学、心理学等学科证明，学前期儿童大脑发育迅速，为其智力发展提供了物质基础。学前儿童对周围世界具有很强烈的求知欲和好奇心，他们会自发地在生活中学习，从而获得感性经验。但他们的认识还很肤浅，具有很大的不稳定性，他们只能感知一些零散的、表面的现象，还不能把现象和本质区分开来，也难以准确把握事物间的因果关系。教育的责任就是不失时机地、有目的地、有计划地满足学前儿童的认知需要，将其自发性的探索与教育很好地结合，为今后的学习及未来的成长打下坚实的基础。

3. 学前儿童智育是实施其他各方面教育的智力基础

人从事任何活动，都必须以一定的知识经验和智能为前提，如道德品质、审美观念的培养以及身体的健康发展等，无不与知识和智力活动相关。所以，智育在全面发展的教育中占有重要的地位，对体育、德育和美育都有促进作用。学前儿童的智育与体育、德育、美育同处于一个过程中，在促进儿童智力发展的同时，也为学前儿童的体育、德育及美育提供智力基础。

二、学前儿童智育的目标与内容

（一）学前儿童智育的目标

1996 年颁发的《幼儿园工作规程》第五条指出："发展幼儿智力，培养正确运用感官和运用语言交往的基本能力，增进对环境的认识，培养有益的兴趣和求知欲望，培养初步的动手能力。"这是对学前儿童智育目标的总体的、概括的描述。具体说来，学前儿童智育的目标体现在以下几个方面：

1. 培养学前儿童正确运用感官的能力，增进其对环境的认识

正确运用感官的能力即感知能力。感知能力是认知能力的重要组织部分，也是思维能力发展的基础。学前儿童正处于感知能力迅速发展和不断完善的时期，运用视觉、听觉、触觉等感觉器官来感知周围环境是学前儿童的一个重要认知特点。因此，培养正确运用感官的能力是学前儿童智育的基本目标。

2. 发展学前儿童的语言表达与交流能力

语言是人们交流的工具、思维的武器，个人的语言水平在一定程度上反映出他的智力水平。学前儿童正处于语言发展的敏感期，语言能力发展迅速，能基本掌握全部语音和一

定数量的词汇。如果这一时期学前儿童的语言能力没有得到良好的发展，就可能导致语言发展缓慢或障碍。所以在幼儿园教育中，教师要创造机会，发展学前儿童的语言能力，让学前儿童掌握正确的发音方法，会说普通话；增加他们的词汇量，锻炼他们的口头语言表达与交流能力等。

3. 培养学前儿童有益的兴趣和求知欲望，以及初步的动手能力

学习兴趣、求知欲属于非智力因素，对儿童智力的发展具有重要的作用。有益的兴趣和求知欲望能激发学前儿童积极主动探究周围的事物，获取知识和技能，还能使学前儿童的注意和思维活动处于良好的状态。学前儿童年龄小、自控力差，他们的学习往往和兴趣密切相关。因此培养学前儿童广泛的兴趣爱好和求知欲，调动学前儿童学习的主动性和积极性，是学前儿童智育的重要环节。

动手能力是智力的重要组成部分。通过动手操作活动，学前儿童在获得知识技能的同时，其思维力也得到了发展。因此，教师和家长都要为学前儿童提供各种动手实践的机会，满足他们的探究欲望，为他们的智力与非智力因素的发展创造条件。

（二）学前儿童智育的内容

1. 增进学前儿童对环境的认识，引导学前儿童获得简单的知识

学前儿童的知识一般来源于他们对周围环境的认知与感知。他们的知识本身就是关于周围环境的知识。包括：

（1）社会生活知识。社会生活知识主要是指对社会生活环境和人们的生活及其相互关系的认识，具体包括认识日常生活用品，了解衣食住行的知识；认识邻里及社区环境，如家庭、学校、超市等，知道它们的名称及主要功能；认识人们的工作及工作与工作间的相互关系，以及人们的工作与自己生活的关系；认识自己与他人，了解社会生活的基本行为准则；了解与国家政治生活有关的初步知识，如认识国名、国旗、国徽等。

（2）自然知识，包括认识常见的动物与植物，认识天气、季节的变化与动植物的生长、与人们生活的关系，以及人类保护环境的活动；了解与学前儿童生活关系密切的科学技术成果。

（3）关于数学的简单知识。数学是一种比较抽象的关于物体存在形式的知识。要求学前儿童学习关于数学的简单、基础的知识，包括认识和比较物体的大小、多少、长短、粗细、高低、厚薄、轻重等；认识几何形体；认识时间、空间。形成基本的数的概念和运算概念，学习用简单的调查、统计方法来收集、处理和表现资料。

2. 保护学前儿童的学习兴趣，发挥学前儿童学习的主动性，培养其良好的学习习惯

学习兴趣、学习主动性及良好的学习习惯都是儿童的学习品质，是终身学习的基础和保证。培养这些学习品质是学前儿童智育的重要内容之一。

（1）保护学前儿童的学习兴趣。

学前儿童很早就对周围事物表现出浓厚的兴趣和强烈的求知欲望，这体现在他们好问、好动、好模仿，喜欢听成人讲故事等。学前儿童的求知欲与兴趣紧密相连，对一种事物的兴趣越高，求知欲也就越强。但学前儿童的兴趣往往是不稳定的，易受环境的影响而发生改变。因此，保护学前儿童的学习兴趣尤为重要。教师需要为学前儿童选择他们感兴趣的、能引发他们积极关注的内容，用学前儿童感兴趣的方式来组织课堂，切忌用给小学生上课的方式，向学前儿童灌输过难、过深的书面知识，因为这样会扼杀学前儿童的学习兴趣，使其对学习产生厌倦和畏难的情绪。

（2）发挥学前儿童学习的主动性。

学习的主动性与学习的兴趣紧密相连。如果学习是学前儿童感兴趣的，他们就会表现得更加主动积极，所以教师要组织学前儿童从事他们感兴趣的活动，创造适宜的学习环境与条件，引导和鼓励学前儿童主动地探索和学习，而不是教师制定好学习的内容和方法，指挥学前儿童去完成。

（3）培养良好的学习习惯。

良好的学习习惯是学前儿童获得知识、发展智力及今后继续学习的重要条件。它包括学前儿童学习时注意力集中、积极克服困难、认真完成学习任务等。学习习惯的养成必须从学前期开始。

3. 发展感知觉，培养学前儿童的观察力

学前儿童智力发展的首要条件是感知觉的发展。发展感知觉是儿童感知觉教育的重心。学前儿童感知觉教育的内容包括保护儿童的感知觉器官，创设优美、明亮、色彩适度的环境来保护儿童视力；消除噪声等不利的环境因素来保护儿童的听力；对各种声音（水声、风声、雷声及大自然中各种动物的声音）进行辨别来发展儿童的听觉；利用游戏活动（如与颜色有关的游戏等）和美工等活动来培养儿童的视觉；在与周围事物的接触过程中，培养儿童的触觉。

观察是依靠多种感官进行的认知活动，因而观察力要以感知力为基础。学前儿童的观察力是在生活中逐渐形成和发展的。教师在实际生活中，应引导儿童学会通过视、听、触、嗅等多种感觉器官获取丰富的经验，并将其已经获得的感觉经验标准应用到实际生活中。在不断的观察与探究活动中，学前儿童能更好地认识周围环境，掌握认知活动的基本方法和技能，还能促使其思维活动从外部活动的形式转向内部活动的形式。

4. 发展学前儿童的语言交往能力

语言源于交往的需要，其最本质的功能是交际。学前期是语言发展的关键时期，学前儿童语言的发展直接影响思维的发展，发展学前儿童的语言交往能力是学前智育的重要任务。《幼儿园教育指导纲要（试行）》强调，要提高学前儿童语言交往的积极性，发展语言能力。这主要包括：培养学前儿童语言交往的兴趣，让他们乐于用语言表达他们的想法、经验和情感，注意倾听并能理解对方的话；帮助学前儿童掌握语言交往的基本技能，如分享、协商和讨论等；帮助学前儿童正确理解和使用常用的词汇和文明礼貌用语，能够用语言清晰地表达自己的需要和感受，说明自己的想法和理由等。

三、学前儿童智育的实施

（一）学前儿童智育的途径

1. 创设宽松、自由、丰富的环境，让学前儿童自主活动

学前儿童智力的发展与环境密切相关。只有在一个宽松、自由、丰富的环境中，学前

儿童才能自由探索、思考和表达，才能充分发挥其想象力和创造力，激发其学习的兴趣和欲望，其智力才能够得到发展。因此，教师应当为学前儿童创设良好的物质环境，提供丰富多彩的、有教育意义的活动材料，鼓励学前儿童自主地与环境、活动材料发生相互作用；同时尊重学前儿童，建立和谐平等的师幼关系；认真对待学前儿童的问题，尊重他们的想法，允许学前儿童犯错误，尊重他们的经验和创造，让学前儿童有发挥能力的机会和条件。

2. 组织形式多样的教学活动和游戏，发展学前儿童的智力

幼儿园的教学活动和游戏是发展学前儿童智力的有效途径。首先，在幼儿园的教学活动中，教师应该根据学前儿童的特点和已有的知识和经验来组织教学活动，提高学前儿童的认识能力，让学前儿童形成初步的概念，获得结构化的知识。在实践活动中注意培养学前儿童勤动手、多动脑的习惯。让学前儿童在"做"中学，在"做"中体验，让他们在解决问题的实际操作活动中发展思维能力，获得丰富的感性经验和直接经验，促进智力发展。其次，教师应该根据学前儿童不同的年龄特征，引导他们参与不同水平的游戏，其中智力游戏是很好的选择。智力游戏以其生动、新颖、有趣的游戏形式，使学前儿童在轻松愉快的活动中完成增进知识、发展智力的任务，也是帮助学前儿童认识事物、巩固知识和发展智力的有效手段。一个好的智力游戏应该是：目的任务明确，玩法新颖，内容多变并逐步复杂化，规则简单易行，能够激起学前儿童积极的心理活动。

3. 专门的智育活动与日常生活相结合

学前儿童智育是提高学前儿童心智能力的过程，组织专门的智育活动十分有必要。在学前儿童感性经验的基础上建立他们的认知结构，对其思维的发展有重大意义。教师应当重视学前儿童知识的结构化，扩大学前儿童的知识容量，促进学前儿童巩固已有的知识，并将获得的新知识迅速归入自己已有的知识结构中，使新旧知识结合建构更深层的知识结构，从而提高学前儿童的认知能力。

学前儿童在生活中，对周围世界都充满了好奇，想要知道是怎么回事，这种好奇心进而发展成求知欲，他们会不断向成人提出一个又一个的问题"打破砂锅问到底"；或是自己"冒险"去尝试，以求得答案。教师应认识到日常生活活动是对学前儿童实施智育的重要途径，将智育渗透在生活之中，充分利用日常生活中的教育资源，抓住教育机会，引导学前儿童去解决生活中的问题，增进对周围环境的认识。如教师可利用学前儿童就餐时的"蔬菜"摆放来发展学前儿童数的概念和计数能力，或通过食物让学前儿童学习有关蔬菜、水果的知识，了解季节变化和农作物的关系。

4. 引导学前儿童用语言来表述和归纳自己所获得的经验

学前儿童在学习过程中，能通过自己的实践操作来不断丰富自己的经验，更新原有的知识结构，但他们获得的知识主要是感性的、零散的。要将这些感性的、零散的知识按一定的结构组织起来，将新旧经验联系起来去解决他们在生活中所遇到的新问题需要较长的时间，所以需要教师多给儿童提供练习的机会。如果儿童在学习和操作活动中经常运用语言来表述自己的活动经验，对遇到的问题进行讨论和归纳，就可帮助他们自己提升感性经验，形成反映事物或现象之间的规律或练习的"结构"，从而实现智力的发展。

（二）实施学前儿童智育应该注意的问题

1. 处理好智力与知识之间的关系

知识是人们在改造世界的实践中获得的认识和经验的总和。知识与智力有着密切的关系。知识是智力发展的基础，智力发展又是获得知识必备的条件。知识的贫乏与浅薄不利于智力的发展，而智力的高低决定着掌握知识的深度，以及运用知识的灵活程度。比如，学前儿童在对四季植物变化的认识过程中，通过观察认识植物的特征，通过记忆了解植物的变化过程，通过思维辨别不同植物的不同特点，通过想象把对植物的印象用艺术手段表现出来……在这一过程中，学前儿童通过智力活动获得了关于植物的许多知识，但如果儿童没有任何关于植物的知识，儿童也是没办法对植物进行探索的。因此，在智育过程中，教师必须认清知识和智力的关系，应将知识的获得与智力的发展高度统一起来。偏重于知识的灌输，将阻碍学前儿童的智力发展；但如果离开了知识的基础，智力的发展又将成为空中楼阁。

2. 重视学前儿童非智力因素的培养

非智力因素是指不直接参与认识过程的心理因素，它包括情感、意志、性格、兴趣等方面。智力因素与非智力因素是智力活动的两个方面。它们虽有相对的独立性，但两者是相互联系、相互影响、相互制约的。只有二者都处于最佳状态，学前儿童的智力活动才能取得成功。非智力因素对智力的发展起着促进和保证作用。一个智力水平一般的人，如果他有热爱学习、勇于探索、意志坚强、不怕困难等优秀的非智力品质，就能积极主动地投入学习，智力活动就会呈现积极活动状态。反之，一个人再聪明，如果他不喜欢学习、怕困难、不能坚持完成学习任务的话，他是绝不会取得成功的。在学前期，儿童对周围世界充满了强烈的好奇心和求知欲。好奇心和求知欲的满足会给学前儿童带来欢愉，并激发更强烈的好奇心和求知欲，进而形成稳定、有益的兴趣。学前儿童对认识对象的兴趣越浓厚，注意的稳定性就越强。在兴趣的推动下，其他的优良个性品质，如自制力、专注力、坚持性等也易于形成。因此，教师可以从培养学前儿童广泛的兴趣和强烈的求知欲入手，发展儿童的各种非智力因素。

3. 注意学前儿童知识的结构化

学前儿童的知识如果是零散的、杂乱的、琐碎的，那么学前儿童很难凭借这些知识去解决问题，这些知识对学前儿童思维的发展也没有积极意义。也就是说，学前儿童智力发展的重大进展不是取决于个别知识的掌握，而是看这些个别知识能否结合成一个反映事物或现象之间的规律或联系的"结构"。必须明确的是，学前儿童的知识结构是建立在学前儿童感性经验基础上的。这与中小学以科学概念为中心的学科知识体系有本质的不同。

重视学前儿童知识的结构化，能扩大学前儿童的知识容量，能促进学前儿童巩固已有的知识，并将获得的新知识迅速归入自己已有的知识结构中，使新旧知识结合成更丰富的知识结构，大大提高认识能力，实现举一反三、触类旁通。例如，学前儿童在看电视、图书或参观动物园的活动中自发地获得了很多有关动物的感性经验，如老虎的皮是条纹状的、青蛙的皮是绿色的、海豚的皮是滑溜溜的等。但这些有关动物的认知是零碎的。如果教师有意识地组织各种活动，把这些动物放在一起比较，帮助学前儿童认识到动物的皮与它们生活的环境是密切相关的，是动物保护自己、让自己生存下去的必要条件，那么，学前儿童就能由认识事物现象的外部特征过渡到认识这些现象的内部联系，形成一个有关动物的知识"结构"。通过类比，他们就能想象出为什么北极熊会有厚厚的皮毛，他们就能明白为什么在泥土中钻洞的老鼠是褐色的。在这样的学习过程中，学前儿童知识的获得与智力的发展就统一起来了。

第三节　学前儿童德育

一、学前儿童德育的概念和意义

（一）学前儿童德育的概念

德育即道德教育。道德是在一定社会条件下形成与发展起来的人们共同生活的行为准则的总和，也是评价人们行为的标准。社会道德在个体身上的再现称为道德品质，德育实质上就是培养个人的道德品质，是社会道德个体化的过程。

学前儿童德育是道德教育的起始阶段，是在促进学前儿童身心全面和谐发展的教育体系中，教育者根据学前儿童身心发展的特点和实际情况，按照社会要求和学前儿童品德形成的规律，有目的、有计划地对学前儿童施加教育影响，发展他们的社会性，培养其道德品质的教育活动。

（二）学前儿童德育的意义

1. 学前儿童德育是学前儿童健康成长的需要

俗话说："玉不琢，不成器；人不学，不知义。"缺少应有的道德教育，儿童是断然不能真正地"成人"的，也不能更好地"成才"，更不能健康、幸福地生活。学前儿童德育就是让儿童学习如何做"人"的教育，因此，德育是学前儿童健康成长的需要。

2. 学前儿童德育是社会发展的需要

今天的学前儿童是未来社会的主人，他们将来的思想品质和道德素养将会很大程度上代表未来社会的文明程度，将会对我国未来的社会风貌、民族精神产生不可估量的影响。未来社会对人的思想品德素质提出了更高的要求，年青一代必须保持对新事物的较高敏感度，对待工作讲究效率和质量，还应具备守时、惜时、守信、合作等良好的行为品质和开拓进取的精神。而这些品质需要从学前期开始培养。因而，学前儿童德育也符合社会发展的需要。

3. 学前儿童德育是独生子女健康成长的特殊需要

虽然目前我国已实施全面"二孩"政策，但独生子女数量还占有很大比例。近年，有不少学者和研究机构对独生子女及其家庭进行了大量的调查。调查一致认为，独生子女在智力和身体发展方面有很大的优势，但在品德、行为习惯上存在较多的缺点，特别是部分成人对独生子女的溺爱、娇惯，使得某些孩子有任性、粗暴、懒散等诸多毛病。因此，加强德育，让独生子女健康成长，对学前儿童及其家庭、对全社会都有重要的意义。

二、学前儿童德育的目标与内容

（一）学前儿童德育的目标

《幼儿园工作规程》对学前儿童德育目标做了如下规定：萌发幼儿爱家乡、爱祖国、爱集体、爱劳动、爱科学的情感，培养诚实、自信、好问、友爱、勇敢、爱护公物、克服困难、讲礼貌、守纪律等良好的品德行为和习惯，以及活泼、开朗的性格。

学前儿童德育的目标既符合我国教育目的的一般要求，同时又体现了学前儿童的年龄发展特点。作为全面发展教育的一部分，学前儿童德育为今后的社会主义事业建设者奠定思想品德方面的基础。另外，由于学前儿童思维具体形象，知识经验贫乏，与此同时，学前儿童的德育是整个德育的起始阶段，因此，学前儿童德育的目标强调从道德情感入手，注重道德启蒙，使学前儿童的品德和个性发展有良好的开端，为一生的发展奠定基础。

（二）学前儿童德育的内容

学前儿童德育的内容主要包括发展学前儿童的社会性与发展学前儿童个性两个方面。

1. 发展学前儿童的社会性

发展学前儿童的社会性包括：

（1）社会认知。

社会认知是社会性培养的知识基础，包括认识社会环境、了解并建立人际关系、感知社会文化等。

（2）社会情感。

社会情感包括：同情、关心他人，有集体荣誉感和归属感，学会感恩，对父母、老师等身边的人有爱心等。

（3）社会行为规范和社交技能。

学前儿童需要学习的社会行为规范主要有：文明礼貌、守纪律、讲卫生、爱护环境和公物等。学前儿童还需要掌握基本的社交技能：学习如何提出自己的要求及表达自己的愿望，学习如何加入别人的活动，学习如何分享、轮流、合作，学习如何解决与小朋友的纠纷，学习如何理解别人、帮助别人等。

2. 发展学前儿童个性

学前儿童德育要培养学前儿童的良好个性品质。良好的性格，如有自信心、主动性、独立性，诚实、勇敢、意志坚强等。这些个性品质对学前儿童成长为一个真正的人有重要意义。

三、学前儿童德育的实施

（一）学前儿童德育的实施途径

学前儿童德育的途径包括日常生活、游戏和专门的教育活动三种。

1. 日常生活是实施学前儿童德育最基本的途径

日常生活是品德培植的"土壤",它为儿童提供了道德行为练习与实践的机会。学前儿童德育应贯穿于学前儿童的日常生活之中。

在一日生活中,时时刻刻都有德育的契机。例如,有的教师利用学前儿童每天的洗手常规,培养学前儿童的生活自理能力以及遵守集体生活秩序、讲卫生的好习惯,同时培养学前儿童为他人着想等良好的心理品质。比如一个孩子在洗手时把水洒在地上了,使小朋友跌了跤,这就是一次非常好的德育机会。教师利用这个机会让所有的孩子都理解了洗手时为什么不能把水洒出来的道理,也让孩子懂得了自己的行为对他人的影响,然后,教师同那个把水洒到地上的孩子一起拖地,用实际行动来证明自己是在为他人着想。由此可见,教师应当高度重视日常生活的德育价值,捕捉一日生活中的德育契机并及时将其转化为教育行动,使学前儿童在日常活动中逐步形成良好的品德。

2. 游戏是实施学前儿童德育的有效途径

游戏是幼儿园的基本活动,也是德育的有效途径。游戏包含反映社会道德规范、行为准则、人际关系、情感等德育的内容,能够发挥德育的功能。此外,游戏是学前儿童最喜爱、倍感轻松快乐的活动,因此,教师利用游戏进行道德品质的教育很容易被学前儿童所接受,能取得其他任何形式都难以替代的效果。在游戏中,学前儿童自发地扮演一定的社会角色,体验一定的社会情感,能轻松自如地认同其中的社会行为规范,并能自觉按照这些规范行动。例如,在一次"行军打仗"的游戏中,一名平时很好动的孩子硬是一动不动地站了大约10分钟,认真严肃地履行了"哨兵"的职责。

3. 专门的德育活动是实施学前儿童德育的必要途径

专门的德育活动是指教师根据学前儿童的年龄特征与各年龄班德育的内容与要求,结合本班儿童的实际情况、行为表现,有目的、有计划地组织的德育活动。其具体方式有:谈话、讨论、教学、实践活动(如参观、劳动、节日庆祝活动)等。学前儿童的道德认知、情感以及行为,会通过每一次活动,特别是实践活动的积累而逐渐得到发展。例如,通过参观超市,去超市购物,儿童才发现超市中原来有那么多丰富的商品,超市给我们的生活带来了很大的方便,超市的工作人员既要记住众多商品所在的位置,又要热情接待顾客,他们的工作很辛苦,下次要排队交款时,我们就不发脾气了。

专门的德育活动可以集体进行,也可以分组、个别进行;活动内容应以学前儿童周围熟悉的现象或他们生活中的事例为主;多采用学前儿童自己解决问题的方式;活动时间长短依内容而定,可以在日常生活的任何时间内进行;活动应当尽可能利用游戏的形式进行。

(二)实施学前儿童德育应注意的问题

1. 热爱与尊重学前儿童

热爱与尊重学前儿童,是学前儿童德育的前提,也是学前儿童身心健全发展的重要条件。学前儿童对成人的信赖和热爱,使他们接受教育成为可能。

教师对学前儿童的热爱不仅基于感情,也基于一种社会责任。教师只有爱每一个孩子,了解、关心、爱护他们,平等对待每一个学前儿童,不歧视那些有缺点或接受能力较差的儿童,才能使学前儿童获得一个道德成长的良好环境。在没有爱的环境中长大的儿童，不会有关心他人、热爱社会的自觉，其道德的发展一定是畸形的。教师对学前儿童的爱是一种理智的而非盲目的爱，有人称之为"教育爱"，它是建立在教师对教育、对学前儿童发展的深刻理解的基础上的。教师的爱必须有利于学前儿童向着自立自强、富有爱心和责任感的方向发展。

尊重学前儿童首先要尊重他们的人格和自尊心。教师不能因为学前儿童年幼无知，而任意讽刺、挖苦、责骂他们，更不能恐吓和体罚他们，那样会伤害他们的自尊心。这不仅危害学前儿童现实的个性发展和进步，而且对其长远的健康人格的形成也将造成不利影响。

教师还必须尊重学前儿童的主体性。德育绝不是向学前儿童灌输大道理、命令或强迫他们服从就范的教育。在实施德育时，必须牢记学前儿童是发展的主体，离开了学前儿童自身的努力，德育是不会有效果的。例如，教育学前儿童遵守纪律和规则，如果一味地要求学前儿童不准这样、不准那样，就容易把学前儿童变成被动的受约束对象。教师应当尽可能地让学前儿童参与规则的制定，在这一过程中让学前儿童理解规则，感觉到每一条规则都是自己参与制定的，从而愿意主动地遵守。

案例

小班的幼儿初入幼儿园，还没有培养起排队等待、轮流喝水、洗漱、如厕的意识，常常会出现拥挤、碰撞、推搡等现象，这样不但会影响幼儿的正常活动，还可能会出现各种安全问题，如摔伤、碰伤、抓伤等。某老师想培养他们洗漱、喝水、如厕时不争抢、不推挤、耐心等待的规则意识，她并不是一味地强调小朋友要排队，不能挤、不能抢，而是播放一段事先拍下来的小朋友洗手的视频，然后提问："那些小朋友是怎样洗手的？大家感觉谁做得好？谁做得不好？为什么？"在引导幼儿得出"洗手时，人多水龙头少，小朋友不能同时洗手，所以要排队等待，不能拥挤、争抢、推搡"的结论后，接着又问："在幼儿园里，小朋友做哪些事情的时候需要排队等待、轮流进行？"于是幼儿热烈地讨论起来，最后他们自己得出了结论："喝水、如厕、玩滑梯时要排队。"这样，洗手、如厕、玩滑梯时需要排队这样的规则就由幼儿自己制定出来了。

2. 遵从德育的规律

人的每一种品德都由道德认识、道德情感、道德意志、道德行为四要素构成。在学前儿童的品德形成过程中，四要素的发展不是同步的，学前儿童的道德认识、道德意志等发展较差，因此，学前儿童德育必须从道德情感入手，重点放在道德行为的形成上。具体应注意以下几点：

（1）由近到远，由具体到抽象。比如，对学前儿童进行爱祖国的教育，"祖国"这一概念对学前儿童是很抽象的，因此，必须从培养学前儿童对周围的人和事物、对周围生活的爱入手，由近及远，逐步扩大范围。可以从爱家庭、爱幼儿园、爱家乡的情感开始培养，从对父母、家庭成员、老师和同伴的爱，引导到对家乡、对生活以及对当前所处的社会之爱，然后对祖国的爱才成为可能。

（2）直观形象，切忌空谈。学前儿童受思维能力发展的局限，德育过程必须借助直观、形象、具体的手段，才容易为他们所理解和接受。例如，用《拔萝卜》的故事教育儿童团结友爱，就远比教师讲道理有效得多。又如，当学前儿童打扫完活动室的卫生后，老师说"你们真是爱劳动的好孩子"，就比较空洞，如果换成说"你们把地打扫干净了，待会儿小朋友在地上玩游戏就不怕弄脏衣服了"，就为学前儿童描述了一个可以理解的具体景象，让其看到自己劳动的价值。德育中要坚决反对空洞的说教，因为那样做除了让学前儿童鹦鹉学舌般学说几个道德词语外，是不可能有真正的效果的。

（3）注意个别差异。学前儿童在个性品质上存在着个别差异，因此德育应当有针对性地进行。如德育中常用的表扬手段在不同性格的学前儿童身上所产生的效果是不一样的，学前儿童的特点不同，表扬的方式也应当不同。如有的学前儿童需要老师的口头表扬胜过物质奖励，有的学前儿童则相反。同样，批评教育也要因人而异，如打人的行为，其发生的情形往往也是各不相同，有的是习惯反应，有的是被欺负后的报复，有的出于自卫，有的是模仿电视中的人物行为等，这需要教师有针对性地进行批评教育，做到"一把钥匙开一把锁"。

3. 重视指导学前儿童行为的技巧

有目的地对学前儿童进行行为辅导是德育的重要任务。教师需要掌握指导学前儿童行为的基本技巧。

（1）强化行为的技巧。强化有利于形成、巩固学前儿童正确的行为。教师对学前儿童正确行为的表扬、肯定、赞许、鼓励和对消极行为的批评、惩罚等都是强化。教师给予儿童话语、表情、目光、动作、物质奖励都可以向他们传递"你做得很好""我相信你一定能完成"等积极强化的信息；而对儿童无原则的迁就、姑息会让儿童的不良行为得到消极强化。

（2）预估行为的技巧。预先估计到学前儿童行为的发生并提前干预，有利于激发学前儿童的积极行为，避免消极行为。经验丰富的老师通过对学前儿童的长期观察和了解，能够在事情发生之前预估学前儿童的行为，从而提前采取措施。例如，在活动过程中，教师提问后，能预估哪些孩子会回答，而哪些不会举手，从而拟定办法来调动每个孩子参与活动的积极性。又如，教师了解某个儿童的午睡习惯，就可以根据其特点灵活处理，从而避免其因睡不着而影响他人的行为。

（3）转移行为的技巧。转移是把学前儿童的注意力从当前活动转到另一项活动中去，以引导学前儿童行为向积极方向发展。例如，一个学前儿童总待在美术区活动，教师就可以通过邀请他参加某个游戏或完成某项任务的方式，提醒、启发、引导他投入其他活动中，而不能采取命令、胁迫等强制性的对待方式。

（4）让学前儿童理解行为后果的技巧。有些学前儿童的一些违规行为是因为不能预见自己行为的后果或不理解规则而造成的。教师可以通过情景演示、角色体验、移情的方法巧妙地让他们看到自己行为所造成的影响，进而理解规则，减少违规行为。

第四节 学前儿童美育

一、学前儿童美育的概念和意义

（一）学前儿童美育的概念

美是我们生活中无处不在的客观存在，但并不等于人人都能发现美，都能正确地认识美。伟大的艺术家罗丹曾说："世界上不缺少美，只是缺少发现美的眼睛。"爱美是人的天性，但人的爱美之心带有很大的自发性，仅凭此是不可能进行高尚的审美活动的，必须有一种专门能够培养正确的审美观念、健康的审美情趣和审美能力的教育，即美育。美育的特点是通过美的事物，用具体的、鲜明的形象作用于人的情感系统，使人在欣赏美的过程中愉悦、动情，不知不觉受到感染、影响和熏陶。

学前儿童美育是全面教育的一部分，它是根据学前儿童身心特点，利用美的事物和丰富的审美活动来培养学前儿童感受美、表现美的情趣和能力的教育活动。学前儿童身心发展的特点，如思维的直觉行动性和具体形象性、认识过程中的情绪性等特征，决定了学前儿童美育的特点：通过活动，用具体鲜明的形象去引导学前儿童直接感受美，而不要求对美的形象从逻辑上进行过多的解释和分析；以培养学前儿童审美的情感、兴趣为主，而不以培养审美观念、概念为主；以培养表现美的想象力、创造力为主，而不以训练技能技巧为主。

（二）学前儿童美育的意义

1. 学前儿童美育是社会精神文明建设的组成部分

美育是培养人的精神面貌的总体系中的一部分，人的高尚道德情操和道德行为与对美的追求常常是统一在一起的，美育是建立文明、美好社会过程中不可或缺的部分。对学前儿童实施美育，促进学前儿童形成健全的人格，可以为提高全民族的素质打下基础。因此，学前儿童美育是社会精神文明建设的组成部分。

2. 学前儿童美育能促进儿童的全面发展

美育通过美丽的艺术形象，潜移默化地感染和熏陶学前儿童的心灵，使学前儿童在感受美的同时，发展积极向上的精神和活泼开朗的性格，产生美好的情感和情绪体验。美育能帮助学前儿童开阔视野，增长知识，发展智力。学前儿童周围美的事物以其美的声、光、形、色等特征激起学前儿童的兴趣，促使学前儿童感知觉、形象思维、想象力、创造力的活跃和发展。学前儿童在艺术活动中，能够实现内在的认识活动、情感和外在表现活动的统一。例如，根据音乐作品自编动作进行表演时，学前儿童不仅能够发展思维和想象，发展表达能力和技能，也能够充分体验自己内心的情感。再者，美育通过艺术活动，帮助学前儿童借助形象化的方式认识世界，弥补了用语言和逻辑推理方式进行学习的不

足，有利于促进学前儿童大脑左右半球的均衡发展。

3. 学前儿童美育是实施其他方面教育的催化剂

美育是一种情感教育，它作用于人的情感系统，只有当一个人在情感方面的发展是健全而丰富的，他的智力、体力和品德才能协调一致地发挥作用。通过美育，能更好地扩大和加深学前儿童对周围事物的认识，积极影响他们的思想感情，培养他们良好的品质和情操，促使他们形成愉快活泼的性格。在学前期，美育不仅是全面发展教育的部分，而且是德育、智育、体育的催化剂。

二、学前儿童美育的目标与内容

（一）学前儿童美育的目标

学前儿童美育的目标是培养学前儿童感受美、表现美的情趣和初步能力。

感受美是审美的基础，学前期是感知觉发展的关键时期，因此培养学前儿童对美的感受是与学前儿童的发展规律相一致的。萌发学前儿童感受美、表现美的情趣主要是培养他们对美的健康的兴趣和爱好，这是学前儿童接受美育的前提条件，也是学前儿童今后继续成长，形成健全人格，形成对生命、生活以及人类社会的积极态度的重要基础。在学前儿童自身主动投入审美活动的基础上，培养他们相应的表现能力，特别是想象力、创造力。没有这些能力，学前儿童不可能体验审美活动的乐趣，不可能进行艺术活动，不可能表达自己对美的理解和感受，当然也就谈不上发展审美兴趣和爱好。

（二）学前儿童美育的内容

1. 培养学前儿童的审美情感

美育是最能深入人的灵魂和触动人的情感的教育。列宁说："没有人的感情，就从来没有也不可能有人对于真理的追求。"情感虽然不会给我们带来实际的物质利益，但它却能点燃生命的火花，把人推向高尚的境界。

审美情感是由事物或艺术的美所引起的情绪反应，以及在此基础上形成的相对稳定的情感特征（如热爱美、对美好事物的向往之情）和价值倾向（如以喜剧引起的快乐为美或者以悲剧引起的哀怜、同情为美）。培养学前儿童的审美情感，需要教师创设各种情境或条件，引发儿童的情感体验，并让他们有机会表达自己的情绪感受。例如，让学前儿童观看高空绽放的烟花，他们立刻就会产生愉快的情绪，并由衷地赞叹烟花"好美啊"。又如，给儿童倾听不同特点的音乐，可以激发他们喜、怒、哀、乐等不同的情绪，丰富他们的内心世界。

2. 丰富学前儿童的审美感知

审美感知是审美活动的开端和基础。培养学前儿童的审美感知就是积极引导学前儿童去亲身感受和体验现实生活和自然环境中的美，增强其对美的事物的敏感性，使他们在日常的生活中发现美、感受美。马克思说过："最优美的音乐，对于非音乐的耳朵是没有意义的。"学前儿童常常表现出对美有本能的感知兴趣，但是这种自发的、无意识的兴趣若得不到正确的引导，就可能停留在短暂、肤浅、零散的水平上，或随着年龄增大而逐渐淡化乃至消失。

学前儿童审美感知的发展伴随着其一般感知觉和认知的发展，从无意识地对美的东西的注意到模仿周围成人对美的感受，直至自觉地认识美、欣赏美、表现美。学前儿童的审美感知具有表面性，他们容易接受表面的、简单的形式美，喜爱鲜明、艳丽的颜色，不注重色彩的协调，喜欢听节奏欢快、变化明显的曲调等；学前儿童的审美感知还带有行动性，常常直接以动作、表情、语言和活动等方式表达对美的感受、理解、态度，对美的东西总喜欢摸一摸、看一看、听一听、闻一闻等。因此，应当多组织各种活动，让学前儿童有机会发展感觉器官和基本的认识能力，同时充分利用自己的多种感官去感知美，发展对美的丰富感受性。

3. 促进学前儿童的审美想象和创造

学前儿童在感受美的基础上、在情感的驱动下，会产生表现美的欲望和行动。学前儿童表现美的核心是他们的想象和创造，即学前儿童以自己的方式，表达自己对美的独特体验和理解，创造出新的形象、新的想法。学前儿童的审美想象力和创造力不是由外部强加而来的，而是在自由的学习环境中，通过绘画、唱歌、舞蹈等丰富多彩的活动"催生"出来的。因此，营造一个开放、宽松的环境，让学前儿童能开阔眼界、积累丰富的审美活动经验并自由地想象、创造，让他们充分展示自己，都是美育的重要内容。

三、学前儿童美育的实施

（一）学前儿童美育实施的途径

1. 艺术教育是学前儿童美育的主要途径

幼儿园艺术教育主要通过语言艺术、造型艺术、音乐艺术等形式来进行，幼儿园应充分利用多姿多彩的艺术作品和组织学前儿童参与艺术活动，提升学前儿童对美的感受力、表现力和创造力。

音乐是以声音塑造形象的听觉艺术。随着年龄的增长，学前儿童可以接受多样的音乐形式和内容，如唱歌、随音乐做律动、欣赏音乐、做音乐游戏和乐器表演等。学前儿童在各种音乐活动中可以充分感受音乐的美，增长知识，陶冶个性，丰富感情，发展音乐美的表现力。

美术是以线条和色彩塑造形象的视觉艺术，具有直观性、可视性，对学前儿童有强烈的感染力。通过学前儿童美术活动，如画画、手工等形式，学前儿童的想象力和创造力能得到极大的发挥和展现。教师应鼓励和支持学前儿童的想象和创造，不应用统一的标准来要求和评价学前儿童的美术活动。

文学以形象、生动、精炼的语言塑造人物形象和情景，对学前儿童产生深远的影响。学前儿童接受文学作品影响，主要是通过故事、童话、诗歌的听、讲述和表演等方式完成的。学前儿童体验着作品的艺术形象，丰富了想象力，学习了艺术语言，发展了审美能力和对美的创造力。

在艺术活动的开展过程中,应尊重学前儿童的情感体验和对艺术的兴趣,肯定和接纳学前儿童独特的审美感受和表现方式,发展他们的想象力和创造力。

2. 学前儿童的日常生活是美育的重要途径

日常生活包含着学前儿童美育的极好机会。学前儿童最初的美感是从日常生活中获得的。因为日常生活中的美是学前儿童最接近、最熟悉、最容易感知的。因此,学前儿童审美教育应当贯穿在学前儿童的整个生活中,与学前儿童的生活密切结合在一起。教师应注意引导学前儿童发现、认识周围生活中平凡的人和事物的美。例如,与老师、同伴交往过程中的语言美、行为美、仪表美;散步中观赏幼儿园及其周围的环境美;就餐时菜肴的色、香、味以及炊事员的劳动美等。此外,在家庭生活中开展家庭美育,也是十分重要的。对于家庭朴实、整洁的环境美,家庭成员言谈举止的形象美,家庭气氛的祥和美等,儿童耳濡目染,潜移默化,对学前儿童精神美的形成有巨大作用。总之,生活中处处有美,学前儿童的生活是学前儿童美育取之不尽、用之不竭的源泉。

3. 大自然、大社会是学前儿童美育的广阔天地

自然界是学前儿童美育内容的天然宝库,它为学前儿童提供的审美对象是丰富多彩、千变万化的。自然界的美是真实的美,它具体、直观、生动、形象,很容易为学前儿童所感知。引导学前儿童感受大自然的美是学前儿童美育的重要途径。城区幼儿园可利用远足、郊游等活动,尽可能地创造学前儿童与自然接触的机会;利用影视、美术作品等艺术手段让学前儿童感受大自然美的力量;利用学前儿童周围的自然物进行美育,如培植草地、种植花卉、采集落叶或昆虫的标本、欣赏大自然给予的蓝天、白云、红花、绿叶等。在学前儿童欣赏自然美时,教师应运用适当的语言来表达大家眼中的美景,引导学前儿童产生美的情绪体验。

社会生活的美育是引导学前儿童去认识、感受、观赏社会中的美好事物,激发学前儿童对生活的热爱和追求。马克思说过,"人类的生产不同于动物,它不仅按照需要的法则,而且总是按照美的法则"。因此人类社会的生产活动、产品都带着人对美的追求。人们的生活和劳动中,都广泛地存在着美的因素。学前儿童能理解的社会生活中的美育主要有:我国社会主义建设各行各业劳动者的劳动美、所创造的劳动成果的美,如金色的稻田、雄伟的建筑、美丽多彩的服装、琳琅满目的商品等;社会主义祖国大家庭的精神文明之美,如祖国各地的好人好事,一方有难八方支援的感人事迹,感动中国的人物及其事迹等,这些都展示出崇高而伟大的史诗般的美,是感染和教育学前儿童、培养学前儿童美好心灵最美的精神财富。另外,新型人际关系和社会成员的行为美、语言美、仪表美等,能给学前儿童最经常、最持久的美的享受和熏陶,其中,成人的文明形象还能给学前儿童树立良好的榜样,使他们从小学会分辨美丑、讲文明、有礼貌,养成良好的行为习惯。

(二)实施学前儿童美育应注意的问题

1. 美育应面向全体学前儿童

学前儿童美育的根本目的是培养每一个儿童的审美情趣和审美能力,让每一个儿童都拥有一颗美好的心灵,而不是为了培养艺术家。学前儿童美育的实施也应面向全体儿童,而不应让美育成为某些少数儿童的"专利品"。当前涌现出的各种所谓的艺术"兴趣

班""特长班",其注重的是对少数儿童进行艺术技能技巧的训练,既与美育的根本目的不符,也违背了教育要面向全体儿童的原则,是不可取的。

2. 重视通过美育培养学前儿童健全的人格

学前儿童美育应当建构儿童健全的人格。世界著名的"铃木小提琴教学法"的创始人——日本的铃木镇一先生曾经说,他的教学"不是要培养了不起的人物,而是要培养孩子成为一个品德高尚的人,成为一个具有更加美好心灵的人",这可以作为实施美育时的座右铭。长期以来,学前儿童美育存在一种错误倾向,即艺术活动偏重于结果,仅关注儿童的作品是否达标,而不关注儿童在活动中的情感体验、态度、心性等。这种倾向急需纠正。

3. 正确对待学前儿童的合理想象

众所周知,表现美、创造美的活动是离不开想象的。但学前儿童的想象往往不在与事物真实情况相符的逻辑层面上,而是依据主观体验或直觉来展开。这时,如果教师一味地拿"像不像"来要求儿童的创作,不倾听儿童自己的想法,这不仅会打击儿童艺术活动的积极性,而且会让儿童认为,只能用一种"正确"的方法来表达一个事物或现象。有这样一个案例:有个儿童画画时,把太阳涂成绿色,教师看见了就指责说:"太阳怎么会是绿色的呢?乱画,改成红色!"结果儿童只得屈从于教师的权威。其实,这个儿童想的是"我觉得太阳是绿色的就凉快了"。教师这样的处理方式让儿童觉得自己错了,以后他也许就不敢再"异想天开"了。其实,"绿色的太阳"虽然不符合事实,却包含了儿童合理的想象,也是有科学依据的,因为绿色是冷色调,可以让人冷静下来。对于这种合理想象,成人不要随意贬低或纠正,而是应该鼓励和接纳。

本章练习题

一、单项选择题

1. 幼儿园体育活动主要有( )。
   A. 早操、基本动作练习、小组活动、户外体育活动等
   B. 早操、体育课、运动区活动、户外体育活动等
   C. 体育游戏、体育课、基本动作练习、户内体育活动
   D. 课间操、游戏活动、集体活动、第二课堂活动

2. 学前儿童智育的核心是( )。
   A. 教给学前儿童粗浅的知识、技能
   B. 发展学前儿童的智力
   C. 培养学前儿童的学习兴趣、求知欲望
   D. 培养良好的学习习惯

3. 学前儿童认识事物,主要是依靠( )。
   A. 教师讲授知识   B. 自己直接感知

  C. 成人潜移默化的影响   D. 自己探索

4. 学前儿童智育的任务的实现途径主要是（ ）。
  A. 上课   B. 游戏
  C. 学前儿童各项活动   D. 学习

5. 学前儿童德育的主要内容为（ ）。
  A. 思想教育   B. 政治教育   C. 品德教育   D. 行为练习

6. 学前儿童美育的主要途径是（ ）。
  A. 艺术教育   B. 知识教育   C. 智力教育   D. 生活教育

7. 重视学前儿童的心理健康属于学前儿童的（ ）。
  A. 体育范畴   B. 智育范畴   C. 德育范畴   D. 美育范畴

8. 教师引导学前儿童欣赏日出日落、云彩变化等自然风光，这是学前儿童美育内容中的（ ）。
  A. 培养学前儿童的审美情感   B. 培养学前儿童的审美感知
  C. 培养学前儿童的审美想象   D. 培养学前儿童的审美创造

二、简答题

1. 实施学前儿童德育应该注意哪些问题？
2. 学前儿童智育的内容有哪些？
3. 简述学前儿童体育的内容。

三、论述题

1. 试述学前儿童美育的实施途径。
2. "对学前儿童实施品德教育的过程就是帮助学前儿童社会化的过程。"请将这一观点与幼儿园德育的实况联系起来，谈谈你的看法。

四、材料分析题

材料：某幼儿园中班进行"50米比赛"的体育活动，其过程为：

1. 队列练习和动物模仿操；
2. 讲解比赛规则：全体学前儿童站在跑道的起点，听到老师喊"预备跑"后才可以跑，看看哪个小朋友跑得快。
3. 比赛开始，教师鼓励跑得快的小朋友，督促跑得慢的小朋友，指责中途停止跑步的小朋友。
4. 教师总结评价。

问题：幼儿园中班开展体育比赛有什么危害？幼儿园应该进行什么样的体育？

第七章 学前教育环境创设及资源利用

学习目标

1. 了解学前教育环境的构成和原则。
2. 掌握学前教育环境创设的方法。
3. 理解学前教育资源的内涵及意义。
4. 能够运用学前教育资源进行环境创设。

案例导读

在某一城市小区附近有两所幼儿园。其中一所幼儿园的设备、设施很高档豪华，创办耗费了大量的金钱，但收费很高。另一所幼儿园却很简陋，规模小，条件很差，没有室外活动场地，活动室很拥挤，玩教具缺乏，但收费很低。针对这两所幼儿园，大多数人都认为前一个幼儿园好，后一个幼儿园太差，应该取缔。但也有少数人认为，后一个幼儿园也满足了部分家庭的幼教需求，不应取缔。到底那种观点正确？幼儿园应该办成什么样的呢？

大家都知道，学前儿童处于身心发展的特殊期，对环境依赖的程度高，受环境影响很大。环境对于学前儿童发展和幼儿园教育意义重大。为了保证学前儿童教育质量，幼儿园环境必须达到相应的教育要求。幼儿园教育还需要有效利用周围资源，使教育效果最大化。本章将对学前教育环境的意义及作用、学前教育环境创设原则要求和学前教育资源利用等问题进行探讨。相信通过本章的学习，大家可以对上述问题有一定的了解和认识。

第一节 学前教育环境的创设

学前教育环境是学前教育的重要组成部分,它是学前教育的基本保障。良好的学前教育环境对学前儿童的发展能起到积极的促进作用,所以学前教育环境创设是学前教育实施的重要一环。《幼儿园工作规程》更是明确指出:"必须创设与教育相适应的良好环境,为幼儿提供活动和表现能力的机会和条件。"

一、学前教育环境的概念

何为学前教育环境?《幼儿园教育指导纲要(试行)》中指出:"环境是重要的教育资源,应通过环境的创设和利用,有效地促进幼儿的发展。"这里所说的学前教育环境,是指学前教育赖以进行的一切条件的总和。它有广义和狭义之分,广义的学前教育环境既包括幼儿园内部的小环境,又包括园外的家庭、社会、自然、文化等大环境。狭义的学前教育环境,是指幼儿园内,影响幼儿身心发展的全部条件。

过去,人们更多地将学前教育环境理解为幼儿园内的小环境,只重视幼儿园环境的创设。而幼儿作为处于社会中的人,他们不是封闭的个体,家庭、社会、自然等相关的园外环境也深深影响着幼儿的发展。我们既要精心地设计满足幼儿各种需求和发展的园内环境,也要关注家庭教育环境以及社区教育环境的质量。只有做到小环境和大环境的统一协调,才更有利于幼儿潜能的发展。

二、学前教育环境的分类

学前教育环境按其性质可分为物质环境、精神环境和制度环境三大类。三类不同的环境有它们各自的内涵和特点。

(一)物质环境

物质环境,指影响学前儿童身心发展的一切物质要素的总和。它是儿童生活、活动的物质条件与基础,如:自然风光、空气、水、建筑和装饰、绿化、空间布局、设施设备、玩教具、活动场地等。物质环境具有以下特点:

1. 基础性

俗话说:"巧妇难为无米之炊"。可见,物质材料是人们活动的基础。在学前教育中,物质环境既是幼儿生存与发展的物质基础,也是学前教育活动得以开展的基本保障。像宽敞的空间、充足的设备、新鲜的空气、充足的阳光、丰富的图书和操作材料等都是幼儿基本生活和活动必不可少的基本物质条件。

2. 可控性

为了更好地促进幼儿成长,成人可以对这类环境进行有目的、有计划的设计、改变,因此物质环境的创设一定程度上处于教育者的控制之下。教育者一方面要考虑幼儿的特点，另一方面要结合科学的教育观念、教育目的，有效地调控物质环境的种种要素。如教师为了防止幼儿上下楼梯时的混乱、拥挤的情形出现，可以在楼梯上贴好上行和下行的小脚丫，让幼儿按提示有序地上下楼梯。

（二）精神环境

精神环境，也称心理环境，指对学前教育产生影响的整个社会的精神因素的总和。精神环境主要包括人际关系、教育观念、生活方式、政治、经济、文化、艺术、风俗习惯等。物质环境和精神环境是一组对应的概念，物质环境更多的指向外在的具体环境，而精神环境更多的是感受性的，指向内在的心理氛围。精神环境具有以下特点：

1. 隐蔽性

隐蔽性指向内在的精神环境实际上是一个群体的精神氛围和文化，它往往隐藏在人们的语言和行为当中，不易被觉察，它的影响也是潜移默化的。幼儿在与他人的交往过程中，感受到的不管是关爱、呵护、尊重、保护、认可，还是严厉、苛责、批评、谩骂、被欺负、排斥，这些都是从人们的语言、行为之中所获得的内心体验，是隐蔽的精神环境对我们个体的作用。

2. 影响的深远性

家长、教师、同伴对待儿童的态度以及儿童所处的人际关系，不仅在童年时期对个体成长有极大的作用，甚至对儿童今后的生活、学习都会产生长远的影响。有研究表明：干涉型父母管教下的子女，一般身心发育迟缓、情绪不稳定、忍耐力差、爱推卸责任，而且依赖性强、缺乏远大目标和理想；而溺爱型父母则易使子女人格发展受阻，影响情绪发展，易动感情，缺乏独立性和创造性。①

心理环境对幼儿的影响相对隐蔽，所以容易被教育者忽视。但是心理环境对幼儿的自我意识的形成、人格的发展、情感的发展、认知的构建、社会关系的发展都有深远的影响，所以创设良好的心理环境是十分必要的。

（三）制度环境

制度是社会组织中全体成员共同遵守的行事准则与要求。学前教育制度环境是指针对幼儿在一定时空内的活动、行为的规范所制定的规则与规定。在幼儿园，制度环境并不单独存在。制度往往以文本方式呈现出来并张贴在墙面上，因此制度环境有时被当作是物质环境的组成部分。而制度环境给儿童带来的影响多在心理方面，因而有时又被看成是精神环境的一部分。但无论如何，制度环境是客观存在的，而且对儿童具有重要的影响。教育者通过设定合理的制度，对幼儿一日饮食、睡眠、游戏、学习活动的时间与顺序进行安排，从而促进幼儿的健康成长，为幼儿的学习和生活打下良好的基础，同时帮助幼儿养成良好的作息习惯。幼儿园制度环境具有以下特点：

---

① 白丽英，叶一舵. 亲子关系对儿童发展影响的研究综述［J］. 宁波大学学报：教育科学版，2002（1）.

1. 规律性

幼儿在什么时间需要做什么都是相对固定并且需要长期坚持的，只有通过日复一日的反复实践，才能形成一定的规律。所以，幼儿的生活作息制度和日常行为规范一旦确立和形成，就应总体相对稳定，如果教育者确实需要对制度做出一定的修改，最好是根据实际情况对制度中不合理的部分进行修改。

2. 规范性

制度既是对幼儿行为的指引，也是一种规范，要求幼儿在相应的场合做出符合制度要求的行为反应。在制度和规范确立之后，要保证它们的执行力度，尤其是教育者和幼儿共同商定的制度一定要严格遵守，不受教育者主观因素的影响。父母双方的态度也要一致，不要一个严厉一个宽松，那样会使得幼儿不知所措，不知该如何选择，同时也让制度失去了意义，变得形同虚设。

虽然学前教育的制度环境具有规律性和规范性的特点，但它不是对儿童行为的防患与禁止。制度的确立是为了更好地促进幼儿的身心发展，它强调的是对幼儿行为的正确引导，而不是对幼儿行为的束缚，让幼儿缩手缩脚。所以制度的确立应该让幼儿参与其中，同时教育者要帮助幼儿理解制度，体验规范合理的制度带给幼儿自身的愉悦和好处，让幼儿主动遵守制度而不是压抑他们的自主性。

严格说来，幼儿园制度不仅仅有针对幼儿行为的，还有针对教师甚至家长行为的。如《幼儿园安全接送制度》就对教师和家长在幼儿入园与离园环节的职责做出了具体的规定。

三、学前教育环境创设的基本原则

学前教育环境创设的基本原则是在创设学前教育环境时应遵循的基本要求。《幼儿园教育指导纲要（试行）》明确指出："环境是重要的教育资源，应通过环境的创设和利用，有效地促进幼儿的发展。"为了更好地发挥环境的教育价值，创设学前教育环境时应遵循以下几个基本原则：

（一）安全与健康原则

幼儿因为年龄小、缺乏生活经验、自我保护的意识和能力差，并且他们好动、好摸，所以保障环境的安全与健康是幼儿生存与发展的前提。《幼儿园教育指导纲要》明确指出："幼儿园必须把保护幼儿的生命和促进幼儿的健康放在工作的首位。"因此，在创设学前教育环境时，首先必须保障幼儿的安全与健康，其次要注意与幼儿的生活和成长密切相关的物质环境，比如空气、食物、水、设备设施、活动场地、玩教具等。除了物质环境的安全也要注意精神环境的安全，比如师幼关系、同伴关系等心理环境。物质环境和心理环境共同影响着学前幼儿的安全与健康。

在物质环境方面，幼儿周围的建筑、设施设备、活动场地等都要符合相关的安全标准；新鲜的空气、干净的水、充足的绿化面积等，也是幼儿健康成长必须的条件；幼儿经常接触的器械、玩教具等要定期清洗消毒，还要定期检查以排除安全隐患；幼儿的桌椅、板凳等最好选取圆角的做工，以减少磕碰伤害。幼儿喜欢跑、跳等户外活动，因此要尽量给幼儿提供泥土、沙地、草地等柔软安全的场地。

安全、平等、和谐的心理环境对幼儿的健康成长也有着重要作用。如果幼儿长期处在一个不被尊重、不被爱护甚至充满恐惧的环境中，不仅会影响幼儿的心理健康，同时也会对幼儿的认知、情感、社会性的发展产生不良影响。因此，教育者应该热爱、尊重、理解幼儿，为幼儿创设一个宽松、自由、舒适的教育环境，使幼儿保持轻松愉快的心境，促进幼儿心理的健康发展。

（二）目标导向性原则

幼儿园的环境不仅仅是为了美观，还应该具有教育的内涵，体现一定的教育目的，能够引发对幼儿成长有益的行为。因此在创设幼儿园环境时，必须明确环境创设所要达到的教育目的，并以此目的为依据来进行，同时，结合教育计划中的重点内容，使环境体现一定的教育主题。例如，结合十月一日"爱祖国"主题活动，可让幼儿搜集祖国各地名胜古迹风景图片贴在墙上。又如，在幼儿玩球的游戏中，如果想让幼儿练习拍球的技能，就需要给每个幼儿准备1个球；如果想让幼儿学习分享、轮流与等待，就让2~3个幼儿玩1个球。[①]

（三）发展适宜性原则

幼儿园环境必须反映幼儿身心发展的水平与特点，只有充分考虑到幼儿的年龄特征与个别差异，才能使每个幼儿都有可能在其中获益，从而在自己的原有水平上得到应有的发展。例如，结合幼儿的身高特点，在布置教育环境的过程中，各种教育材料的摆放要尽量做到可以使幼儿随意取放，墙面的布置也要考虑幼儿视线的范围。

幼儿正处在身心快速发展变化的重要时期，不同年龄、不同性别的幼儿，所表现出来的兴趣、能力、学习方式等也存在比较大的差异，因此对环境的需求也不尽相同。学前教育环境的布置不能都一个样，也不能一成不变，需要随着幼儿的身心发展特点，每隔一段时间就对现有环境进行重新评估和修改，以实现环境创设的"螺旋式"发展，满足幼儿发展的需要。例如，考虑到幼儿的年龄特点，小班的幼儿年龄小，喜欢模仿，在为他们提供玩具时，同一种玩具数量要多，但是玩具的种类不必太多，以满足他们喜欢模仿、平行游戏的需要；为大班幼儿提供玩具时，种类要丰富多样，玩具要具有教育意义，最好可以让幼儿自己进行再创作，比如多提供半成品或者废旧物品，让幼儿亲手制作各种玩具，培养幼儿的动手能力和创造意识。

（四）幼儿参与性原则

在幼儿园环境的创设中，应该坚持让幼儿参与其中。长期以来，幼儿园的环境创设成为教师展示手工水平的舞台，很少有幼儿的参与，这不仅增加了教师的工作量，还剥夺了幼儿了解环境的机会。《儿童权利公约》明确指出，参与是儿童的一项基本权利，儿童有权利参与和自己生活密切相关的活动。幼儿也正是通过对创设过程的参与而获得发展的。

教师应放手让幼儿当环境的小主人，引导幼儿发挥主人翁的意识，积极动脑去思考：在某个主题下需要哪些材料，用什么颜色比较合适，每个材料又要放在什么具体的位置

---

① 刘炎. 幼儿教育概论［M］. 北京：中国劳动社会保障出版社，1999：184.

等。这些问题的呈现和解决充分调动了幼儿思维的积极性,在思考的过程中既体现了幼儿的主体意识,又培养了幼儿参与的兴趣。

另外,让幼儿参与到环境创设中,他们不会再觉得环境和自己是无关的,幼儿会想要更好地完成任务,这有助于培养幼儿的责任心和班级归属感。环境的创设需要幼儿相互配合,这有利于培养幼儿的合作精神和班级凝聚力。在布置环境时,教师也为幼儿提供自选、自制活动材料的机会,能极大地促进幼儿动手能力的发展。

(五)丰富多样性原则

幼儿对环境的需求是多方面的,因此有必要为幼儿创设丰富多样的环境,以满足他们多方面的发展需要。《幼儿园教育指导纲要(试行)》也明确指出:"幼儿园应为幼儿提供健康、丰富的生活和活动环境,满足他们多方面发展的需要,使他们在快乐的童年生活中获得有益于身心发展的经验。"

丰富多样的环境其具体要求是:

1. 环境内容丰富

幼儿园环境创设应能支持幼儿多领域的活动,能指向幼儿多方面的发展。因此,幼儿园不能仅强调环境的观赏性、艺术性,还应让环境在认知、健康、社会性等方面发展。

2. 活动空间充足

足够的空间是保障幼儿活动的基本条件。幼儿园室内外活动场地面积应达到国家规定的基本标准,并有功能分区。此外,幼儿园还应积极拓展活动空间,如走廊、阳台、门庭等,科学合理地加以利用。

3. 活动材料丰富

幼儿处于发展变化中,其兴趣、需要会发生变化,而且幼儿间存在个体差异,因此,教师提供的环境材料要能充分满足不同幼儿的需求,种类齐全、数量对等并能及时更新,以促进幼儿在体、智、德、美多方面的全面和谐发展。例如,幼儿园班级中,既要有供男孩子选择的材料,也要有供女孩子选择的材料;既要有供艺术型孩子选择的材料,也要有供数学逻辑型孩子选择的材料。

(六)效益性原则

效益性原则是指学前教育环境创设应最大限度地满足幼儿活动的需求,但不能造成闲置和浪费,要为幼儿活动创造最大的效益。

学前教育环境创设想要取得最大的效益,有两条途径:一是在满足活动需要的前提下,尽可能降低成本。例如,充分利用本地资源,就地取材,废物利用。又如,利用废旧报纸可以做成多种手工作品,并放在墙面上展示。再如,农村幼儿园用三合土铺的活动场地,就比水泥地更省钱也更安全。二是充分挖掘现有物质条件的教育价值,高效利用。例如,一物多用,循环利用,还可不同班之间轮流使用等。

四、学前家庭教育环境创设

儿童出生的第一个环境就是家庭,然后才是社会和大自然。儿童大部分时间又是在家

第七章 学前教育环境创设及资源利用

庭中度过的,所以创设良好的家庭教育和温馨的精神环境就显得尤为重要。它对儿童生活起居和健康成长具有重要意义。

(一)家庭心理环境创设

家庭心理环境直接影响着家庭成员的情绪与健康,儿童也时刻感受和体验着家庭的心理氛围。理想的家庭心理环境应该是和谐的,家庭成员之间的关系是民主的、相互理解的、平等的,家庭生活应该是轻松的、欢乐的。家庭成员之间应该相互关爱和尊重,长辈关爱晚辈,夫妻互敬互爱,晚辈尊敬长辈等。

家长尤其要以欣赏的态度来对待儿童,要尊重、理解、信任、包容儿童。在儿童表达诉求时,家长要认真聆听;家长要懂得换位思考,理解儿童的想法;家长要陪伴孩子,多与儿童进行沟通;给予儿童成长的自由,不对他们的需求盲目说"不";当儿童出现情绪问题时,家长也要及时疏导。在日常生活中,家长对于儿童的表现也要及时反馈,多鼓励儿童,以提升儿童的自我认同感。

(二)家庭物质环境创设

家庭中有了孩子以后,在环境的布置上要考虑儿童的特点,向儿童倾斜。从儿童的角度出发布置环境,具体要求如下:

首先,家庭物件的摆放要整洁有序,各个物品最好有较为固定的位置,并且摆放安全、便于使用。干净整洁的环境能让儿童身心愉悦,形成良好的生活习惯。

其次,家庭环境可以进行一定的美化,但不宜过于花哨,过多的环境设计会分散儿童的注意力。同时有一定变化的环境也会引起儿童的新鲜感,会更加吸引儿童的注意力,使得外界的环境发挥更大的效用,从而增加各种物品对儿童的刺激。例如,根据节日或季节的不同,在室内装饰不同的物件:端午节挂一串粽子,中秋节画一轮明月,不同的季节摆放相应的植物等。

家长给儿童玩具的投放也要适量,玩具过多会分散儿童的专注度,玩具过少则不利于儿童和环境互动;在为儿童挑选玩具时要注意玩具的安全与卫生,幼儿的玩具最好不要有细小的零件等。玩具要具有教育意义,能够促进儿童感知觉和认知的发展。

值得注意的是,儿童作为家庭的成员有权参与到环境的布置中,要让儿童感受到自己也是家庭的"小主人",家长在布置环境时要和儿童商量,询问儿童的想法,在布置环境时请儿童一起帮忙,要让儿童觉得被重视。

语言作为人际交往的工具和符号,也是物质环境的一个范畴。家长要注意自己的言行举止,要想让孩子成为一个文明礼貌的人,一定要净化孩子的语言环境,避免在孩子面前争吵,不使用污言秽语。家庭成员之间说话要和气,多使用文明用语,让儿童耳濡目染,潜移默化地学会文明的交流方式,从而促进家庭的和谐。

五、幼儿园环境创设

(一)幼儿园物质环境的创设

幼儿园物质环境创设包括园舍建筑、园内装饰、场所布置、设备条件、空间的设计与

利用及各种材料的选择与搭配等。一般来说，幼儿园物质环境创设分室内环境和户外环境两个部分。

1. 室内环境的创设

室内物质环境是指班级内部的各种物质设备条件，即班级的"硬件"。其主要涉及活动室、寝室、卫生间、班级走廊等方面的创设。

（1）活动室。

在对活动室进行规划时，首先要留有一个相对宽敞的区域供幼儿进行动作较大的活动。根据国家教育委员会1988年《城市幼儿园建筑面积定额（试行）》规定："活动室每班一间，使用面积90平方米，供开展室内游戏和各种活动以及幼儿午睡、进餐之用，如寝室与活动室分设，活动室的使用面积不宜小于54平方米。"国家教育委员会2016年《托儿所、幼儿园建筑设计规范（试行）》规定："幼儿园活动室面积最小为50平方米，最低净高2.8米。"

活动室的色彩应考虑不同幼儿的年龄特点。小班幼儿年龄较小，活动室的色彩可以适当鲜艳、活泼一些，多运用能给人产生依赖感的色彩，帮助幼儿稳定情绪，适应环境；大班幼儿的活动室颜色可以稍显淡色，但是也要有度，不要过于低沉。活动室色彩的选择还应考虑本地的气候，如南方的日照时间较长，温度较高，活动室的颜色不宜过多的使用暖色，比较淡的冷色调可以给幼儿更为舒适的感觉；北方气候日照时间少，相对寒冷，尤其是东北地区一年中有近半年时间处于冰天雪地的环境，应多采用暖色调进行装饰。

活动室的分区要适当。要根据幼儿发展的特点、兴趣、需要以及教育的需要，把活动室分成不同的区域，如美工区、科学区、音乐区、阅读区、益智区、角色区、建构区等。每个区域又有各自的特点：美工区应让幼儿感受美、体验美、理解美、创造美，色彩的运用和搭配就十分重要；科学区应给幼儿提供丰富的操作材料，让幼儿可以自主地进行猜想、操作、验证，激发幼儿对科学的兴趣，使幼儿产生主动探索的欲望；音乐区的整体色彩需要和谐统一，为幼儿创设一种明快、欢乐的感觉。

材料是儿童活动的重要对象，材料的选择对于幼儿认知的发展有很大的影响。活动室材料的投放要明确材料的教育价值，使幼儿能够延伸、拓展集体教育活动的内容。教师也要考虑幼儿的兴趣和特点。比如小班的幼儿喜欢撕、捏、压等小肌肉动作，教师就应为这个年龄段的幼儿投放各种可以撕的纸、橡皮泥、各种夹子等。另外，材料的多维度性也是很重要的一点，应尽量为幼儿提供可以组合的多用途材料，激发幼儿的创造性。在材料的摆放方面，也要考虑幼儿的身高特点。玩具架、储物柜的高度要适宜，要便于幼儿自己取放材料，促进幼儿与周围环境的互动。

（2）寝室。

寝室是幼儿休息的地方，为了满足幼儿身体发育的需要，大部分幼儿园都要求幼儿中午在园休息两小时左右。寝室作为重要的物质环境，需要精心布置。寝室的装饰应采用淡色系，墙壁画面的内容应是安静的活动，以保证幼儿能尽快平复心情，安静入睡，不要经常更换画面，以免幼儿产生新奇的刺激。幼儿的床距要间隔30~50厘米，以避免某些疾病的相互传染。寝室的通风条件要好，要保证拥有紧急疏散的通道。

（3）卫生间。

卫生间是幼儿生活中使用频繁的场所，它的位置应该紧靠活动室。卫生间的设备数量应满足全班幼儿的使用要求。幼儿的卫生间最好面向阳面，接受日照，通风自然，同时需要定期消毒。卫生间的面积一般较小，保育人员要及时清扫积水，防止幼儿使用时滑倒。教师要在卫生间的墙面上，用充满童趣的符号、绘画等，提示幼儿节约用水和科学洗手的顺序等，培养幼儿的环保意识和卫生习惯。

（4）班级走廊。

班级走廊是幼儿园连接各活动室与楼层的通道，也是家长接送孩子的必经之路。创设科学并富有童趣的走廊环境，有助于幼儿接触不同班级的材料，同时可以增进家长对幼儿园的了解。首先，在走廊上布置的材料应该安全，避免幼儿接触到危险物品。其次，教师可以利用班级走廊的布置加强家园互动，如展示一周活动安排、幼儿作品展示、介绍育儿知识的专栏、园所情况介绍、家长意见箱等。除此之外，可以留一部分区域给家长，让家长共同参与到环境布置的工作中来，发挥家长的积极作用。

2. 户外环境的创设

《幼儿园工作规程》指出："幼儿园应有与其规模相适应的户外活动场地，配备必要的游戏和体育活动设施，并创造条件开辟沙地、动物饲养角和种植园地。应根据幼儿园的特点，绿化、美化园地。"户外活动场地是幼儿园户外环境的主要组成部分，其设计的内容主要包括集体运动区、固定器械区、沙水游戏区、绿化景观及建筑小品等。

（1）集体运动区。

集体运动区是指供幼儿集体活动的户外场地。一般情况下，集体运动区要开阔平坦，以便幼儿园进行早操、体育游戏等活动。集体运动区不能有障碍物，以方便幼儿奔跑。其地面最好做成有弹性的地面如草地、塑胶地，避免幼儿在活动过程中造成关节的损伤。除了全园共用的场地之外，有条件的幼儿园还可就近为每个班级设置各班的户外活动场地。活动场地不足的幼儿园可以利用楼顶平台进行补充。

图7-1为幼儿园的集体活动区。

图7-1 集体活动区

（2）固定器械区。

固定器械是放置在户外场地上的体育器材或大型玩具，如滑梯、轮胎（嵌入地下）、"毛毛虫"等。这些器材或玩具的位置相对固定，一般不轻易移动。如果户外活动场地的空间较大，可以按照固定器械的不同功能进行分区摆放，比如分为平衡区、攀爬区等；如果户外活动场地较小，可以在留足集体运动区的基础上靠角落摆放。总之，这些体育器材或大型玩具的摆放要给幼儿留下充足的活动空间，防患幼儿身体碰撞、踩踏等安全事故。

图 7-2 为幼儿园的固定机械区。

图 7-2　固定器械区

（3）沙、水游戏区。

沙、水是自然界中很容易取得并且较为廉价的资源，但它们却是大自然给予幼儿最好的玩具。几乎每个幼儿都爱玩沙、玩水。幼儿在玩沙、玩水中，可以根据自己的喜好随意改变它们的形状，从而能够激发他们的创造力。

幼儿园的沙坑应采用细软的天然黄沙，投放之前一定要进行过滤，避免沙中含有杂质；投放后要时常翻动沙池，从而保证沙子的松软；要定期对沙池进行清理和维护，保持其干净卫生，沙量不足时要及时补充。户外沙池应设在向阳的背风处，这样幼儿在玩耍时可以进行日光浴，同时阳光对沙土又能起到消毒作用。同时，教师要给幼儿提供适当的玩沙工具，满足幼儿做不同游戏的需要，如小桶、铲子、漏斗、模具、筛子等。

图 7-3 为幼儿园的玩沙区。

图 7-3　玩沙区

幼儿园的戏水区要考虑幼儿的特点，保证安全，水池的水不宜过深，水质应该达到饮用水的标准。幼儿园相关工作人员要定期对水池进行清理消毒，水池的水应该是流动水。幼儿园可以将沙和水有机地结合起来，设计有高有低、有曲有直、错落有致、相互协调的沙水游戏环境，为幼儿创设多样化的户外环境。

图7-4为幼儿园的戏水区。

图7-4　戏水区

（4）绿化景观。

绿化景观既是幼儿园户外活动的背景，也是幼儿感知、欣赏的对象。它不仅对幼儿园的环境有美化的作用，还具备一定的教育价值。绿化景观的设计要错落有致，有层次地种植草地、灌木、乔木等植被，还要运用各种天然植物的形态、花期、花色和叶色的变化，体现环境的季节性，不仅让幼儿感知不同植物的生长全过程，还为幼儿的身心健康发展提供了一个舒适、优美的乐园，培养他们的审美情趣和能力。有些幼儿园的室外面积偏少，尤其缺少绿化面积，绿化方面是购买一些没有生机的塑料制品，导致幼儿与自然地接触减少。建议像这一类型的幼儿园充分利用阳台、走廊，种植一些绿色植物，为幼儿园户外环境增添一些生机，也为幼儿生活增加一些情趣。

（5）建筑小品。

建筑小品是幼儿园环境的有机组成部分。幼儿园要根据自身的场地布局及周围环境的色调来设计适宜的建筑小品，使之与整个幼儿园的格调相一致，在造型和颜色上要生动活泼，体现童趣。幼儿园还需要吸引幼儿和家长参与到建筑小品的布置过程中来，听取他们的意见。

图7-5为幼儿园的建筑小品。

图 7-5　建筑小品

（二）幼儿园精神环境的创设

幼儿园的精神环境虽然是无形的，却直接影响着幼儿的情感、个性和社会性的发展。在安全、融洽、愉快的精神环境中，幼儿能更加积极地、更加主动地参与到各项活动之中，获得更好的发展，并且和谐的精神环境还会促使物质环境发挥更好的作用。

幼儿园精神环境的主要内容有：

1. 良好的人际关系

（1）师幼关系。

师幼关系是幼儿园教师和幼儿在交往过程中形成的关系，是幼儿在幼儿园中重要的人际关系之一。师幼关系决定着教师在与幼儿互动中用什么样的方式来对待幼儿，而不同的互动方式给幼儿带来的影响也不同。建立良好的师幼关系是教师开展各项工作的前提。

良好的师幼关系是一种民主、平等的关系。师幼双方在教育中处于平等地位。良好的师幼关系还是一种相互信任、互动合作的关系，教师作为指导者，同时也是幼儿学习的合作者、支持者，教师和幼儿之间的互动是双向交流的过程。

那么，如何建立良好的师幼关系呢？首先，教师应该尊重、热爱幼儿。教师要对每个幼儿充满关心和爱护，让幼儿感受到安全，这样有助于幼儿对教师形成一种积极的情感依恋。教师应多与幼儿沟通，保证每天都和班上所有的幼儿说上话，让每位幼儿都感受到自己是被重视的。教师要善于理解幼儿的不同情绪和需要，并及时地对幼儿做出积极的反应。其次，教师应当以民主的方式对待幼儿，多以活动伙伴的身份跟幼儿互动，科学地引导幼儿，而不要强制幼儿的行为。因此，教师应做一个积极的观察者、倾听者和支持者，允许幼儿表达自己的想法和建议。例如，尽量蹲下来和幼儿说话，运用微笑、点头、抚摸、鼓励性的手势等多样化的肢体语言给幼儿以肯定和支持。

（2）同伴关系。

同伴关系是幼儿与同伴在社会交往中形成的人际关系。良好的同伴关系对于幼儿情感、品德、个性等社会性发展起着至关重要的作用。教师应重视同伴关系对幼儿发展所具有的不可替代的价值，积极创设有利于幼儿交往的条件和机会，鼓励幼儿与同伴积极交往，建立友爱、关心、互助等良好的同伴关系，促进幼儿健康、和谐发展。

掌握正确的同伴交往技能是建立良好的同伴关系的基础与保障。当前，我国的幼儿普遍存在着一个突出的问题，就是幼儿常常在与同伴交往中以自我为中心，很少顾及他人，不会跟同伴协商，甚至在出现矛盾时，不会很好解决，行为带有攻击性等。这说明幼儿同伴交往技能严重缺乏。针对这种情况，通过情景创设、角色扮演、行为练习等手段帮助幼儿理解社会行为规范，掌握分享、谦让、轮流、合作、协商等同伴交往技能，促使良好的同伴关系的形成。

2. 和谐的幼儿园氛围

幼儿园氛围是指作为一种教育机构的幼儿园所独有的气氛。如果幼儿园氛围是和谐的、活泼的、积极向上的，那么身处其中的幼儿自然能感到轻松、愉悦，进而激发学习热情，容易产生成就感和满足感；如果幼儿园氛围是紧张、压抑、消沉的，那么，幼儿获得的将是消极的情感体验，甚至会对上幼儿园产生抗拒心理。

和谐的幼儿园氛围既是正确的办园理念的反映，又是幼儿园组织文化烘托出来的。和谐的幼儿园氛围作为幼儿园对理想教育的追求，体现了幼儿园对一定教育价值的确认，对幼儿园的办学目标和发展方向有着引导和规范的作用，能够激励全体教职员工坚定地信奉某种教育价值观，并让全体教职员工对幼儿园的未来充满信心。①

例如，"幼儿为本"的办园理念，引导教师尊重、保护幼儿，通过材料的提供、教师的言行等方面来营造出相对宽松的活动氛围。以人为本，处处体现对人的尊重的幼儿园文化正是和谐的幼儿园氛围所需要的。

（三）幼儿园制度环境的创设

科学合理的制度，是幼儿学习与发展的需要，也是幼儿园教育工作正常运转的需要。幼儿园的制度有多种，涉及幼儿园作息、教学、管理等各个方面。

在作息制度方面，要在充分尊重幼儿生理、心理特点的基础上，合理安排幼儿的睡眠、进餐、大小便、活动、游戏等各个生活环节的时间、顺序和次数，注意动静结合、集体活动与自由活动结合、室内活动与室外活动结合，多种形式的活动交替进行。在教学制度方面，幼儿园要贯彻《3~6岁儿童学习与发展指南》的精神，如"建立对幼儿发展的合理期望，实施科学的保育和教育，让幼儿度过快乐而有意义的童年；教师应关注幼儿学习与发展的整体性、尊重幼儿发展的个体差异、理解幼儿的学习方式和特点、重视幼儿的学习品质"。在教学制度保证幼儿园的各项活动顺利进行的同时，也要注意使课程管理制度有利于教师发挥自我的主动性和创造性，不能过于死板，盲目追求形式的统一。在管理制度方面，幼儿园要根据本园的实际情况，考虑本园的师资水平、经济条件等，制定切实可行的管理制度。制度的建立也要考虑教职工的需求，并致力于建设和谐共生的团队。

---

① 陈世联. 幼儿园办园理念的内涵与生成［J］. 教育导刊，2009（1）.

第二节 学前教育资源的开发与利用

2001年教育部颁布的《幼儿园教育指导纲要（试行）》指出："幼儿园应与家庭、社区密切合作，与小学相互衔接，综合利用各种教育资源，共同为幼儿的发展创造良好的条件。充分利用自然环境和社区的教育资源，扩展幼儿生活和学习的空间。"学前教育资源开发利用是当前学前教育发展的一个趋势。幼儿园应根据园内的实际情况，就地取材，充分利用当地的各种资源，为幼儿的学习与发展提供便利条件。

一、学前教育资源的概念及意义

（一）教育资源和学前教育资源

教育资源也称教育条件，在《教育大词典》中是指"为保证教育活动正常进行而使用的人力、财力、物力的总和"以及"教育的历史经验或有关教育信息资料"。具体来说，教育资源包括自有教育活动和教育历史以来，在长期的文明进化和教育实践中所创造积累的教育知识、教育经验、教育技能、教育理念、教育人格、教育制度、教育品牌、教育设施、教育资产、教育费用以及教育领域内外人际关系的总和。

学前教育资源是指直接或间接地影响学前教育，有利于实现学前教育目标、促进学前儿童发展的各种因素。幼儿园应充分利用各种教育资源，扩展幼儿生活和学习的空间。

（二）学前教育资源的意义

学前教育资源对学前教育事业的发展、提高幼儿园的教育质量、幼儿的成长都有重要的意义。

学前教育资源有利于学前教育事业的发展。家庭的人力物力资源、社区的文化及各种设施都直接或者潜移默化地影响着幼儿，它们共同为学前教育事业的发展提供了优秀的课程资源内容，这些资源的合理利用有利于形成教育的合力。

学前教育资源有利于提高幼儿园教育的质量。幼儿园可以在了解各种教育资源的基础上，直接利用周边的资源，如社区的超市、医院、物业服务中心等。这是对幼儿园教育资源的有效补充，对幼儿园的课程建设乃至幼儿园教育质量的整体提高有极大的帮助。

学前教育资源有利于幼儿的成长和发展。幼儿能从各种资源中获益。例如，幼儿生活在社区里，社区已成为幼儿生活、游戏、交往的主要场所。而社区的文化、环境等不仅为幼儿提供了学习的便利条件，其本身就是幼儿学习的对象与内容，能使幼儿获得各种有益的经验。

二、学前教育资源的类型

教育资源按照其性质可分自然资源、物质资源、文化资源、组织资源、人力资源和信息资源等，而学前教育资源按照不同的分类标准可以分为不同的类型。

（一）按学前教育资源的分布范围分类

学前教育资源按照资源的分布范围可分为园内教育资源、家庭教育资源和社区教育资源。

1. 园内教育资源

幼儿园内的教育资源主要包括园内各种设备设施、玩教具、图书资料、教师的能力特长及保教经验、幼儿园园风等。幼儿园内的教育资源是按照教育目标的要求来设计、储备的，总体来说是符合幼儿的年龄特点的，因而它是科学的、系统的、相对可控的教育资源。

2. 家庭教育资源

家庭教育资源包括家长自身文化修养、学历水平、职业特点、兴趣爱好及家庭经济状况、家居环境设置、家庭为幼儿购买的各种生活及教育用品、家庭内外人际关系、文化氛围、生活习惯等。家庭教育资源是丰富多样的，并且利用起来较为灵活，不会受到时间和空间的限制，但是家庭教育资源的分布没有园内教育资源那么集中，另外相较于专业的教师，家长缺乏一定的指导水平和利用资源的意识。

3. 社区教育资源

社区教育资源包括：自然界的名山大川、田野湖泊、花草树木、鸟兽虫鱼，社会的城镇乡村、高楼大厦、道路桥梁、历史古迹、公园馆舍、车船飞机、商店超市、公共设施、风土人情、风俗习惯、公共秩序、职业分工、休闲娱乐和文化活动等社区教育资源的内容是非常丰富的，而且分布的范围很广。

（二）按学前教育资源的性质分类

学前教育资源按照资源的性质可分为物质环境资源、人力及组织管理资源、文化资源。

1. 物质环境资源

学前教育物质环境资源是指学前教育所能运用的各种有形的物质要素的总和，包括自然景物、地理环境、社区结构及设施设备等方面。例如花草树木、高山湖泊、日月星辰、季节气候、公共设施、名胜古迹等，这些丰富的资源为开展幼儿教育提供了充足的教育空间、教育素材和教育环境。

2. 人力及组织管理资源

人力及组织管理资源是指能够推动社会经济和文化发展的具有劳动能力的人们的总和。从宏观上来讲，人力资源以国家和地区为单位；从微观上讲，人力资源以各种党政机关、企事业单位、社会团体等为单位，这些单位和机构各有其组织管理方面的优势资源。在幼儿所能接触到的生活世界中，有不同职业、不同特长的社会各界人士，他们的体力、智力、知识和技能可以帮助幼儿接触社会、了解社会、融入社会，是学前教育资源中重要的一环。

3. 文化资源

文化资源泛指人们从事一切与文化活动有关的生产和生活内容的总称，包括信仰、艺术、道德、法律、习俗等。例如，与幼儿生活密切相关的传统文化、民风习俗、道德风尚、价值观念、生活方式、审美情趣、网络文化等，都为教育营造了浓厚的文化氛围，通过多种途径影响着幼儿的认知和社会性的发展。

三、学前教育资源的开发

学前教育阶段可以开发和利用的资源多种多样。教师作为学前教育资源开发的关键主体，首先，要充分了解身边多种多样的教育资源，例如开阔的场地、动植物资源、土地资源、气候资源等自然资源；民间故事、民间游戏、民间风俗、民间歌谣、名胜古迹、家长的职业、生活经验等人文资源；超市、医院、书店、银行、社区居委会、物业中心、派出所、健身设施、老年人活动中心等社区资源。教师要对这些教育资源进行收集、整理、记录、调查研究并分类，以便更好地了解掌握这些教育资源。其次，要分析各类教育资源的价值，筛选出符合学前教育事业发展的优质资源。例如开阔的场地可以为某些户外活动场地不充足的幼儿园提供教育空间；自然中的动植物可以为幼儿提供科学、天然、丰富的玩教具材料；民间通俗易懂、生动有趣、朗朗上口的童谣、儿歌、故事等不仅能够拓展幼儿的见闻和视野，而且是喜闻乐见、形式活泼的教育内容；民间传统的剪纸、年画、刺绣等，既可以让幼儿观赏并培养他们欣赏美的能力，又可以让幼儿学习简单的制作，促进幼儿手眼协调能力的发展。

总体来说，幼儿园与教师要充分了解身边可运用于发展教育事业的各类资源，发掘资源的教育价值，并根据学前教育的内容和目标对教育资源进行筛选与适当的改编，以适应幼儿学习与发展的需要。

四、学前教育资源的利用途径和方法

各种教育资源为幼儿园教育提供了可能的内容和实施条件，但它们必须经过教育学的加工并付诸实施，才能起到教育的作用。在幼儿园里对教育资源的利用有以下途径：

（一）利用物质资源，进行环境创设

农村和少数民族地区有不少取之不尽、用之不竭的特色教育资源，当地的自然材料，如玉米皮、麦秆、柳条、野果、软泥等都可以被教师加以利用，制作麦秆画、草编项链、以及用竹子及竹制品来布置主题墙。另外，农村不仅有丰富美丽的自然风光，还有种类丰富的家禽家畜以及植物和水果蔬菜，这些都可以丰富幼儿的感官体验。

在城市里，家庭中的一些废旧物品也可以拿来创设环境。例如，可以利用饮料瓶来制作花瓶，利用废纸箱来制作储物箱，利用蛋壳做的贴画来装饰主题墙，利用报纸来做服装等；还可以利用幼儿园内高大、茂盛且距离合适的树木搭建秋千等玩具。教师要善于利用身边的各种物质资源，充分发挥想象力和动手能力，创设出有特色的幼儿园环境。

（二）利用教育资源，开展各种活动

幼儿园要善于将多种多样有价值的教育资源融入幼儿整个的教育活动之中。例如，晨

间入园时,播放朗朗上口的民间童谣和婉转流利的民间音乐;餐后散步时,带幼儿欣赏书画;午睡前给幼儿讲述民间故事等。在对幼儿开展活动时,要让活动建立在资源利用的基础上。例如,幼儿园开展"我的家乡"系列活动,就有"参观家乡的名胜古迹""家乡的特产""家乡的节日""有趣的家乡话""家乡的故事传说""画出美丽的家乡"等活动,自然地将自然资源和民间艺术、民风、民俗等文化资源融入其中。

在某个领域的学习活动中利用资源。在健康教育中,使幼儿了解民间饮食文化。在不同的节日,组织家长和幼儿一起制作、品尝,如饺子、汤圆、粽子、月饼等传统美食;在语言教育中,教师和幼儿一起分享当地流传的民谣、儿歌和故事,让幼儿感受本地区的文化;在社会性教育中,组织幼儿到社区里的超市、医院、老年人活动中心以及周围的消防所、博物馆、海洋馆等进行参观,实际接触多元的文化;在科学教育中,通过开设"小小植物角"让幼儿了解植物的基本特点和生长需求;在艺术教育中,利用当地的材料进行创作,如利用各种各样的树叶制作粘贴画,用多种颜色的豆子装饰笔筒等。

下面案例中的教师就利用生活中的资源——"竹子",巧妙地进行了环境创设和教育活动。

案 例

某教师所处的幼儿园为农村幼儿园,园所周围有成片的竹林。这位教师利用这一得天独厚的自然资源,首先在班级主题墙的布置中,展示了竹篓、竹竿、竹笛等各种竹子制作的工具,直观形象地向幼儿展示了竹子的作用(图7-6),在活动室中也投放了适量的竹子工艺品;其次对竹子进行裁剪、去角、磨光,为幼儿制作了天然的、安全的竹制玩具,比如竹梯、竹圈、竹陀螺、竹水枪等;另外利用竹子开展了一系列的教育活动,例如"妙用竹竿""数竹筏""竹叶贴画""竹高跷比赛"等。

图7-6 资源在幼儿园教育环境创设中的运用

（三）利用人力资源，形成教育"合力"

幼儿园可以利用的人力资源有家长、社区职业人士等。其中家长是最主要的人力资源。要充分认识到家长、社区人士的教育作用，将他们的人力资源充分挖掘出来并加以利用，与幼儿园一起形成教育"合力"，共同促进幼儿的发展。下面以家长为例，来说说要如何利用人力资源。

首先，要帮助家长树立正确的教育观念。如果家长的教育观念不正确，那么他不仅不能成为"助力"，反而会变成"阻力"，那样的话，家长也就不可能成为真正的人力资源。如有的家长片面要求幼儿学拼音、认字、计算，这正是导致幼儿园教育小学化，偏离全面发展的教育方向的原因。因此，幼儿园和教师要做好家长工作，帮助他们转变观念，提升科学育儿能力。

其次，要鼓励家长积极配合教师组织的各种活动。例如，幼儿园教育活动的顺利开展离不开大量的物质材料，但准备这些材料仅靠教师自己是不够的，因此还需要请家长帮助收集。

再次，要支持家长参与幼儿园的教育活动及管理工作。幼儿园的教育和管理不应局限于幼儿教师这么一个狭小的范围内。家长是重要的人力资源，幼儿园应积极鼓励家长参与到幼儿园的教育过程之中。幼儿的家长从事的行业各种各样，可以为幼儿园提供丰富的知识信息来源，教师要充分利用家长的职业背景，帮助幼儿园开展相应的教育活动。如在进行防火教育时，请担任消防员的家长为儿童讲解防火小常识，并且向幼儿演示如何科学、高效逃生；在进行交通规则的教育时，请担任交警的家长为儿童演示怎样遵守交通规则。除了助教的角色，幼儿园的安全岗也可以鼓励家长的参与，家长在门口迎接小朋友入园或者跟离园的小朋友告别，不仅增加了家长这一角色的亲切感，还可以通过尽职尽责的表现为幼儿树立良好的榜样。在一些实践性比较强的活动中可以邀请家长共同参与。比如，教师组织幼儿参观消防局的活动，由于消防局的车辆出入较多，对幼儿来说有一定的危险性。如果家长能够作为协教陪同一起参观，既可以保证幼儿的安全，又可以促进活动的顺利进行。通过这样的活动，家长可以深入了解幼儿园的教育理念，也能促进家长之间的沟通交流。

本章练习题

一、单项选择题

1. 从狭义上理解，学前教育环境是指（　　　）。
   A. 幼儿园心理环境
   B. 幼儿园生活环境
   C. 幼儿园教育的一切外部环境
   D. 幼儿园内影响幼儿身心发展的一切因素

2. 幼儿园的环境创设主要是指（　　）。
   A. 安装塑胶地板
   B. 创设合格的物质条件和良好的精神环境
   C. 购买大型玩具
   D. 选择较清净的场所
3. 教师的教育理念、教育行风、人际关系和情感氛围属于环境中的（　　）。
   A. 广义环境　　B. 物质环境　　C. 精神环境　　D. 教育环境
4. 幼儿园的活动室、室外活动场地、各种设备和活动材料、空间结构与环境布置等属于幼儿园环境中的（　　）。
   A. 教育环境　　B. 物质环境　　C. 精神环境　　D. 活动环境
5. 在幼儿园环境创设中，要充分利用当地资源，废物利用，一物多用，最大限度地促进幼儿的发展，这体现了（　　）原则。
   A. 经济性　　B. 效益性　　C. 开放性　　D. 多样性
6. 幼儿园教育资源按照（　　）可分为园内教育资源、家庭教育资源和社区教育资源。
   A. 资源的分布范围　　　　B. 资源的性质
   C. 资源的种类　　　　　　D. 资源的存在方式

二、简答题

1. 简述学前教育环境的含义。
2. 在学前教育环境创设中，为什么说"安全与健康原则"在所有原则中居首要位置？
3. 简述学前教育资源的内涵。
4. 学前教育环境创设中发展适宜性原则有哪些具体要求？

三、论述题

1. 试述如何进行学前家庭教育环境创设。
2. 试述如何利用学前教育资源。

四、材料分析题

1. 材料：有的幼儿园在创设物质环境过程中，购买大量价格昂贵的成品玩具，追求高档，教师花费大量心血精心布置五彩缤纷的墙饰，甚至还买来一些名画进行装饰，环境的布置非常明显地体现了幼儿园中教师的特长和喜好。面对这些高档的材料，教师时刻提醒幼儿注意爱护，甚至很多时候不让幼儿操作这些材料，只是有人来参观时，才拿出来让幼儿操作。这种高档的环境一旦布置好之后，整个学期，甚至整个学年基本不会变动。此外，有的幼儿园小、中、大班环境布置得非常雷同。当人置身其中时，如果不看班级标识牌，根本无法判断是小班、中班，还是大班。

问题：上述现象主要违背了哪些原则？并说明理由。

2. 材料：L老师发现班上有一个女孩，自进入中班以来从不喝水和上厕所。于是就这问题去问她在小班时的M老师。M老师告诉她，这小女孩自小班开始就是这样，没什么问题。L老师认为这是不正常的，于是打电话问小女孩的妈妈。小女孩的妈妈告诉L老师，小女孩每天在家上厕所和喝水都很正常，只是每天从幼儿园回家的第一件事，就是跑厕所。后来慢慢了解到，小女孩在刚上幼儿园时，有一次上厕所，不小心摔倒了，流了血，还尿湿了裤子，被保育员大声呵斥，回家后又被妈妈批评了。自那次事件后，小女孩再也不敢在幼儿园上厕所了。为了不上厕所，也不敢喝水了。

问题：该材料中的教育环境存在哪些问题？如何解决？

第八章 幼儿园课程与教育活动

学习目标

1. 掌握幼儿园课程的概念，理解幼儿园课程的形态与特性。

2. 了解幼儿园教育活动的概念、理解其意义及特点，了解幼儿园教育活动目标的确定、活动内容的选择与组织与实施的要求。

3. 理解幼儿园生活活动、游戏活动、教学活动、区域活动的特点，掌握其设计与指导的基本要求。

4. 能够理论联系实际，运用所学知识评析当前幼儿园课程领域的某些现象及教育活动方案。

案例导读

一位妈妈问女儿："宝宝，今天你在幼儿园学了什么？"女儿高兴地回答："妈妈，我抓到了一只蝴蝶，好漂亮的！"妈妈生气地说："我问的是你学了什么，不是问你玩了什么！"显然，在妈妈眼中，只有背诵诗歌、做题目才是学习，而幼儿对周围世界的探索、交往、游戏等都不是学习。与此相反的一些幼儿园为了照顾部分家长的需要开设了拼音、写字、计算、英语、珠心算等多门"课程"，将幼儿每天的日程排得很满。幼儿园一度拿这些"课程"作为它招生宣传的"广告"。一些家长也认为只有开设这些课，才能让孩子学到东西。还有一些家长甚至要求幼儿园要像小学那样上课、给幼儿布置作业等。然而这些"课程"适合幼儿学习吗？幼儿园的课程是什么样的？幼儿园应该"上课"吗？幼儿园应该开展哪些教育活动？教师应该怎样设计与组织这些教育活动？通过学习本章，你就能够解答这些问题。

幼儿园课程是实现学前教育目标的重要手段，它是在一定的教育理念指导下，依据学前儿童身心发展规律和特点来设计的，它指明学前儿童需要获得的学习经验。

幼儿园教育活动是幼儿园课程实施的主要途径，是促进学前儿童全面发展的重要保障，也是实施学前教育的重要一环。

第一节 幼儿园课程的概念、形态及特性

一、幼儿园课程的概念

（一）课程的定义

1. 课程即学科

有人经常问这样的问题"今天上什么课？""这门课程考得怎么样？"这里的"课""课程"指的是学校规定的学习科目，如语文、数学、政治、音乐、美术等。学校课程表中所列的"课"都是基于这种意义上的。将课程当作学习科目的实践，很早就有。我国春秋时期的"六艺"和西方古代的"七艺"都是最早的学科课程实践。"课程"的这一意义沿用至今。这种课程观便于将人类的知识和经验分门别类地传递下来，其关注的重心是学科知识的选择、教科书的编写及课堂教学，相对忽视学生的学习兴趣和个性的培养，不利于学生的全面发展。

知识链接

六艺：中国古代儒家要求学生掌握的六种基本技能，包括礼、乐、射、御、书、数。礼即礼节，乐即音乐，射即射骑技术，御即驾驭马车的技术，书即书法，数即算数。出自《周礼·保氏》："养国子以道，乃教之六艺：一曰五礼，二曰六乐，三曰五射，四曰五驭，五曰六书，六曰九数。"

七艺：西欧中世纪初期学校中的七门课程：包括文法、修辞、逻辑、算术、几何、天文、音乐。"七艺"课程起源于古希腊，发展于古罗马，到公元四世纪在欧洲普遍流行。到文艺复习时期，"七艺"课程逐渐分化成多门学科。

2. 课程即教学计划

国家、地方、学校和教师都会给学生规定教学内容或教学大纲，而这些内容或大纲是写进计划之中的，这些教学计划也往往被视为课程。各级各类学校的教学计划也就构成了各级各类学校的课程。对各个年级的教学安排也就是各年级的课程。把课程当作教学计

划，指出了课程静态的一面，但课程也有动态的一面，因而将课程理解成教学计划有一定的局限性。

3. 课程即学校组织的学习活动

这种课程观认为，学习是学生主动的行为，学生的学习取决于他自己做了些什么，而不是教师教了些什么。因此，课程的重心应放在学生的行动层面，通过组织学生感兴趣的学习活动来促进学生的个性发展。这种课程观关注到了课程中学习者的积极因素，强调了学习的过程，但容易把研究者的注意力引向表层——活动的形式，导致"为了活动而活动"的情况出现，学生的学习效果也会因此受到一定的影响。

4. 课程即学生获得的学习经验

如果说，将课程视为学习活动强调的是学生的学习过程，那么，将课程视为学习经验，则是强调了学生实际的学习结果。这一课程观涉及课程的实质，即学生通过与环境相互作用所实现的身心发展才是课程。也只有学习经验才是学生实际感受到的课程，毕竟学科、计划乃至活动，都需要落实到学习者自身才具有实际意义。然而，学生实际获得的经验是千差万别的，把握起来并非易事。因此这种课程观也有局限。

关于课程的定义还有很多。很难找到一种普遍的、标准化的课程定义。无论哪一种定义，都是从某一方面去"洞悉"课程，对课程做出某一面的解释。对于我们来说，重要的不是去建立标准化的课程定义，而是通过各种定义来全面了解课程，并理解其实质。

（二）幼儿园课程的定义

幼儿园课程是"课程"的下位概念。以往，社会上存在两种错误倾向：一是不区分幼儿园课程与其他教育阶段的课程，认为幼儿园课程就是小学课程的一种"提前"或"延伸"，于是幼儿园课程小学化现象一度普遍存在；二是不承认幼儿园有课程一说，认为课程是学校的"专有名词"。这两种错误的倾向，都是由于幼儿园课程概念模糊而导致的。其实，幼儿园不仅有课程，而且幼儿园课程有它自身的规律性，不能简单地照搬中小学的课程概念。

关于幼儿园课程的概念，有不少学者给出过定义：

幼儿园课程是什么？就是给三足岁到六足岁的孩子所能够做而且喜欢做的经验的预备。（张雪门）

幼稚园课程者，由广义的说之，乃幼稚生在幼稚园一切之活动也。（张宗麟）

幼儿园应该给儿童一种充分的经验，……应该把儿童能够学习而且应该学习的东西有选择地组织成系统，应该以儿童的两个环境——自然环境和社会环境——为中心组织幼儿园课程。（陈鹤琴）

幼儿园课程是实现幼儿园教育目的的手段，是帮助幼儿获得有益的学习经验、促进其身心全面和谐发展的各种活动的总和。（冯晓霞）

幼儿园课程是为实现幼儿园教育目标，教师充分利用各地各园所拥有的课程资源，帮助幼儿获得有益的学习经验的各种活动的总和。（虞永平）

结合各种定义，可以认为：

（1）不是所有的课程定义都适合幼儿园课程。课程的"活动观"或"经验观"更适合

幼儿园课程的解释。其中,"经验观"突出的是幼儿园课程应让幼儿获得些什么,回答的是幼儿园"教什么"或"学什么"的问题;"活动观"强调的是幼儿园课程应提供一种什么样的学习过程,因而回答的是幼儿园应"怎么教"或"怎么学"的问题。

(2)幼儿园课程是各种活动构成的整体(总和),反映了幼儿园教育要素的整体联系,任何单独的某个活动都不能叫作幼儿园课程。幼儿园课程作为活动,不是让幼儿热热闹闹"走过场",而是以幼儿获得有益于身心发展的经验为导向,因而应赋予幼儿园各种活动以实质性的内容,幼儿园课程正是在这一意义上实现教育的目的性、有机性和组织性。

(3)幼儿园课程是实施学前教育的重要载体,是实现幼儿园教育目标的手段,从这一角度上讲,幼儿园课程对于学前教育本身的意义,就如同学校课程对于学校教育一样重要。

二、幼儿园课程的基本形态

课程形态即课程表现形式,它回答的是课程以什么面目呈现出来的问题。任何课程总有它的表现形式。学校的课程是由一门门的学习科目组成的,以知识为其基本形态,反映在教科书上,就是概念、公式、定律等。那么幼儿园课程的呈现形式是什么呢?

(一)活动

幼儿的身心发展特点和学习方式,决定了他们的学习不可能建立在知识讲解或概念理解的基础上,而是需要通过直接感知、操作、体验等方式去建构自己的认识。因此,幼儿园课程以活动为基本形态,它表明了幼儿在幼儿园做了些什么、正在做些什么以及准备做些什么。

案 例

某幼儿园大班的孩子在某一天中除了吃饭、睡觉、喝水、如厕外,还做了以下事情:观察了饲养的小动物,还各自选择了活动区域,其中有些幼儿看书,有些幼儿搭积木,有些幼儿画画,也有些幼儿做手工。幼儿上午做了课间操,下午还到户外玩了游戏。

如上例所述,幼儿在幼儿园的唱歌、画画、探究、游戏等都是活动,这些活动通常也在幼儿园的一日活动安排表上体现出来。这些活动就是幼儿园课程的形态。

(二)经验

幼儿园课程不能将幼儿需要学的知识、技能直接传授给幼儿,而是要将这些知识、技能等"还原"为经验,让幼儿通过感知、操作、探究、交往来获得。因而,经验也是幼儿园课程的一种形态。例如,幼儿园课程不能直接教给幼儿"溶解"的概念,而是需要将这个概念经验化为"把糖或盐放进水里,一会儿它就不见了"。幼儿园课程的经验形态意味着,幼儿园课程要让幼儿经历直接探索的过程,让他们在行动中学习、感受、发展。

三、幼儿园课程的特性

幼儿园课程的特性是幼儿园课程的独特属性，它既是幼儿园课程内在本质的反映，也是幼儿园课程与其他课程的差别之所在。幼儿园课程的特性是幼儿园教育的性质和幼儿身心发展的规律。

（一）基础性

《幼儿园工作规程》明文规定："幼儿园是对三周岁以上学龄前幼儿实施保育和教育的机构，是基础教育的有机组成部分，是学校教育制度的基础阶段。"这一规定清楚地指出了幼儿园教育的基础性质与地位。幼儿园课程作为幼儿园教育实施的重要部分，自然也具有基础性。从幼儿毕生发展来看，幼儿阶段是人生的奠基阶段，这一阶段为今后的发展打下了坚实的基础。因此，幼儿园课程也需要强调其基础性。

幼儿园课程的基础性要求：为幼儿所提供的必须是那些真正能为他们进入小学及以后的学习与发展打基础，能够影响幼儿长远发展的内容，包括情感态度、基础能力、基本习惯等，而决非那些急功急利的内容，如识字、计算或者某项专门技能的训练。

（二）非义务性

幼儿期不属于义务教育的年龄阶段，幼儿园教育也不属于义务教育的范畴，幼儿园课程也就具有了非义务性。幼儿园课程不是强制性和普遍性的课程，也没有如同中小学课程的那种统一的、标准化的教科书，以及作业、考试的形式及要求。幼儿园课程是灵活多样的，需要教师根据幼儿的实际情况做出因时因地的设计。

（三）适宜发展性

幼儿园课程的适宜发展性是指，一方面，幼儿园课程要适合幼儿身心发展的客观规律与学习特点；另一方面，幼儿园课程要积极促进幼儿的发展，而不是一味迎合、迁就甚至落后于幼儿的发展。幼儿园课程的这一特性，要求从课程各个要素上都体现年龄及个体差异，符合幼儿的学习方式及特点，同时还要有适当的难度，能促进幼儿在"最近发展区"内的发展。例如，为3~4岁幼儿提供涂色活动是适宜的，但到4~5岁后，这种简单的涂色活动肯定是无法满足幼儿需要的，所以要为他们提供更有挑战性的创作活动，激发他们向前发展。

（四）启蒙性

幼儿是人生发展的起始阶段，学前教育的根本宗旨就是帮助幼儿在智力、情感、社会性等方面进行启蒙。因此，幼儿园课程应该也是启蒙性的。实现幼儿园课程的启蒙性，主要是根据幼儿的年龄阶段的发展特征降低课程的难度，使之保持在一个相对合适的水平上，在课程内容选择上尽量选那些便于幼儿理解或者直接探索的内容。例如，蔬菜的营养价值是一个难以理解、也不便于探索的问题，而把这个问题换成"感知蔬菜的多样性与丰富性""尝试动手做凉拌菜""品尝蔬菜"等更能为幼儿所接受。

（五）生活化

幼儿园课程跟幼儿的生活联系紧密，不仅幼儿学习的内容来源于生活，而且需要通过生活的方式来进行，让幼儿在生活中学生活、在交往中学交往、在做人中做人。① 这一特性表明幼儿园课程不像中小学课程一样有课本、课程表、课程作业与考试，幼儿园课程也不是要通过这些途径来表现，而是通过营造良好的生活环境和游戏环境，将课程贯穿于幼儿的一日生活，寓教于乐。

> **案例**
>
> 一段时间以来，某大班幼儿对商品广告有了浓厚的兴趣。班上老师便组织了一次谈话，内容是"我知道的广告"。在谈话中教师提了一个这样的问题："你们是在哪里见到广告的？"启迪幼儿从电视、报刊、房屋外墙、互联网等地方去了解广告。在了解了广告的多样性之后，班级活动室和走廊的墙上多了一些大家最常见的商品标志及其广告。接下来，通过故事、表演游戏和询问成人的方式，幼儿了解了广告对人们生活的深刻影响。最后，幼儿为自己心爱的物品做起了广告，大家相互启发，并在认真倾听、欣赏别人广告的基础上评选出自己最喜欢的广告。

上述案例中，教师围绕广告这一幼儿生活中常见的事物开展一系列的活动。幼儿从中不仅获得了关于广告简单的知识经验，而且掌握了获得知识的几种简单途径与方法，还在人际交往中学习社会行为规范，还初步养成了对生活的积极态度。可见，从生活中来、以生活的方式进行的学习，让幼儿园课程具备了鲜明的生活化的色彩。

第二节　幼儿园教育活动的概念、意义及特点

一、幼儿园教育活动的概念

教育活动是人类社会活动的重要组成部分。教育活动是教育者依据教育目标，对受教育者有目的、有计划、有组织地施加影响，使其发生预期变化的活动。活动是幼儿生存和发展的方式，活动和发展是同一过程中的两种进程，幼儿通过活动才能够获得发展。从广义而言，幼儿园教育活动包括在幼儿园发生的一切活动，如游戏活动、教学活动、生活活动、体育活动及其他活动；从狭义而言，幼儿园教育活动主要有游戏和教学两大类活动。②《幼儿园教育指导纲要（试行）》中明确指出"幼儿园教育活动是有目的、有计划地引导

---

① 冯晓霞. 幼儿园课程 [M]. 北京：北京师范大学出版社，2000：21.
② 朱家雄. 幼儿园教育活动设计与实施 [M]. 北京：高等教育出版社，2012：18.

幼儿生动、活泼、主动活动的、多种形式的教育过程。"它有以下几层含义：

1. 幼儿园教育活动是有目的的活动

幼儿园教育活动是以帮助幼儿获得有益经验、促进其身心全面和谐发展为目的的活动。教师要了解幼儿的兴趣和需要，提供多样化的活动，帮助幼儿在原有的基础上获得发展。

2. 幼儿园教育活动是有计划的活动

幼儿园教育活动要根据幼儿的年龄特点和发展需要，循序渐进地开展。教师要做好活动计划，帮助幼儿在恰当的时机获得合适的经验。

3. 幼儿园教育活动是幼儿生动、活泼、主动活动的多形式教育过程

幼儿园教育活动是师幼双方的互动活动。一方面教师有目的、有计划地选择教育活动内容、创设良好的环境、投放适宜的材料，引导幼儿积极参与幼儿园的教育活动；另一方面，幼儿也是幼儿园教育活动的主体，幼儿通过参与多种形式的教育活动，主动进行探究，大胆交往与表达，从而获得个性的发展。

二、幼儿园教育活动的意义

幼儿园教育活动在整个幼儿园教育过程中意义重大，它是促进幼儿身心全面和谐发展的重要途径，也是实现幼儿园教育目标及实施幼儿园课程的主要手段。幼儿园教育活动的意义如下：

（一）促进幼儿身心全面和谐发展

幼儿园教育活动是促进幼儿身心全面和谐发展的重要途径，对幼儿的发展具有积极的作用。

1. 有利于激发幼儿大脑的潜能，促进幼儿身体健康发展

幼儿的大脑发展迅速。外界环境的刺激能促进幼儿大脑内部形成强大的神经元网络。幼儿园教育活动能为幼儿大脑的发展提供适宜的刺激，帮助幼儿建立刺激与反应之间的联结，有利于激发幼儿大脑的潜能。除此之外，幼儿的身体也会在丰富多彩的教育活动中得到锻炼和发展。

2. 有利于幼儿获取知识、培养能力、形成良好的性格品质

幼儿具有强烈的好奇心和求知欲。幼儿园教育活动通过提供能引起幼儿探索兴趣的事物，给他们充裕的探索时间和空间，因此能满足幼儿对世界的好奇心和求知欲，帮助幼儿在与环境的互动中建构自己的知识，发展他们的各项能力。幼儿园教育活动还有利于幼儿形成良好的性格品质，如乐于交往、合作分享、不怕困难等品质，这些品质都为幼儿将来的美好生活奠定良好的基础。

3. 有利于培养幼儿的美感，促进幼儿审美能力的发展

幼儿能从周围的环境中获得丰富的审美感受。幼儿园教育活动中含有大量美的事物，如形象的教具、优美的语言，也时时刻刻在塑造美的形象，因此，幼儿园教育活动有利于培养幼儿的美感，促进幼儿的审美能力发展。

（二）实现幼儿园教育目标，实施幼儿园课程

幼儿园教育活动是幼儿园教育目标在具体活动中的细化。实现教育活动的目标，就是在实现幼儿园教育目标。如果没有幼儿园教育活动，那么，幼儿园教育目标就会成为"镜中月""雾中花"。所以，幼儿园教育活动是实现幼儿园教育目标的根本途径。

幼儿园课程以活动为其基本形态，也就是说，幼儿园课程主要靠活动来实施。没有幼儿园教育活动，实施幼儿园课程几乎等同于"纸上谈兵"。因此，幼儿园教育活动是幼儿园课程实施的主要途径。

三、幼儿园教育活动的特点

幼儿园教育活动是在幼儿园这一特定的教育机构中进行的，无论是跟其他各级教育活动相比，还是跟幼儿园之外的其他学前教育活动相比，都体现出自身的特点。

（一）目的性和计划性

幼儿园教育活动不是盲目的和随意的，它有明确的目的和清晰的计划。幼儿身心发展规律和学习特点是影响幼儿园教育活动目标和计划的重要因素。因此，幼儿园的教育活动都应该基于幼儿已有的经验来进行计划和安排，帮助幼儿在已有经验的基础之上获得更高水平的发展。

（二）生活性和启蒙性

生活性主要体现在幼儿园教育活动的内容上应该贴近幼儿生活，与幼儿的生活世界趋同。幼儿园教育活动应渗透在幼儿的一日活动之中，幼儿园的环境和生活情境都是教育活动的载体。

幼儿有着自己的年龄特点和学习特点，因此幼儿园教育活动为幼儿提供与其发展水平相适应的初步的、浅显的知识经验，帮助幼儿获得基本的启蒙知识，为幼儿将来的发展奠定基础。

（三）趣味性和游戏性

趣味性主要表现在对教育活动的内容选择、活动形式以及活动材料投放上。幼儿园教育活动的内容应生动有趣，迎合幼儿的天性，激发幼儿的探究，促进幼儿的发展。活动形式应生动、活泼，能吸引幼儿参与。活动材料多种多样，能满足幼儿的好奇心，并且能引发幼儿的想象思维。

游戏是幼儿学习的主要方式，也是幼儿生活的重要组成部分。幼儿园教育活动采用游戏的形式，能让幼儿感到教育活动好玩，享受轻松的学习过程。

（四）活动性和直接经验性

幼儿园的教育主要是通过活动的形式来开展的，寓教育于各项活动之中。幼儿在活动中与环境互动，建构自己的认知经验，在动态的活动中获得发展。

幼儿的思维具有具体形象性。因此，幼儿园教育活动必须借助具体的形象和实物来帮助幼儿思考。幼儿通过对实物的直接感知，加深自己对问题的认知，获得直接经验。比如

"系鞋带"这一教育活动，教师可以借助鞋子这一实物来帮助幼儿认识鞋及鞋带，通过练习系鞋带来掌握系鞋带的方法。幼儿的学习以直接经验为基础，因此幼儿园教育活动要为幼儿提供丰富的操作材料，创设环境，最大限度地满足幼儿直接感知、实际操作和亲身体验的需要。

（五）广泛性和整合性

广泛性主要体现在幼儿园教育活动内容应包括幼儿学习的多个领域及生活的诸多方面。幼儿园教育活动可以相对划分为语言、健康、社会、科学、艺术五个领域，每个活动领域都应包含发展幼儿认知、动作技能和情感态度等方面的学习内容。

幼儿园教育活动本身是一个整体性的概念，组成幼儿园教育活动的各个因素之间相互影响、相互联系。幼儿园教育活动是面向全体幼儿，目标旨在促进幼儿德、智、体、美全面发展。而且教育内容的范畴划分是相对的，幼儿的学习是综合的、整体的。这就需要幼儿园教育活动整合各个不同领域的内容，通过真实而有意义的活动促进幼儿获得整体性经验，帮助其身心得到和谐全面的发展。

第三节 幼儿园教育活动的设计与实施

设计，即设想、计划、预谋、策划。《现代汉语词典》对"设计"一词解释为："在正式做某项工作之前，根据一定的目的要求，预先制定方法、图样等。"

幼儿园教育活动设计是根据幼儿身心发展规律和学习特点，以及一定的教育理念，在了解和掌握幼儿的现有发展水平的基础上，选择和确定每一个具体活动的目标、选择并组织活动内容的过程。幼儿园教育活动设计通常被理解成制定教育活动方案的过程。一个具体的教育活动方案包括活动目标、活动准备、活动过程及活动延伸等方面的内容。活动方案要具体、明确、可操作，因此要包括幼儿和教师活动的细节。

幼儿园教育活动实施是将设计好的教育活动方案付诸实践的过程，有时候，预先设计好的活动方案跟不上实际的变化，还需要在实施中不断地调适。因此，幼儿园教育活动实施也是教育活动设计的一种延续。

一、幼儿园教育活动目标的确定

幼儿园教育活动目标是指教育活动的组织者期待通过幼儿园教育活动所获得的结果。

（一）幼儿园教育活动目标的意义

目标是幼儿园教育活动的"方向盘"，还是幼儿园教育活动的出发点和落脚点，它为活动内容的选择、组织及活动实施等提供了基本的依据，也为活动效果的评价提供了基本标准。

（二）确定幼儿园教育活动目标的基本依据

1. 幼儿园教育目标

幼儿园教育目标即整个幼儿园教育阶段幼儿保育与教育工作的总目标，它反映了国家

对幼儿这一年龄阶段人才的素质要求。《幼儿园教育指导纲要》《幼儿园工作规程》中对幼儿在体、智、德、美等方面的发展要求，就是幼儿园教育目标。《3~6岁儿童学习与发展指南》对上述幼儿园教育目标进行了分解，提出了各年龄段幼儿在健康、语言、社会、科学、艺术等五个方面的学习与发展的目标和相应的教育建议。

幼儿园教育活动目标是对具体活动效果的预期，是即时性的目标，但它由幼儿园教育目标而来，是对幼儿园教育目标的具体细化，是幼儿园教育目标的最终落实。因此，幼儿园教育活动目标的制定必须要以幼儿园教育目标为依据。

2. 幼儿自身的经验水平、兴趣和需要

教育目标的制定还必须充分尊重幼儿的年龄特点和发展规律，充分考虑幼儿自身的经验水平、兴趣和需要，根据幼儿的实际情况来制定科学合理、有针对性的教育目标，这样才能更好地促进幼儿的发展。幼儿园教育活动目标的制定一定要根据幼儿的实际情况，否则制定出的目标容易超出幼儿的"最近发展区"，造成拔苗助长的现象。同时活动目标的制定也应根据幼儿的不同年龄特点和经验水平体现相应的层次性。

（三）幼儿园教育活动目标表述要素及表述形式

1. 幼儿园教育活动目标的表述要素

1962年，马杰（Mager, R.F.）在其出版的《程序教学目标的编写》一书中指出，一个教育活动目标应包括三个基本要素，即行为、条件、标准。在具体的幼儿园教育活动实践中，"行为"说明幼儿通过教育活动能够做什么，以便教师能观察幼儿的行为，了解目标是否达到。"条件"说明这些行为在这些条件下产生。"标准"则指出了合格行为的最低标准。[①]

小班美术活动"画妈妈"做了以下目标设定：观察妈妈放大的照片，能画出脸的主要部位，如眼睛、鼻子、嘴巴等。我们可以看到这条目标中的行为是画出妈妈的脸，条件是通过观察妈妈的照片，标准是能画出脸的主要部位。其中，行为的表述是目标表述中最基本的成分。表8-1列举的是各学习目标的行为动词。

表8-1 各学习目标行为动词列举

认知学习目标行为动词列举	①知识（对信息的回忆）：列举、说出……的名称、复述、排列、背诵、回忆、选择、描述、辨认、标明 ②领会（用自己的语言解释信息）：分类、叙述、解释、选择、归纳、猜测、举例说明、区别 ③应用（将知识应用到新情境）：运用、计算、示范、说明、解释、解答、改变 ④分析（将知识分解，找出各部分之间的联系）：图示、指出、创编、设计、提出、归纳、总结 ⑤评价（根据一定的标准进行判断）：比较、评定、判断、证明、说出……的价值

---

① 黄瑾. 幼儿园教育活动设计与指导［M］. 上海：华东师范大学出版社，2007：49.

续表

情感学习目标行为动词例举	①接受和注意（愿意注意某事件或活动）：知道、注意、接受、赞同、选择 ②反映（乐意注意某事件或活动）：陈述、回答、列举、遵守、完成、听从、承认、参加、完成 ③评价（对现象或行为做出价值判断，表示接受）：区别、判别、支持、评价、判断、比较 ④组织（将不同的价值标准组成一个体系，并确定它们之间的相互关系）：讨论、确定 ⑤价值或价值体系个别化（具有个别化的价值体系，以指导自己的行为）：相信、拒绝、改变、判断
动作技能学习目标行为动词例举	①知觉能力（根据环境刺激做出调节）：旋转、接住、移动、踢、保持平衡 ②体能（基本素质的提高）：有耐力、反应敏捷 ③技能动作（进行复杂的动作）：演奏、使用、操作 ④有益的沟通（传递情感的动作）：用动作表达感情，改变面部表情

2. 幼儿园教育目标的表述形式

从教育活动的主体看，幼儿园教育活动目标要求表述的是幼儿行为，即从幼儿的角度描述幼儿的行为变化。由于对幼儿学习有不同的取向，所以具体描述幼儿的学习变化又包括行为目标、生成性目标、表现性目标三种形式。

行为目标是以幼儿具体的、可被观察的行为表述的活动目标，它指向的是实施教育活动以后在幼儿身上所发生的行为变化，关注的是可以观察到的行为结果，具有客观性、可操作性。如美术教育活动"欣赏京剧脸谱"的目标："能够说出京剧脸谱的颜色、样式、表情"。

生成性目标是在教育活动过程中随着教育过程的展开而自然生成的目标，关注的是行为变化的过程，又称过程目标、展开性目标。如"即兴创编舞蹈动作，有感情地表达"。生成性目标强调的是幼儿学习过程中各种能力和学习兴趣的培养，而不是特定的行为结果。

表现性目标是指每一个幼儿在参与活动后得到的各不相同的结果。因此，它不预先规定幼儿的行为变化，如语言活动目标"清楚连贯地表达自己眼中的春天"。表现性目标强调幼儿主体性的发挥，重视幼儿反应的多元化和个性化，目标指向的是培养幼儿的创造性。

这3种教育活动目标的表述形式并不是相互对立的，而是可以相互结合的。教师可以根据具体需要确定教育活动目标的表述形式，但同时要符合教育活动目标表述的要求。

（四）幼儿园教育活动目标制定与表述的要求

1. 目标应具体、明确，具有可操作性

幼儿园教育活动目标必须具体、明确，具有可操作性，这样才能清晰地"告诉"教师要怎样组织教育活动，有利于对照目标有针对性地对教育活动进行评价。

如中班体育活动《小小救护员》的目标"通过活动增强体质，培养热爱和平的感情"，

这样的目标就太过笼统，对任何一个体育活动来说都适用。"增强幼儿哪方面的体质，利用何种方法增强体质"等在目标中都未体现。不妨将活动目标做如下调整：

目标1"在制作担架的过程中，发展小肌肉的协调能力，提高负重奔跑能力"。

目标2"观看有关战争的影片和模拟战争的场景，萌生热爱和平的情感"。

这样修改后的目标更具指向性，方便教师操作和评价。

2. 以幼儿为行为主体表述目标

美国课程专家布鲁姆认为："教师所期望的学生的变化便是教学目标或教学目的"。也就是说，幼儿是教育活动的主体，因此，教师应该将幼儿学习的结果视为教育活动目标，即目标应从幼儿的角度进行表述，指出幼儿在学习之后应该知道和能够做到的行为表现。有的教师在制定教育活动目标时，没有从幼儿的角度统一描述目标，造成表述主体混乱。如中班绘画活动《小鸡和鸡妈妈》的活动目标："感受小鸡和鸡妈妈的温馨，培养孩子对父母的亲情；发展幼儿的观察力和想象力；画出小鸡的各种动态。"教师需要注意避免出现这种情况。

以前我们只是强调要从统一的角度来表述目标，既可从教师角度，又可从幼儿角度，但是现在我们更多的是要关注幼儿的"发展"，而不是关注教师的"教"。以幼儿为行为主体表述目标，这是一种观念上的变化。

3. 目标应体现年龄的适切性和发展性

幼儿园教育活动的目标应根据不同年龄段幼儿的身心发展特点来制定，贴近幼儿的生活，符合幼儿的发展水平。

如小班美术活动"美丽的鲜花"的活动目标"学画各种形状的小花，提高对花的认识和理解"。这条目标没有体现小班幼儿的年龄特点，没有指出适合小班幼儿的绘画形式，而且在一次活动中也做不到认识并画出所有（各种）形状的花。因此，可以将此目标修改为"能感知几种常见花的不同颜色、形状，尝试用手指或棉签画出自己所喜爱的花"。

发展性是指幼儿园教育活动目标应基于幼儿的原有经验，结合幼儿的兴趣、需要及学习特点，提出富有挑战性的学习任务。如"愿意尝试用车轮滚出不同颜色的画"这一目标包含着幼儿的已有经验——玩滚汽车的游戏，和在原有经验基础上的发展——车轮滚画，体现了目标的发展性要求。

二、幼儿园教育活动内容的选择与组织

幼儿园教育活动内容是指为实现教育目标，要求幼儿学习、获得的知识、技能和行为经验及价值观念的总和。适当地选择与组织幼儿园教育活动内容，既是实现教育活动目标的保证，又是教育活动实施的前提条件，还是二者紧密联系的纽带。

（一）幼儿园教育活动内容的选择

1. 幼儿园教育活动内容选择的内涵

幼儿园教育活动内容选择指为满足幼儿学习与发展的需要，教师依据一定的选择标准或要求对幼儿园教育活动内容加以筛选的过程。《幼儿园教育指导纲要》第三部分"组织

第八章 幼儿园课程与教育活动

与实施"明确规定:"教育活动内容的选择既要适合幼儿现有水平,又要有一定的挑战性;既要符合幼儿的现实需要,又要有利于其长远发展;既要贴近幼儿生活来选择幼儿感兴趣的事物和问题,又要有助于拓展幼儿的经验和视野。"这是对幼儿园教育活动内容选择提出的方向性的要求。

2. 幼儿园教育活动内容选择的具体要求

(1)根据幼儿园教育活动目标选择内容。

幼儿园教育活动内容的选择应以教育目标为依据,为目标服务。这表明,教育活动内容的选择既不能随意而为,又不能让所选内容的难度过高或过低。过高意味着超出目标中所指向的幼儿发展水平,幼儿难以学会;过低则意味着没有挑战性,对幼儿难以构成发展支持。当然教育内容与目标也并非是一一对应的关系,一项活动目标往往可以对应多项教育活动内容,而一项教育活动内容也可以实现多项目标。例如,发展合作能力,可以让幼儿一起完成"搬粮食"的任务,还可以一起搭建"游乐场"等,而剪窗花,既可以让幼儿获得美工技能,发展动手能力,增进幼儿的审美能力,还可以促进幼儿手眼协调及空间知觉能力的发展。这就需要教师在实现教育活动目标的大前提下,依据幼儿兴趣需要和现实条件,对幼儿园教育活动内容灵活地加以选择。

(2)贴近幼儿的生活,尊重幼儿的兴趣。

《幼儿园教育指导纲要》明确指出教育活动"要贴近幼儿的生活来选择幼儿感兴趣的事物和问题,有助于拓展幼儿的经验和视野""要寓教育于生活、游戏之中"。幼儿园教育活动的内容只有面向幼儿的生活,选择有价值的生活内容,幼儿才会积极主动地投入活动中去。对幼儿来说,最有效的学习内容就是他们所感兴趣的、可以直接感知的内容。这样的内容才能更好地与幼儿的已有经验相结合,更好地促进幼儿发展。例如,幼儿几乎每天都要乘坐汽车,教育可以选择"认识马路上的车辆""未来的汽车""红灯停,绿灯行"等既贴近幼儿的生活,又令他们感兴趣的活动内容。

(3)统筹幼儿园的环境与资源条件。

环境和资源对于幼儿园教育活动的开展具有不可或缺的作用,它们关系到活动能否顺利进行,进而影响到幼儿园整个教育计划能否得到执行。环境与资源的利用在幼儿园教育活动的设计过程中显得极为重要。因此,幼儿园教育活动内容的选择也需要将幼儿园环境与资源因素考虑进来,教师要根据已有的资源来选择内容,充分利用环境和资源设计教育活动,否则再好的活动方案恐怕因失去资源的依托而成为"空中楼阁"。

例如,语言领域的"认识春天"活动。首先,幼儿园可以根据季节创设有关春天的教育活动环境,让幼儿在环境中潜移默化地感受春天的美丽。其次,教师可以充分调动家长和地理环境资源,让幼儿更加直观地感受春天的特征。同时,教师可以号召家长在周末带着幼儿去当地的公园或者旅游景点去寻找春天的"足迹",或者由幼儿园组织一次到附近风景区的亲子春游活动。最后,教师可以组织一次谈话活动,让幼儿自由地说一说自己眼中的春天。

(二)幼儿园教育活动内容的组织

1. 幼儿园教育活动内容的组织内涵

想要使幼儿园的教育活动更好地促进幼儿新旧经验之间的联结,以便更好地促进幼儿的发展，就必须要考虑幼儿园教育活动内容组织的问题。

幼儿园教育活动内容的组织即创设良好的幼儿园教育活动环境，使幼儿园教育活动内容兴趣化、结构化、有序化，以产生适宜的学习经验和优化的教育效果，从而实现教育目标的过程。

2. 幼儿园教育活动内容的组织形式

幼儿园教育活动内容的组织形式多样，教师在实践中要根据实际情况灵活运用。通常按照结构化程度由高到低有：学科领域活动、单元主题活动、方案教学、区域活动等。一般来说，学科领域活动是围绕学科中心，主要以集体教学的形式进行，但也贯穿着小组和个人的活动；单元主题活动则是围绕某一个活动内容，以主题的形式开展，让幼儿获得与主题相关的活动经验，而主题活动一般是教师引导下的幼儿集体或小组活动；方案教学则是源自瑞吉欧教育体系，在事先确立的"蓝图"下，强调依据幼儿的兴趣不断生成新的内容和方向，主要以小组活动的形式展开；区域活动是幼儿自主、自选的活动，一般以小组或个人形式进行。

3. 幼儿园教育活动内容的组织要求

（1）注重教育内容的逻辑联系。

教育活动内容的组织应该是有序的，注重教育内容的逻辑联系的。根据幼儿认知和学习的特点，一般是按照由浅入深、由易到难、由近及远、由简单到复杂、由已知到未知、由具体到抽象等逻辑顺序来组织编排幼儿园各领域教育内容的。同时，又要注重后续的学习内容与已有经验的联系，将前一项活动内容变成后一项活动内容的基础。

（2）尊重幼儿的年龄特点及兴趣。

俗话说："兴趣是最好的老师。"幼儿园教育活动内容的组织也必须尊重幼儿的年龄特点和兴趣需要，由幼儿感兴趣的内容着手，并采取情境化、游戏化的组织方式，引发幼儿对已选内容的兴趣。例如，学习下蹲步走路，教师将动作练习变为"小企鹅在走路"，比单一的练习更能达到效果。

三、幼儿园教育活动的实施

（一）幼儿园教育活动实施的内涵

幼儿园教育活动实施是教师组织真实的情境，帮助幼儿学习经过教师预先选择并组织的教育内容的过程。简单来说，幼儿园教育活动实施就是将教育活动方案付诸教育实践的过程，综合考虑教育的各个要素、条件，结合幼儿园的各项资源条件，灵活采取适宜的形式，最大限度地促进幼儿的全面发展。

幼儿园教育活动的实施是实现预期教育活动目标的基本途径，也是幼儿园教育活动设计中的核心环节。幼儿园教育活动实施是包括师幼互动在内的教育过程的真实展现，最能充分反映幼儿学习与发展的实质，在幼儿园教育的整个体系中占有举足轻重的地位。

（二）幼儿园教育活动实施的形式

幼儿园教育活动主要是通过集体活动、小组活动、个别活动三种组织实施形式进行。

这 3 种活动形式各有优缺点，我们需要根据具体的教育实践来选择适宜的实施形式。

1. 集体活动

集体活动是全班一起进行的活动形式。其特点是全班幼儿在同一时间内做基本相同的事情，在教师的组织和直接指导下进行活动。当把这种组织形式运用于教学时就是集体教学。

集体活动的最大优点是效率高（当然这也是有条件的），也有利于培养幼儿的集体感和纪律感。但幼儿人数多，个体差异大，难以照顾每个幼儿的需要，加上幼儿的学习往往需要多种感官参与，也需要较多地交流和感情支持，集体活动难以满足。因此，集体活动的形式有一定的适用范围。教师应当根据教学目标、内容和幼儿学习该内容的特点来确定。

2. 小组活动

小组活动，有时也称为分组活动，是指部分幼儿一起进行的活动形式。这种活动既可以是教师有计划安排的活动，又可以是教师组织指导的活动，也可以是幼儿自发的活动。小组活动的最大特点是为幼儿提供与同伴交谈、讨论、合作和分享经验的机会，同时更容易让幼儿积极主动地操作材料，按自己的速度和方式去做所要求做的事情。

3. 个别活动

个别活动既指教师针对某个幼儿的情况而开展的个别教育活动，也指幼儿利用教师创设的环境而进行的自我学习活动。这种活动形式可以满足幼儿的个人需要和兴趣。个别教育的方法是多种多样的，教师要善于利用各种教育环境，潜移默化地施加教育影响，达到教育目的，促进幼儿的个性发展。

在幼儿园教育实践中，集体活动、小组活动和个别活动都是不可或缺的实施形式。教师要灵活运用，以达到更好的教育效果。

（三）幼儿园教育活动实施的要求

1. 教师指导与幼儿操作相结合

幼儿园教育活动的实施过程既离不开教师的指导，又必须尊重幼儿的主体地位。

一方面，幼儿园的各类活动，不管是教学活动，还是生活活动或游戏活动，都不能忽视教师的指导作用。教师的指导并不是直接告知或包办代替，而是以幼儿为主体，教师辅助其自主解决问题。教师对幼儿的指导通常包括知识上的指导、技术上的指导、兴趣上的指导、习惯上的指导和态度上的指导等。[①] 例如，教师帮助幼儿总结出像可乐瓶、报纸这种可以利用的垃圾叫作"可回收垃圾"。这是教师的知识指导。教师及时肯定幼儿的努力和进步，设法维持幼儿的兴趣，培养幼儿良好的取物、放物习惯，这些都是教师在活动中的指导行为。

另一方面，在活动实施中也要强调幼儿的主动操作。幼儿是活动的主人，教师应该为幼儿提供充分活动的机会与环境条件，让幼儿在感知、体验、操作、交往中积极建构自己的活动经验。例如，在认识"沉浮"的活动中，教师应为幼儿提供各种各样的物品，让幼儿亲自操作探索，获得有关沉浮的直接经验。幼儿在自己的操作中获得的经验，往往比教师直接讲述更易被幼儿所吸收。

---

① 张雪门. 张雪门幼儿教育文集［M］. 北京：北京少年儿童出版社，1994：86.

2. 计划性与灵活性相结合

幼儿园教育活动的实施并不是对教育活动计划的原样照搬，而是需要根据活动开展的实际情况对预设的活动过程进行相应的调整，以便活动取得更好的效果。为此，教师要善于洞察教育情境、把握幼儿的活动状态、及时调配活动资源，不失时机地为幼儿提供必要的支持、鼓励和帮助。

例如，某教师带领幼儿来到种植区旁准备进行体育活动。刚到达种植区，幼儿发现枫树的叶子变红了。大家的目光都一起转向种植区的枫树，想着枫叶为什么变红，忘记自己是来干什么的了。在这种情况下，教师该怎么做呢？是放弃当下的体育活动带领幼儿去观察枫树叶子，还是阻止幼儿的讨论，要求幼儿继续开展体育活动？案例中的这位教师是这样做的：他向幼儿简单地解释了"枫叶为什么变红"，在解决幼儿的困惑之后，继续开展自己的体育活动。显然，这位教师的做法就很好地遵从了计划性与灵活性相结合的要求，既完成了自己的活动计划，又尊重了幼儿的兴趣需要，把握住了活动中的教育契机。

3. 专门性与渗透性相结合

所谓专门性的幼儿园教育活动实施，是指教师有目的、有计划、有组织地开展某一领域或某一类型的教育活动。渗透性的幼儿园教育活动实施是将某一领域内容学习渗透到环境、生活或其他领域的教育活动中。这两种实施是相互结合、彼此联系的。例如，某班幼儿都特别喜欢吃糖果，教师由此设计并组织了专门性的教育活动"糖果宝宝"，帮助幼儿认识各种各样的糖果，初步懂得一些保护牙齿的方法，乐意与同伴分享糖果。之后，教师在生活环节中组织个别谈话，让幼儿谈谈自己喜欢吃的糖果，还可以在餐后欣赏有关糖果的动画片。除此之外，幼儿在户外活动时可以玩体育游戏"糖果包"，或者区域活动时进行"糖果商店"的角色游戏扮演。这样的做法就很好地将一些知识渗透到幼儿的日常活动的中，体现了专门性和渗透性的结合。

第四节 幼儿园教育活动的基本类型

幼儿园教育活动类型多样，根据不同的维度有不同的分类。本节主要介绍生活活动、游戏活动、教学活动、区域活动这4种典型教育活动的设计与指导，并简要地介绍一下幼儿园的其他活动。

一、生活活动

（一）幼儿园生活活动的内涵

生活活动是指幼儿园一日生活中满足幼儿吃、喝、拉、撒、睡等基本生活需要的活动，具体包括入园、进餐、盥洗、喝水、午睡、如厕、离园等环节的活动。由于幼儿年龄小，生活自理能力不强，幼儿在园时需要教师和保育员的悉心照料和帮助。同时根据幼儿园的教育目标，教师应帮助幼儿养成良好的饮食、睡眠、盥洗、排泄等生活习惯，不断提高幼儿的生活自理能力。幼儿的身心发展特点和幼儿园教育的目标决定了生活活动是幼儿园课程的重要组成部分，这也是幼儿园课程与其他学段课程的重要区别之一。

（二）幼儿园生活活动的意义

1. 满足幼儿的生理需要，促进幼儿身体的健康发展

幼儿期是幼儿生长发育迅速、新陈代谢极为旺盛的时期，因此对这一时期幼儿的生活活动提出了特别的要求。幼儿年龄小，生活自理能力差，尚不能独立完成吃、喝、拉、撒、睡等事情，需要得到教师和保育员的悉心照料和耐心指导。生活活动就是幼儿在教师和保育员的指导下，满足自己基本生理需求的专门活动。生活活动可以促进幼儿身体的健康发展。

2. 提高幼儿基本的生活自理能力，帮助幼儿养成良好的生活、卫生习惯

"在生活中学习生活"这一生活教育理念告诉我们：生活能力与习惯的培养必须在生活中进行。在生活活动中，教师和保育员在悉心照料幼儿的同时，也会向幼儿提出一些他们力所能及的要求，并教给幼儿一些基本的生活技能，帮助幼儿提高生活自理能力，养成良好的生活、卫生习惯。

3. 促进幼儿在语言、社会、科学、艺术等方面的发展

生活活动具有促进幼儿在语言、社会、科学、艺术等方面发展的功能。例如，语言方面，在生活活动中，幼儿需要注意倾听他人讲话，做出正确的回应；逐渐掌握一些文明的语言，如与别人讲话时，眼睛看着别人，不大声喧哗，不讲脏话等；而一些基本的生活技能是幼儿通过儿歌来学习的，这样可以帮助幼儿掌握一定的词汇，并学会语言表达；再如社会方面，幼儿在生活活动中必须轮流如厕、排队洗手等，并掌握一定的社会交往技能；科学方面，幼儿在冬季脱衣服的过程中可以了解静电现象；艺术方面，幼儿入园时播放的音乐，将生活技能编成歌曲，在生活环节中边唱歌边活动等。这些做法都有助于在生活中提升幼儿的艺术素养。

4. 帮助教师了解幼儿的需要和兴趣，为设计适宜的教学活动和区域活动奠定基础

生活活动为幼儿提供了自由交往的机会，幼儿在生活活动中可以进行相互间的情感和经验的交流。通过观察日常生活活动中幼儿的行为表现，教师可以了解幼儿的生活需要和兴趣，为设计适宜的教学活动和区域活动提供灵感。比如在进餐过程中，一些幼儿发现某位幼儿的牙齿变黑了，教师可以顺着幼儿的兴趣开展保护牙齿的教育活动。再如秋天到了，幼儿园里遍地是落叶，幼儿捡起了一片又一片的落叶，教师就可以围绕落叶开展一系列的教育活动，如用落叶作画、探究叶子为什么会落等。

（三）幼儿园生活活动的特点

幼儿园生活活动占据了幼儿在园的大部分时间，这一活动有着自身鲜明的特点。

1. 重复性

幼儿每天在幼儿园的生活都要经历入园、进餐、盥洗、喝水、午睡、如厕、离园这几个环节。这是幼儿园生活活动区别于其他活动的特点。教师要根据幼儿的特点在这些重复的环节中加入一些新鲜的元素，丰富幼儿的生活，满足幼儿多方面的发展需要。如教师可

以在离园环节前适当加入礼仪儿歌的学习，让生活活动的各个环节自然过渡；教师也可以把生活活动当成某一领域教育活动的延伸，这样可以让幼儿在重复的环节中，更充分地体验活动的快乐。

2. 基础性

生活活动具有基础性。从幼儿需求的角度来看，幼儿的生活活动是维持幼儿生存最基本、最强烈的生理需求。如果这些需求得不到满足，幼儿的生存就会出现问题。而且一日生活的各个环节也是在为幼儿的教学活动、游戏活动等做身体方面的准备，幼儿满足基本的生理需求之后才能满足更高层次的需求。

3. 教育隐蔽性

生活活动虽然不是专门的教学活动，但蕴含着丰富的教育价值，换句话说就是一日生活皆课程。生活活动对幼儿的影响是模糊的、潜在的、不易被察觉的，但却是实实在在的。比如说，幼儿入园时的心情，会影响其一整天的心境和活动状态。再比如，幼儿进餐的环节也蕴含着促进幼儿生活自理能力、小肌肉动作发展、独立性等多方面发展的机会，但是这些教育契机需要教师及时去捕捉。隐性的教育往往更易被幼儿所接受。

（四）幼儿一日生活各环节的设计与组织

幼儿在园一日生活的环节包括入园、进餐、盥洗、饮水、午睡、如厕、离园等。对各环节的精心设计与科学组织，是生活活动实现其教育价值的前提。下面，我们简要地介绍一下这几个环节的设计与组织。

1. 入园活动

入园是幼儿在园一日生活的开始。入园活动通常包含晨检、晨间接待和晨间活动。

晨检的内容包括"一摸、二看、三问、四查"。晨检主要是由幼儿园保健医生进行。在晨检时，应注意以下几点：仔细了解幼儿当天的健康状况；做好身体不适幼儿的用药登记；请家长协助检查幼儿的衣服口袋，避免将危险物品带入幼儿园。晨间接待时，教师站在班级门口迎接每一位幼儿的到来，指导幼儿礼貌地同老师和其他幼儿打招呼，向家长说再见；对情绪不高的幼儿要注意安抚他们的情绪，抓住机会跟家长沟通等。晨间活动的安排则可以根据每月或每周的教育计划，开展一些简单的体育锻炼活动或者区域活动。

2. 进餐活动

进餐环节包括餐前准备、进餐过程和餐后整理三个流程。幼儿园进餐环节的主要实施者是教师和保育员，炊事人员、保健人员是幼儿进餐活动的间接影响者。

餐前准备阶段，教师要组织幼儿有序洗手，指导中、大班的幼儿分发餐具，讲述简短的餐前故事，激发幼儿的进餐欲望。进餐过程中，教师要综合考虑幼儿平时的进食量、平时的活动量及身体状况等因素，为幼儿盛适量的饭；遵循"少盛勤添"的原则，让幼儿轻松吃完饭菜。在进餐时，教师应指导幼儿学会正确使用筷子和勺子，不喂饭；引导幼儿养成细嚼慢咽和不挑食的习惯；帮助幼儿掌握一些就餐礼仪，知道吃饭时不能大声喧哗，要安静就餐。进餐结束后，教师要指导幼儿将剩余食物倒入残渣桶，将餐具送到指定位置，养成饭后漱口洗手的好习惯。根据天气和场所条件，可以适当组织幼儿进行餐后散步活动。

3. 盥洗活动

对幼儿进行盥洗方法和盥洗习惯的教育，是幼儿园教育的重要内容。盥洗活动主要包括洗手、漱口、洗脸等。幼儿园的盥洗活动主要可以借助以下五种方法进行：

第一，教师通过动作示范和口头讲解，教给幼儿正确的洗手、漱口和洗脸的方法；

第二，通过儿歌、歌曲等形式帮助幼儿牢记正确洗手、漱口和洗脸的方法；

第三，可以在洗手池墙壁的适宜高度粘贴正确盥洗的步骤图，提醒幼儿如何正确洗手、漱口和洗脸；

第四，可以通过动画片、故事等形式，帮助幼儿了解盥洗与自身健康的关系；

第五，对幼儿提出与年龄相适应的盥洗要求，对个别幼儿进行单独指导。

图 8-1 为六步洗手法。

1.掌心对掌心搓揉

2.手指交错，掌心对手背搓擦

3.手指交错，掌心对掌心搓擦

4.两手互握互搓指背

5.拇指在掌中转动搓擦

6.指尖在掌心中搓擦

图 8-1　六步洗手法

4. 饮水活动

水是生命之源。幼儿每天的饮水量是否适宜，直接关系到幼儿身体是否能够正常发育和健康成长。培养幼儿科学喝水、主动饮水的好习惯是幼儿园教育的重要内容。

教师要通过饮水环节，帮助幼儿理解科学喝水与身体健康的关系，掌握科学喝水的要求，鼓励幼儿多喝白开水；将定时喝水和自主喝水相结合，帮助幼儿养成良好的饮水习惯，如学会有序排队，正确使用杯子喝水；同时也要帮助幼儿养成节约用水的习惯。

5. 午睡活动

午睡是幼儿在园一日生活中非常重要的环节。午睡有三个方面的意义：第一，午睡有利于幼儿的身体得到休息，促进幼儿生长发育；第二，午睡的质量直接影响幼儿下午活动的精神状态和活动质量；第三，幼儿在园独立午睡，有利于提高幼儿的生活自理能力。

午睡活动包括午睡前、午睡中、起床三个部分。午睡前，教师可安排幼儿散步、如厕，让幼儿情绪安定下来再午睡；指导幼儿脱好鞋子、外套，盖好被子；帮助幼儿养成正确的睡姿；午睡中，教师要及时巡视，观察幼儿的睡眠状态，避免发生午睡事故；针对入睡困难的幼儿，教师要加以指导和纠正；起床时，教师要用温和的语气叫醒幼儿，指导幼儿正确穿衣、穿鞋；帮助幼儿循序渐进地提高生活自理能力。

6. 如厕活动

如厕可以满足幼儿正常的生理排泄需要。教师要通过幼儿的如厕活动，让幼儿了解正确的如厕行为，知道便后冲水并洗手，养成良好的如厕习惯；帮助幼儿提高生活自理能力，掌握脱、提裤子，擦屁股等基本如厕技能；知道要安静有序地如厕，不推不挤。

教师指导幼儿如厕时，要保持一种积极的心态，要有耐心、不嫌脏、不呵斥幼儿，尤其是对小班幼儿。如果此时教师的态度不好，会使他们产生恐惧心理，从而拒绝如厕，这极不利于幼儿的健康。曾经有幼儿因不敢上厕所而将大便憋在裤子里的情况发生，教师需要引以为戒。

7. 离园活动

离园活动是幼儿离园前教师组织的各种活动。对家长而言，从幼儿离园时的表现可以了解幼儿在园生活的质量，因此教师不可忽视离园环节的组织。

离园前，教师可以为幼儿安排一些自主性强、形式多样、时间可长可短的活动，如区域活动、游戏活动、整理活动等。同时，教师也要充分利用离园环节，与家长及时沟通幼儿在园情况，做好家园共育。

二、游戏活动

游戏是幼儿的基本活动，是幼儿园课程实施的基本途径，也是幼儿园教育活动组织的基本形式，对幼儿的发展具有十分重要的作用。

（一）幼儿园游戏活动的内涵

游戏是什么？古今中外，不同的学者对这一问题有不同的看法，尚未有一个统一的结论。在我国，"游戏"一词与"嬉戏""玩耍"极为相似，最早出现在战国时期的历史文献中。在英文中，游戏一词有"play"和"game"两词，主要贴近play，因为game主要指有规则的游戏。不同的学者对游戏给出了不同的定义。对于"游戏"较为经典的定义有：以席勒和斯宾塞为代表的精力过剩说，以格罗斯为代表的生活预备说，以博伊千介克为代表的成熟说，以拉扎鲁斯和柏屈克为代表的放松说，以霍尔为代表的复演说。

幼儿园游戏活动是幼儿园教育活动类型之一，是指在幼儿园特定的时空条件下幼儿自愿参加的一种趣味性活动，包括自主性游戏活动和教学性游戏活动。前者是幼儿自己发动、自己选择游戏材料、自己决定游戏主题和游戏起止时间的低结构性游戏活动，充分体现了幼儿的兴趣和自主性，如幼儿在户外和区域活动的游戏。而后者则是带有一定学习目的的、由教师精心设计并组织的游戏活动，如体育游戏、音乐游戏等。在理解幼儿园游戏活动时，我们需要将教师组织的教学性游戏一并考虑进来，但教师精心组织的游戏活动并不意味着教师在游戏活动中操控幼儿，从而使幼儿被迫地成为游戏的执行者，而是让幼儿的游戏活动更具指向性。

（二）幼儿园游戏活动的意义

1. 促进幼儿认知的发展

游戏活动对幼儿的认知发展具有重要作用。其主要体现在两方面：一是游戏活动可以

第八章 幼儿园课程与教育活动

使幼儿积累丰富的经验；二是游戏活动可以促进幼儿各种能力的发展，如专注力、语言能力、创造力和解决问题的能力。

在游戏中，幼儿与材料和人发生着多种形式的互动，建构着自己的关于物质世界和社会的各种经验。如幼儿在体育游戏中练习跨越障碍前进，就是幼儿在与活动中的各种障碍物互动，慢慢地去掌握穿越障碍需要的主要方法。

游戏更容易激发幼儿的兴趣。一个普通的活动用游戏的方式比直接的任务形式更能吸引幼儿较长时间的注意。因此，游戏能促进幼儿各种能力的发展。在游戏活动中，幼儿与同伴的互动交流能很好地锻炼其语言表达能力；想象创造游戏的过程其实也是幼儿思维发散的过程；幼儿在游戏中遇到问题和同伴共同解决，不断地想办法，其解决问题的能力便得到了提升。

2. 促进幼儿身体的发展

游戏活动促进幼儿身体的发展主要是表现在三个方面：促进幼儿身体的生长发育，促进幼儿动作技能的发展，促进幼儿大脑的发展。

幼儿期，孩子生长发育迅速、新陈代谢很快。户外体育游戏为幼儿的生长发育提供了良好的便利条件。幼儿在游戏活动中可以锻炼大、小肌肉动作，掌握走、跑、跳、爬等运动技能。游戏还能促进幼儿思维的发展，对其大脑的发育也是十分有利的。

3. 促进幼儿社会性的发展

游戏活动促进幼儿社会性的发展，主要表现在促进幼儿社会交往能力的发展、促进幼儿独立性的发展、锻炼幼儿的意志品质等方面。

游戏活动可以是幼儿独自进行，但更多的时候离不开同伴的支持。幼儿在游戏活动中需要学习如何表达自己的意愿以及要如何做才能够被同伴接纳。如有时为了融入别的伙伴的活动中，幼儿需要约束自己的某些行为，有时需要听取小伙伴们不同的意见，有时还需要共同协作来解决游戏中遇到的问题等。经过这一系列的游戏交往活动，其社会交往能力自然而然地得到了提升。

游戏活动是幼儿自主的活动。幼儿在游戏活动中需要自己选择游戏的类型和材料，自己决定游戏的进程和时间，因此，游戏能让幼儿学会独立。幼儿在游戏活动中除了寻求别人的合作帮助外，还必须独立思考问题。幼儿自己在思考应对问题的方法、克服困难迎接挑战时，其意志品质也得到了很好的锻炼。

（三）幼儿园游戏活动的主要特点

1. 象征性

象征性是指幼儿在游戏活动中，通过"假装"再现自己心目中的现实，把想象中的事情在游戏中表现出来，模仿社会生活。在游戏活动中，物体的工具性意义往往会被忽略。例如，幼儿在"骑马"游戏中，用椅子当"马"，而不再是展示其工具性行为——坐椅子。幼儿通过对现实物体、材料的借用，把它们假想、替代成游戏所需的物品，来模拟现实生活中的行为。幼儿并不是简单地对现实生活进行再现，而是加入自己的想象，进行创造性的表现。

2. 愉悦性

游戏活动能带给幼儿快乐的体验,他们有时会手舞足蹈,放声尖叫;有时会安静严肃,会心一笑。对于幼儿来说,游戏是一种享受。在游戏活动中,幼儿没有任何心理负担,全身心地投入,在无拘无束的自由活动中,实现着个人愿望;还通过操纵材料、物品,创造玩法来控制环境和影响他人,进而体会自己的力量与自信,从成功与创造中获得愉悦。

3. 非功利性

幼儿的游戏活动不是一种为了获得某个物品或结果的任务式活动,而是一种幼儿自发、自由、自选的且乐在其中的活动。对幼儿来说,好玩是游戏的全部意义,他们纯粹是为了玩而玩。也就是说,幼儿游戏的目的就是游戏本身,而没有任何游戏之外的目的。这就是幼儿游戏的非功利性。它说明:幼儿游戏活动重过程、轻结果。例如,有的幼儿在把自己花了好长时间搭建起来的积木推倒的那一刻是很快乐的,并不是只为了搭建某一个形状,寻求某一种结果。

幼儿游戏活动的非功利性并不意味着游戏无用,它在客观上能满足幼儿的发展需要,实现自我发展。幼儿在游戏中通过想象,实现生活中无法完成的事情。

例如,某位幼儿很怕打针,每次打针都会哭喊,被家长认为不够勇敢。但是有一次在角色游戏活动中,他扮演医生给自己打针,然后在活动结束的时候他很兴奋地告诉其他小伙伴他刚给自己打针了,没有哭,还问小伙伴自己是不是很勇敢。这其实就是幼儿内心真实的情感流露,他没有恶意,没有功利的目的。

(四)幼儿园游戏活动的指导

1. 创造有利的游戏条件

游戏条件可以分为物质条件和心理条件两个方面。

创设有利的物质条件主要是指教师要为幼儿创设一个良好的物理环境供幼儿游戏。首先,保证足够的游戏活动空间。幼儿游戏活动的空间包括室内游戏环境和户外游戏场地,《托儿所、幼儿建筑设计规范》对幼儿园的活动场地做了相应的要求。幼儿园要为幼儿提供一个空气清新、环境优美的户外环境,同时又要控制室内活动场地的空间密度,根据幼儿的人数和特点分区进行游戏。其次,教师应为幼儿提供充足的游戏材料和玩具。游戏材料和玩具是游戏的物质支柱。教师提供的材料要有可操作性;尽量提供半结构化的材料;定期更换材料和改变材料的陈列。

教师还要为幼儿游戏活动创设良好的心理条件。在游戏活动前,教师要帮助幼儿调动与游戏活动内容有关的生活经验。游戏活动的内容来源于幼儿生活,幼儿的生活经验有利于幼儿的游戏想象和创造。在游戏活动中,教师要鼓励和引导幼儿构思、创作,而不是支配和强加干预幼儿的游戏行为,还要帮助幼儿建立与同伴间的互助、友爱关系。幼儿之间的相互协商与合作能增加游戏活动继续深入的可能性,提高幼儿游戏的主动性和积极性。

2. 借助观察结果,适时介入幼儿游戏活动

观察是教师了解幼儿的途径,是教师指导游戏活动的前提,也是教师与幼儿进行游戏分享的重要依据。教师可以事先确定几个观察点,如某个有特定需要的幼儿、某个游戏主题或情节、幼儿使用材料的情况、幼儿社会性的发展水平、解决问题的能力、生活经验迁移等方面,以确保游戏中的观察具有目的性。

教师介入幼儿游戏活动的指导有3种类型:平行介入式指导、交叉介入式指导和垂直介入式指导。

平行介入式指导是指当幼儿在游戏中表现出对材料不感兴趣或者只喜欢玩某一类游戏,抑或不会玩时,教师在幼儿附近,用该幼儿所使用的材料进行相同或相似的游戏,通过行动示范引导或暗示幼儿。

交叉介入式指导是指教师以幼儿游戏伙伴的身份进入幼儿的游戏情境,通过充当其中的一个角色与幼儿互动,引导幼儿自己解决问题。例如,角色区的商店没有生意,售货员无聊地坐着,教师就可以扮演顾客,和幼儿进行角色互动,并吸引其他幼儿参与到该游戏中来。

垂直介入式指导是指教师直接以教师的身份干预幼儿的游戏活动。幼儿在游戏中如果出现严重违反规则的行为或攻击性危险行为时,教师就必须运用自身的权威自上而下地对幼儿施加影响,才能达到教育的效果。例如,幼儿在游戏中出现抢夺玩具的冲突行为时,教师就应及时加以制止。

具体采用何种方式进行指导,教师要依据自己的观察结果和游戏活动的需要而决定。

三、教学活动

(一)幼儿园教学活动的内涵

幼儿园教学活动是指教师专门组织的一种有目的、有计划地引导幼儿学习的过程。它是幼儿园教育活动的有机组成部分,也是幼儿园课程实施的途径之一。

幼儿园教学活动包含4层意思:教师的教和幼儿的学;教师在教学活动中的教是有目的、有计划的;在教师的教和幼儿的学之间,学是核心,教是条件;幼儿有效的学习必须是主动通过活动而进行的学习,并非被动地通过静听、练习而进行的学习。

(二)幼儿园教学活动的意义

1. 帮助幼儿将零散经验系统化,促进幼儿的认知发展

幼儿在日常生活中逐渐积累了大量的经验,但这些经验是零散的,相互间没有联系。幼儿园教学的目的之一,就是将幼儿日常生活中这些零散的经验联系起来,在此基础上形成系统化、概括化的知识。例如,在"认识西瓜"的教育活动中,教师在幼儿已吃过西瓜的经验基础上,提供不同类型、颜色、形状和大小的西瓜,让幼儿通过看、摸、尝、闻等多种方式对西瓜进行多方面的感知和比较,通过概括形成"西瓜是多种多样的,有水分,味道是甜的,可以直接食用"的系统化的认识。研究表明,系统化的教学比一味地重复或简单扩展幼儿已有经验的教学更能促进其认知发展。

2. 解决幼儿在游戏活动和生活活动中遇到的问题,提升幼儿游戏活动和生活活动的质量

教学活动与游戏活动、生活活动之间不是相互割裂的,而是相互作用、动态生成的关

系。教师应密切关注幼儿在游戏活动、生活活动中的行为，了解幼儿在游戏活动和生活活动中遇到的问题，然后把握住教育的价值，生成相应的教学活动，通过教学活动来解决幼儿的问题。比如说某些幼儿在生活活动中表现出挑食的不良生活习惯，教师可以组织一些教育活动，譬如组织"爱挑食的小明""蔬菜宝宝""我是能干的小厨师"等健康教育活动，帮助幼儿了解不同食物对自己身体成长的重要作用，幼儿通过自己的亲身体验、实际操作，培养对各类食物的好感，解决自己挑食的问题。

（三）幼儿园教学活动方案

幼儿园教学活动是一种有目的、有计划的活动，因此，在活动之前，教师需要进行必要的设计，形成一个书面计划，即幼儿园教学活动方案。幼儿园教学活动方案包括活动名称、活动目标、活动准备、活动过程和活动延伸等组成部分。

案 例

大班语言活动仿编诗歌《好朋友》[①]

一、活动目标

1. 理解诗歌内容，学习诗歌中对话式的语言。
2. 感受诗歌的意境美，萌发热爱自由、热爱大自然、热爱小动物的情感。
3. 理解诗歌中一一对应的配对关系，能根据诗歌中的句式结构进行简单的仿编，尝试用图画标记仿编诗歌的内容。

二、活动重难点

（一）活动重点

幼儿理解诗歌的内容，了解一一配对的关系，根据诗歌的句式结构进行简单的仿编。

（二）活动难点

幼儿在小组活动中，积极地进行想象创造，大胆地表达自己的观点，和同伴分享自己的知识经验，进行图谱仿编诗歌活动。

三、活动准备

（一）物质准备

小图片若干，大图谱；幼儿仿编记录表每组一份，线描笔人手一支；实物锁、钥匙各一。

（二）经验准备

幼儿理解朋友的意义，幼儿玩过"找朋友"的游戏。

四、活动过程

（一）幼儿玩"找朋友"游戏，进入活动

幼儿在音乐《找朋友》的伴奏下，做"找朋友"游戏入场。

---

① https://wenku.baidu.com/view/d0f3452ba45177232e60a21e.html

（二）欣赏小锁找朋友的故事情境，开始诗歌内容的学习

1. 师：我们大班的每个小朋友是不是都有自己的好朋友呀？其实呀，生活中的物品也是这样。瞧，这是什么？（出示锁引题）它的好朋友是谁？为什么？

2. 教师根据幼儿的回答，用钥匙打开锁验证。

3. 小结：因为钥匙可以把锁打开，它们谁也离不开谁，所以钥匙和锁是一对好朋友。教师将锁和钥匙的图卡贴于表格中，并朗诵诗句。（钥匙对锁说："我们是一对好朋友。"锁说："对！"）

（三）寻找物体的一一配对关系

1. 师：在我们的生活中，有许多的物品总是会在一起，也像锁和钥匙一样是一对好朋友。老师为小朋友准备了一些图片，请你找出能成为一对好朋友的物品。

2. 教师请幼儿将图片进行配对，讨论它们为什么可以成为好朋友。

3. 师：好朋友找对了吗？我们来听听它们是怎么说的。

教师以一问一答的形式直接将诗歌内容朗诵出来。

4. 小结：桌子和椅子、雨伞和雨鞋、茶壶和水杯这些物品，它们分别是好朋友。

5. （出示鸟笼和小鸟）师：它们是不是好朋友，为什么？

讨论小鸟为什么不喜欢和鸟笼做朋友，小鸟喜欢和谁交朋友。

教师根据幼儿的回答，在图谱上逐一贴上相应图片，提示幼儿用诗歌的句子小结。

6. 移情教育：鸟笼限制了小鸟的自由，伤害了小鸟，所以它们不能成为好朋友。如何才能做一个爱鸟的孩子？

（四）结合图谱完整欣赏诗歌，并为诗歌命名

学习诗歌的对话句式，并重点学习诗歌的最后一句，幼儿为诗歌命名。

（五）师幼一起仿编诗歌

1. 师：生活中还有许多物品都有自己的好朋友，小朋友动动脑筋来想一想。

2. 教师根据幼儿的回答用图谱表示。

3. 幼儿朗诵仿编的诗歌。

师：现在我们用好听的声音把编的诗句连起来朗诵，让它变成我们大班小朋友自己的诗歌。

重点强化幼儿对诗歌句式的认识：

××对××说："我们是一对好朋友。"××说："对！"

××对××说："我们是一对好朋友。"××说："不对！我的好朋友是××，还有，××也是我的好朋友。"

（六）幼儿分组，同伴合作仿编诗歌

1. 教师向幼儿提出仿编要求：（1）观察表格，介绍任务。（2）大家一起动脑筋找出生活中更多的好朋友，可以轮流记录或请一个小朋友记录。（3）用好听的声音把编好的诗歌念出来。

2. 幼儿仿编，教师指导：（1）鼓励幼儿积极开动脑筋，支持幼儿的创意。（2）观察幼儿合作创编情况，提供必要的支持与指导。

（七）活动结束：分享与交流

将记录表展示在黑板上，请每组幼儿一起上台朗诵，教师给予评价，结束此次活动。

五、活动延伸

教师：我们小朋友今天表现得都很棒，创作了属于自己的诗歌。等会儿小朋友们可以到美工区去看看老师还为大家准备了哪些"好朋友"的图片，和你的小伙伴一起将它们编成诗歌好不好？今天回家后，小朋友可以和爸爸妈妈一起找出生活中隐藏的其他朋友，把它们都编进诗歌中去。

教学活动各组成部分的设计要遵循一定的要求。

1. 教学活动名称

教师在设计教学活动时，需要给教学活动起一个名称。教学名称通常有两类：一类旨在说明教学活动的主要内容，如上述案例，教学活动名称"语言活动仿编诗歌《好朋友》"直接点出活动内容：仿编诗歌《好朋友》；一类旨在说明幼儿在教学中所做的有趣游戏或有意义的事情，如体育游戏"捉住领头羊"，这类活动一般通过情境和游戏来帮助幼儿获得教师所期待的发展。

设计教学活动名称应注意以下两个问题：第一，活动名称切忌既脱离教学活动的主要内容，第二，活动应有明确的指向性，切忌过大，比如"蔬菜"就不适宜作为一个活动名称。

2. 教学活动目标

教学活动目标是通过教学活动所期望达成的结果。教学活动目标是教学活动的方向，教学的内容、方法等应紧紧围绕教学活动目标。

教学活动目标一般包括认知、情感、动作技能三大领域。如上述教学活动仿编诗歌《好朋友》的目标："理解诗歌内容，学习诗歌中对话式的语言""感受诗歌的意境美，萌发热爱自由、热爱大自然、热爱小动物的情感""理解诗歌中一一对应的配对关系，能根据诗歌中的句式结构进行简单的仿编，尝试用图画标记仿编诗歌的内容"。这三条目标就是从认知、情感、动作技能三个维度进行表述的。

3. 教学活动准备

教学活动准备是指为使教学活动顺利达成预期目标，教师需要提前做好的各项准备工作。教学活动准备通常包括物质准备和经验准备。

物质准备是教师为使活动顺利开展，提前准备好的一切物质条件。物质准备具体来说包括材料准备和空间准备。教师准备的材料应满足以下三个要求：具有目标指向性、层次性、充足性。也就是说，材料的投放一要为目标服务，二要体现幼儿能力挑战的层次性，三在数量上要满足幼儿的需要。除材料准备外，教师还得做好空间准备工作，根据不同的活动选择合适的活动场所。

教师在设计教学活动时，应先了解幼儿已有的经验水平，找出幼儿的发展需要，设计符合幼儿最近发展区的教学活动。也就是说，幼儿园每一次的教学活动都应该建立在幼儿原有经验水平的基础上，因此教师需要提前为幼儿进行经验准备。教学活动仿编诗歌

《好朋友》的经验准备是幼儿已经对"朋友"的意义有了一定的了解，并且玩过"找朋友"的游戏。这就使得幼儿在学习仿编诗歌的过程中更容易理解——配对的关系。

4. 教学活动过程

教学活动由一系列的教学环节组成。教学活动环节一般分为导入部分、基本部分和结束部分。

活动导入是教师引导幼儿进入教学活动的组织方式。活动导入主要有情境导入、欣赏导入、直接导入3种方式。情境导入时，教师可以根据活动内容创编一定的故事情境或者有关真实问题的情境导入活动，如创编小兔采蘑菇的情境激发幼儿学习手口一致点数的兴趣，或者是向幼儿抛出一个问题激发他们探究。欣赏导入是通过故事或教师的演示激发幼儿的好奇心，如小笔头吸纸片来激发幼儿对摩擦力的探究欲望。教学活动仿编诗歌《好朋友》是采用游戏和故事情境的方式进行导入的。

基本部分是幼儿园教学活动的主体部分，是教师指导幼儿学习知识技能、建构经验、完成学习目标的过程。活动基本部分的设计要环环相扣、层层递进，既要围绕教学目标，又要遵循幼儿的发展规律，还要促进幼儿思维的发散。在教学活动仿编诗歌《好朋友》中，教师首先引导幼儿通过实物和图谱学习诗歌内容，并寻找物体的一一配对关系，让幼儿指导锁和钥匙、桌子和椅子、雨伞和雨鞋、茶壶和水杯这些物品都是对应的好朋友，但是鸟笼限制了鸟的自由，它们不是好朋友。紧接着教师利用图谱，和幼儿一起完整地欣赏诗歌，将幼儿零散的经验再次提升总结，使之系统化。师幼一起仿编诗歌和幼儿同伴合作仿编诗歌的环节，则在前面的活动环节基础上进一步深化拓展幼儿的思维。

活动的结束部分一般要视情况灵活处理。教师一般可以采用自然结束、总结归纳、游戏表演、展示分享等方式结束活动。仿编诗歌《好朋友》活动中的教师采用的是展示分享的办法，将记录表展示在黑板上，请每组幼儿上台朗诵分享，教师给予评价后结束活动。

5. 教学延伸活动

教学延伸活动是指在本次活动结束后，将活动的重点内容或幼儿最感兴趣的操作延伸至另外的时间和空间，让幼儿进一步学习、探索，在保持幼儿学习兴趣的同时，巩固、拓展、迁移幼儿的学习经验。教师一般可以利用区域活动、生活活动、家园合作、环境创设等多种途径进行教学活动延伸。案例仿编诗歌《好朋友》中教师将活动延伸至美工区，让幼儿进一步探索，巩固幼儿对关联事物进行一一配对的经验，还要求幼儿回家后和家长一起找出家里其他隐藏着的"朋友"，编入诗歌中去。教师很好地利用了家园合作这一途径。这些做法有助于将幼儿在活动中获取的经验回归幼儿的生活，并加以延伸和拓展。

（四）教学活动指导

1. 合理安排教学活动的时间、空间

合理安排教学活动的时间。首先，教师要尽量减少不必要的集体行动，减少等待；其次，在活动的过渡环节，教师要提供一些有趣的活动，减少幼儿的消极等待；最后，教师提问后，要注意给幼儿预留合适的候答时间。

合理安排教学活动的空间。在这里主要介绍一下幼儿座位编排。幼儿园常见的座位编排方式有马蹄形、半圆形、圆形、方块形等。一般而言，马蹄形座位排列（图8-2（a））

和半圆形座位排列类似，都是幼儿依次围成 U 形或半圆形，教师坐在缺口对面。方块形（图 8-2（b））是幼儿分组围坐在一张桌子旁，一致面向教师。圆形座位排列方式是幼儿依次围成圆形，教师位于圆心或圆边的某个点上。这几种座位编排方式无所谓绝对优劣之分，教师应综合考虑教学活动的性质和需要，以及班级幼儿人数和可利用空间，选择合适的座位编排方式。

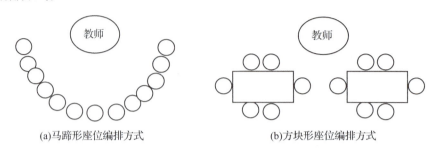

(a) 马蹄形座位编排方式　　　　(b) 方块形座位编排方式

图 8-2　幼儿园教学活动最常用的两种座位方式

2. 激发幼儿的学习动机

幼儿学习的主要方式是直接感知、实际操作和亲身体验。因此，在教学活动中，教师要注重为幼儿提供丰富的活动环境，通过情境、故事、游戏的方式激发他们对内容的兴趣和学习动机，让他们在感知、操作、体验、交往中获得有益于身心健康发展的经验。例如，教师在活动室里养了几条金鱼，鼓励幼儿观察、照料金鱼。一段时间后，教师开展"认识金鱼"的科学活动，让幼儿总结报告自己在观察、照料金鱼的过程中的发现。这样做既让幼儿自己探索构建了经验，同时又极大地激发了幼儿的学习动机，其效果要比借助图片讲解金鱼特征的做法好很多。

3. 观察幼儿，随机应变

俗话说："计划赶不上变化。"要想让教学活动取得最佳效果，教师不能固守原定的计划，而要根据教学过程中本班幼儿的实际情况，灵活地执行教学计划。这就要求教师在教育活动中一定要善于观察幼儿，通过其外在行为表现理解其内在兴趣和需求，灵活地接住"幼儿抛过来的球"，对幼儿进行有针对性的指导。

四、区域活动

幼儿园区域活动也称活动区活动、区角活动，是幼儿园常见的教育活动之一。随着幼儿教育改革的深化和对幼儿自主学习价值的认识不断深入，区域活动越来越受到幼儿园的重视，成为幼儿园教育活动的重要组成部分。

（一）区域活动的内涵及特点

1. 区域活动的内涵

区域活动是指以幼儿园教育目标和幼儿的需要、兴趣为主要依据，将可利用的空间划分为多个区域，并投放适宜的活动材料，幼儿自由选择并通过与材料和同伴的互动来获得多样化学习经验的活动类型。

2. 区域活动的特点

与幼儿园其他活动相比，幼儿园区域活动具有：自主性、个性化、以间接指导为主这三个特点。

（1）自主性。

区域活动主要是幼儿自主进行的，幼儿是活动区的主人。他们根据自己的兴趣、意愿选择活动区域、材料、自主操作，对自己的活动过程掌握主动权。幼儿的认识是在与区域活动材料的互动中逐渐建构的。一般教师不会过多干预幼儿活动，除非出现区域活动难以维持的问题。幼儿在区域中主要体验活动的快乐，而不用背负太多的心理压力。

（2）个性化。

在区域活动中，每个幼儿可以自主选择自己感兴趣的活动内容，以自己的方式来开展活动，获得个性化的学习经验。因此，区域活动具有个性化的特点。区域活动有效地尊重了幼儿的个体差异，极大地促进了幼儿的个性发展。

（3）以间接指导为主。

在区域活动中，教师对幼儿的指导一般是通过对活动材料的改变或者规则的制定来实现的。这说明，区域活动中教师的指导是间接的。教师作为区域环境的创设者、幼儿区域活动的支持者，需要以旁观者的身份对幼儿的区域活动进行观察指导，而不是像教学活动中那样，教师直接干预活动。

（二）区域的设置及材料投放

1. 区域的设置

区域活动的分类没有固定标准。根据幼儿在不同区域内进行的活动性质，可以将区域划分为探索性区域、表现性区域和运动性区域。

（1）探索性区域。

探索性区域主要是指这样一类区域，幼儿在其中的活动以实际操作和主动探索世界为主。探索性区域主要包括生活区、益智区、发现区、图书区、种养区。

生活区主要让幼儿使用一些小工具锻炼手眼协调能力，促进小肌肉动作的发展，如穿扣子、系鞋带等活动。

益智区是发展幼儿思维能力和数、量、形、空间、时间等概念的区域。益智区的创设能有效地促进幼儿思维能力的不断发展。棋类、数学、拼图都是益智区常见的活动。

发现区旨在激发幼儿对周围世界的好奇心，可以进行探索自然的小实验，养成初步的科学探究能力，如吸铁石的游戏。

图书区的主要功能是发展幼儿的语言理解、表达能力，帮助幼儿养成良好的早期阅读习惯，掌握一定的阅读方法。幼儿在图书区主要进行图书阅读和创编等活动（图8-3）。

种养区旨在帮助幼儿接触大自然，获得有关动植物的知识，形成关爱生命的情怀。种植区一般可以根据幼儿园的条件设置在适宜的地方（图8-4）。

图 8-3　图书区

图 8-4　种养区

（2）表现性区域。

表现性区域是指幼儿在已有经验的引导下，利用区域中的各种材料，进行自我表现和表达活动的区域类型。幼儿在这类区域中，往往能根据自己的想象和创造表达自己内心真实的意愿。幼儿园常见的表现性区域有角色区、建构区、表演区和美工区。

角色区即角色扮演区，是以满足幼儿角色扮演游戏需要为主要目标、促进幼儿语言和社会性双方面发展的区域，如娃娃家、商店、医院等（图 8-5）。

建构区又称结构游戏区，是为满足幼儿从事搭建、结构活动需求而建立的区域。其价值在于发展幼儿的形体感知能力、空间关系和逻辑判断力。根据建构材料的大小分为大型建构区和小型建构区（图 8-6）。

图 8-5　角色扮演区

图 8-6　建构区

表演区是幼儿进行戏剧、歌舞表演的活动区域，幼儿在表演区里创造性地再现故事中的情节。

美工区是幼儿运用多种美工材料进行绘画、手工、艺术欣赏等多方面内容的活动区域。

（3）运动性区域。

运动性区域指专供幼儿进行大肌肉动作活动的区域，一般设置在户外。常见的运动性区域包括固定器械区、可移动器材区和自然游戏区。运动性区域主要是锻炼幼儿的基本动作技能，促进幼儿身体健康。

2. 区域活动材料投放的注意事项

区域活动材料投放是幼儿进行区域活动的基础。教师在为幼儿提供区域材料时应注意以下几个问题：其一，材料的安全性。一切活动材料都要保证安全无毒，购买的材料一定要符合国家标准，绝不能以次充好；而且需要定期对活动材料进行消毒，以保持材料的安全卫生。其二，材料的丰富性。一定要投放足够多数量的材料供幼儿选择，保证幼儿能够选到自己需要的活动材料。其三，材料要具有探索性和可操作性。与成品相比，半成品或原始材料的探索性和可操作性均较强。所以，区域活动材料应多投放这样的材料，而且材料要能多次利用，并实现一物多用的功能。其四，材料的投放要体现出层次性。活动材料的投放应体现幼儿的年龄特点和个体差异，投放不同难度的材料。

（三）区域活动的指导

区域活动强调幼儿的自主性，教师主要是扮演"辅助者"的角色。教师的指导主要可以从以下几方面进行思考：

1. 建立必要的区域活动规则

规则在区域活动中具有两方面的作用：一是保证活动的顺利开展；二是促进幼儿的学习与发展。教师需要和幼儿一起制定一些必不可少的规则来确保区域活动的顺利而有效的开展，如制定限定人数的规则以避免活动区的无序和混乱；制定关于取放、使用、收拾、物品材料的规则，让幼儿懂得爱护区域材料，学会整理；还可以制定交往的规则，培养幼儿的亲社会性行为。规则制定好之后，除了教师口头告诉幼儿外，还可以借助环境背景予以提示，充分发挥规则的隐性指导功能。

2. 带领幼儿熟悉所选区域和操作材料

了解是选择的前提，教师要带领幼儿了解各个区域所进行的具体活动内容，熟悉区域中的操作材料。帮助幼儿熟悉班级中的各区域，教师可以从以下三方面着手：其一，在开学初及增加新区域时，教师要带领全班幼儿认识所开设的区域中的材料，提示这些材料该如何使用，让幼儿对区域有一个大致的了解。其二，投放材料时不要贪多求全，不追求一步到位，而要分次投放，并向幼儿介绍新材料。其三，鼓励幼儿参与区域环境创设的环节，组织幼儿关于区域设置、材料投放、区域规则等的讨论。

3. 观察幼儿区域活动，适时进行指导

幼儿在进行区域活动时，教师要观察幼儿的行为，了解幼儿的问题和需要，通过对材料的调整来实现对幼儿的指导。如当幼儿遇到困难、缺少活动材料、探索问题难以深化或发生争执时，教师要给予及时的支持和帮助。当幼儿出现活动兴趣低下时，通过一些问题引导幼儿继续探索、发现。另外，在活动即将结束时，教师可以提出一些让幼儿讨论的问题，以帮助幼儿整理、归纳、提升已有的感知经验。教师在指导过程中，要注意保护、激发幼儿的游戏兴趣，必须尊重幼儿的意愿，不能改变幼儿在游戏中的主体地位，不能抑制幼儿的创造性。总之，教师不要强制去决定活动的进程，而要依据幼儿的不同需要给予适当帮助。

五、其他活动

（一）节日活动

幼儿园节日活动是指幼儿园为庆祝节日而组织幼儿开展的活动。它是幼儿生活中有着特别意义的事件，对幼儿有着深刻的教育影响。幼儿园经常庆祝的节日活动有很多，大致可以分为两类：纪念性的节日，如"六一"国际儿童节；传统性的节日，如端午节等。节日活动的组织有利于幼儿了解节日的传说或意义，增强对传统习俗等民族文化的认同，增强幼儿对家乡、祖国和民族的自豪感。

幼儿园节日活动的开展应注意以下几个问题：第一，节日活动要经常进行。在制订学期计划时就要对节日活动做出安排和策划，将节日活动和幼儿园的其他活动融为一体，充分发挥幼儿园节日活动的教育作用。第二，坚持全员参与的原则。节日活动要面向全体幼儿，使幼儿成为活动的主人，不能让节日活动的庆祝成为个别幼儿展示才能的舞台。第三，根据幼儿园和当地的实际情况，灵活多样地开展节日活动。节日活动的开展要主题鲜明，突出节日的特色和文化，使幼儿真正能从中受益，不能走形式。

（二）参观活动

幼儿园的参观活动是指幼儿在教师的带领下，走出幼儿园，走进具体真实的场所，获得真实体验的过程。参观活动对幼儿的发展具有举足轻重的作用，既能帮助幼儿熟悉周围的社会环境，又能拓展幼儿的社交范围。例如，参观小学、参观博物馆、参观消防队等一系列的活动，都是幼儿走出幼儿园、走向生活的机遇。

教师在组织参观活动时，一定要注意保障幼儿的人身安全，避免幼儿乱跑走失。同时，幼儿园也要与参观地点做好接洽交流，保证参观活动的顺利进行。

（三）亲子活动

幼儿园的亲子活动是教师组织家长和孩子共同参与的活动，它有利于增进教师与家长、家长与孩子的情感交流，加强教师与家长对孩子的共同了解，以进一步提高教育效果。亲子活动既可以促进幼儿的身体、智力、情绪的发展，也可以使亲子关系变得更加密切，并促进家园合作。

某幼儿园中班亲子活动方案[①]

一、活动时间：××××年××月××日

二、活动地点：幼儿园大操场

三、活动目标：

---

① http://www.gkstk.com/article/1428659222183.html

1. 通过好玩的亲子游戏，体验活动所带来的乐趣，增进幼儿与家人之间的情感。
2. 促进家长与幼儿园、家长与幼儿、家长与家长之间的沟通与交流。
3. 培养幼儿与父母或同伴共同克服困难夺得胜利的精神。

四、活动准备：

1. 通知幼儿家长来园参加亲子活动。
2. 准备游戏需要的材料。
3. 布置活动场地，准备奖品。

五、具体活动方案：

（一）活动流程：

1. 运动员入场仪式：放《运动员进行曲》。
2. 主持人致欢迎词，领导讲话。
3. 主持人讲注意事项。

（1）请您在活动中看好您的宝宝，以免其受到伤害。

（2）请在活动过程中遵守活动规则。

（3）在活动中请勿拥挤。

（4）在活动中表现棒的小朋友可以获得我们的小礼品哦！

4. 主持人介绍几种游戏的名称。

（1）猜爸爸妈妈。

目标：加深亲子依恋之情，培养孩子热爱自己父母的情感。

准备：小椅5~6把，蒙眼巾5~6条。

玩法：幼儿5~6人，蒙眼坐成一排，父母分别走到幼儿面前，主持人说出此人特征，如发式、衣着，由幼儿猜出自己的爸爸或妈妈。

注意：猜不着时可以让幼儿听被猜人的声音。猜对时可由父母对孩子做亲昵的动作，以表示奖励。

（2）水果大比拼。

目标：练习双手抱物跑的能力。

准备：橘子、苹果、香蕉、梨。

玩法：将幼儿排成4路纵队，每一排第一个幼儿拿好一样水果，听口令后幼儿迅速将手中的水果递给站在终点的爸爸（妈妈），爸爸（妈妈）接到水果后立即将水果吃完，先吃完的为优胜。

（3）两人三足走。

游戏准备：绳子、小红旗。

参加人员：幼儿、爸爸或妈妈。

游戏玩法：把小朋友与家长相邻的脚绑在一起，当口哨响起时一起向前方走，直到拿到前方的小红旗才可往回走，哪队先返回起点处为胜出者。

5. 家长和幼儿开始进行游戏活动。
6. 活动结束，宣布获胜组，颁发奖品。

设计和开展亲子活动时，首先应注意提供适宜的环境。亲子活动往往需要一定的活动空间、场地以及一些必要的设施和材料。教师在组织亲子活动时一定要根据实际情况合理地安排活动的形式，做好相应的活动准备。其次，需要利用家长等人力资源和物质资源。也就是说，既要利用各种环境和材料资源，又要利用家长自身的资源，统筹各类资源，保障活动的顺利开展。最后，教师要处理好和家长的关系。在开展亲子活动时，教师和家长是合作关系，而不是教育和被教育的关系。教师要向家长介绍清楚亲子活动的内容、方式和意义，帮助家长理解幼儿园的工作，家长在参与活动时才会更具积极性，从而提高亲子活动的质量。

本章练习题

一、单项选择题

1. 幼儿园课程是促进幼儿身心全面和谐发展的（　　）。
   A. 各种游戏的总和　　　　　　B. 各种科目的总和
   C. 各种活动的总和　　　　　　D. 各种教学的总和
2. 幼儿园课程的特点有发展适宜性、非义务性、启蒙性和（　　）。
   A. 福利性　　　B. 理论性　　　C. 基础性　　　D. 普遍性
3. 《幼儿园教育活动指导纲要（试行）》中明确规定，教育活动内容的选择应既适合幼儿的现有水平，又有一定的（　　）。
   A. 趣味性　　　B. 挑战性　　　C. 游戏性　　　D. 认知性
4. 教师在确定了"认识青蛙"活动目标后，又因为幼儿对蚯蚓更感兴趣而做了调整，这种做法反映了（　　）。
   A. 教师太随意，不负责　　　　B. 教育目标要及时调整
   C. 要科学分解教育目标　　　　D. 教育目标要涵盖全面
5. 幼儿对某个事物感兴趣的方面不同，此时最合适的活动形式是（　　）。
   A. 小组活动　　B. 个别活动　　C. 集体活动　　D. 群体活动

二、简答题

1. 幼儿园课程有哪些形态？
2. 幼儿园课程的特性有哪些？
3. 幼儿园教育活动有哪些特点？
4. 幼儿园教育活动目标有哪些表述要求？
5. 幼儿教育活动内容选择有哪些要求？

三、论述题

1. 论述幼儿园生活活动各环节教师的指导要点。
2. 结合实例，论述幼儿园教师如何指导幼儿的游戏活动。

四、材料分析题

1. 材料：有人说："幼儿园只是一个照看孩子的地方，幼儿园没有课程。"

问题：对这个说法你同意吗？为什么？

2. 材料：现在有一些教师认为，已经存在大量设计好的幼儿园课程方案了，到时直接照着去实施就好了，所以不需要自己去设计幼儿园课程了。

问题：这种认识是否正确？请说明理由。

第九章 学前教育的合作与衔接

学习目标

1. 理解学前儿童家庭教育的概念、意义、特点和原则。
2. 了解学前儿童社区教育的概念、意义、特点和主要形式。
3. 了解幼儿园与家庭、社区合作的意义、内容、途径与措施。
4. 理解幼儿园与小学教育衔接的概念、意义、内容和方法。
5. 能够运用家庭与幼儿园、社区合作的相关知识解决当前幼儿园教育教学管理中的问题。
6. 能够运用幼小衔接相关知识分析和解决幼儿园在幼小衔接中的问题。

案例导读

班里新来了一位小朋友叫瑜瑜。她吃饭特别慢,每天总是吃到最后一个,别的小朋友都到室外玩了,可她还在慢吞吞地吃着。那天瑜瑜的妈妈跟我说:"老师,我跟她说好了,只要今天吃饭能超过一个小朋友,晚上我就带她到大润发去买东西。"我说:"好,中午吃饭的时候我会提醒她的。"

吃午餐了,我就不停地鼓励瑜瑜:"加油,今天你吃得快一点,妈妈晚上就会带你去大润发,多开心呀!"在我的鼓动下,瑜瑜的饭终于吃好了。真不容易,超过了5个小朋友,今天是她开学到现在吃得最快的一次。

她一吃完饭,我就给她鼓励:"今天吃得挺快的,超过了5个小朋友,老师给你一朵金花作为奖励。晚上可以和爸爸、妈妈一起去大润发了。老师希望你明天吃得更快,超过更多的小朋友,好吗?"瑜瑜也特别高兴,爽快地答应了。

放学了,瑜瑜的爸爸来接瑜瑜,我马上对她爸爸说:"今天吃饭瑜瑜超过了5

个小朋友呢！晚上可以带她去大润发了。"瑜瑜的爸爸听了后非常高兴。

第二天，我问瑜瑜："昨天大润发去玩得开心吗？""开心！爸爸、妈妈给我买了好多东西。"

瑜瑜吃饭的速度一天天地快了起来。昨天她超过了十几个小朋友，开家长会的时候，我跟她爸爸说："这段时间瑜瑜吃饭进步了许多，不再是最后一名了。"她爸爸说："是呀，在家里这段时间吃饭的速度也快了很多，我们也感到非常地开心。也一直在鼓励她、奖励她。"

资料来源：http://www.jy135.com/html/jiayuanhudong/jiayuanhezuolunwen/2013/0722/50434.html

以上的例子告诉我们：幼儿教育是一件很复杂的事情，不是家庭一方面可以单独胜任的，也不是幼儿园一方面可以独立完成的，必须两方面共同合作才能得到充分的功效。

学前教育作为基础教育的有机组成部分，不仅具有个体发展的价值，还具有社会发展的价值。要发挥学前教育应有的价值，保证学前教育质量，仅靠学前教育机构是不可能实现的，还需要充分发挥家庭、社区、小学以及教育行政部门等学前教育参与主体的能动性，开展各主体间的协同合作。

第一节　学前儿童家庭教育

家庭教育对学前儿童的发展具备不可替代的作用。人类社会自出现家庭开始，上一代对下一代的教育就自然产生了。在学前教育机构大量出现之前，学前儿童家庭教育一直是学前教育的主要形式。无论今后幼儿园教育如何发展，学前儿童家庭教育都会占据重要地位，因此，了解学前儿童家庭教育的特点和原则，从而指导家长对儿童进行科学的教育显得尤为重要。

一、学前儿童家庭教育的概念和意义

（一）家庭

从社会结构来说，家庭是最基本的社会单位，是人类最基本最重要的一种群体形式。从功能来说，家庭要生育和教育子女、赡养老人，是人类亲密关系的基本单位。从成员关系来说，家庭是由具有婚姻、血缘和收养关系的人们长期一起居住的共同群体。综合起来看，家庭是两个或两个以上具有婚姻、血缘或收养关系的人所建立起来的社会经济群体组织。

（二）家庭教育

家庭教育是指家庭中的父母及其成年人在家庭生活中对未成年人施加影响的过程。它

既包括父母对其子女实施的教育，也包括生活中家庭成员之间相互影响的教育。学前儿童家庭教育主要是指在家庭中对学前儿童实施的非正规教育，学前儿童家庭教育是实施学前教育的重要组成部分。

（三）学前儿童家庭教育的意义

人的成长和教育是从家庭开始的，家庭教育的质量将直接影响孩子的一生。因此，家庭教育作为一种独立的教育形态，与学校教育、社会教育一起构成了人的教育中不可缺少的三个部分。学前儿童家庭教育发生在家庭的日常生活之中，对学前儿童的身体发育、心智发展、行为习惯的培养、道德观念的形成、性格的培养等都具有至关重要的启蒙意义和价值。父母在潜移默化的家庭教育过程中，对孩子的影响是长期的、终身的，这也证明了家庭教育对人的发展所产生的重要影响，以及家庭教育所具有的独特价值。

二、学前儿童家庭教育的特点

学前儿童家庭教育具有自身的特点，它是建立在血缘关系基础上由父母发起且与孩子双向互动的家庭教育模式。学前儿童家庭教育由于发生在家庭之中，与学校教育和社会教育相比较，具有以下几个方面的特点：

（一）率先性

家庭是儿童生命的摇篮，是人出生后接受教育的第一个场所，即人生的第一个课堂。父母最先对儿童产生影响，是儿童的第一任教师，即启蒙之师。所以父母对儿童所施的教育具有率先性。

（二）情感性

一个人的情感，在一定条件下可以影响别人，使之产生同样的或与之相联系的体验。情感像是无声的语言，对人起着感动和感化的作用，在教育工作中有着特殊意义。由于父母和子女之间的天然感情是无可比拟的，所以家庭教育的情感性比较突出。

（三）权威性

家庭教育的权威性是指父母长辈在孩子身上所体现出的权力和威力。父母的权威性主要体现在：父母的教诲，子女能够听从；父母的批评，子女能够接受；父母的意图，子女能够理会；父母提出的要求，子女能够努力做到、做好；父母所反对的，子女能自觉地不去做，或是能克制自己的欲望。总之，父母的行为举止对子女的言行有较大的制约性。这种制约性，要比其他人对孩子的制约性更大。

（四）针对性

针对性是指从实际出发，有的放矢，而不是凭空想象，更不是一般化的说教。相对来说，家庭教育的针对性更强。针对性的前提条件是充分了解教育对象。人们常说："知子莫如父。"父母之所以能如此了解子女，并不仅仅因为血缘关系，更重要的是因为父母与子女长期共同生活且根本利益一致。因此，父母会针对自己孩子的特点进行相应的教育。

（五）连续性

儿童从出生到成年，几乎 2/3 的时间都生活在家庭之中，时刻都在接受着父母的教育。这种教育是在有意或无意、计划或随机、自觉或不自觉之中进行的。父母以其自身的言行随时随地影响着子女，对孩子的生活习惯、道德品行、谈吐举止不停地给予影响和示范，潜移默化地塑造着孩子。家庭教育是连续不断的，所以有些教育家又把父母称为终身教师。

三、学前儿童家庭教育的原则

学前儿童家庭教育是人一生发展的奠基工程，是教育长河的源头。学前儿童家庭教育的重要性越来越引起全社会的重视。孩子来到世间，第一个生活环境是家庭，第一任教师是父母，他们的大部分时间是在父母身边度过的。古往今来，不知有多少父母望子成龙、盼女成凤，可最后的结果可能事与愿违。一个重要的原因就是他们忽视了对家庭教育规律的探索，缺乏对家庭教育原则的把握。贯彻家庭教育的原则，对于家长端正家庭教育观念，处理家庭教育中各种矛盾，提高家庭教育质量有着深远意义。学前儿童家庭教育具有以下几大原则：

（一）经常性原则

学前儿童家庭教育必须坚持经常性原则。贯彻这个原则，父母应做到：

首先，防止"冷热病"。现代社会生活节奏较快，有的父母因忙于工作或自身文化水平的限制，没有时间时对儿童进行耐心有效的教育，就放任自流或以"揍"代教。这种"冷热病"式的家庭教育对儿童是非常有害的。

其次，发现问题及时教育。要抓住教育契机，不能因自己正忙或碍于面子等，对儿童的错误不及时纠正，错过了教育时机再进行教育，其效果就大打折扣了。

再次，要有一把度量的尺子。即父母要把儿童培养成什么样的人、要鼓励哪些行为、制止哪些行为等都应有一定的准则。因为良好习惯的养成需要长期坚持，否则容易反复。

（二）循序渐进原则

人的生长发展是有一定规律的。不论是身体的发育、知识能力的增长，还是行为品德的形成都有一个逐步提高的过程。父母对儿童身心发展特点的了解程度会直接影响教育效果。因此，父母应选择贴近儿童生活、适宜儿童心理特点的内容，由具体到抽象、由简到繁，循序渐进地对儿童进行教育。对孩子的要求不可过高或过低。心理学家指出：如果儿童已经知道的东西和鼓励他学习的东西之间的差距适当，他不仅愿意学习而且学起来会感到有趣，智力也会得到充分的开发；若差距不当，则可能表现出不耐烦、害怕、苦恼的情绪，也会阻碍其智力的发展。所以，父母在教育中应该力求做到生动、形象直观、丰富多彩、动静结合；比如多采用讲故事、猜谜语、听音乐等方式，结合游戏、唱歌、绘画、手工劳动、体操来进行家庭教育。

（三）严慈相济原则

爱是一种伟大的教育力量，它对孩子的身心发展具有很大的促进作用。父母应懂得正

确爱孩子的方法，掌握爱的量和度，把严格要求与爱结合起来。儿童年幼无知，没有是非判断能力，且缺乏自控力，容易冲动，所以只有家长严格要求，才能让孩子形成良好的习惯和品质。当然，严格要求并不意味着对孩子态度严厉，动辄就训斥、打骂。父母对孩子提出的要求应是合理的，通过努力是能实现的，并且父母应具有耐心，循循善诱。

（四）鼓励性原则

鼓励是充分发挥孩子主观能动性的有效手段。父母应积极鼓励儿童参加各种游戏，开展各种活动，在游戏和活动中培养儿童的兴趣和良好的习惯，诱发儿童丰富的想象力、独创精神和成就感。实施鼓励性原则应从以下三点入手：

1. 发现兴趣，及时强化

实际上，儿童从出生开始就不是消极被动地接受环境影响的，婴儿饿了就大声哭叫，用以表达对食物的需求。在与人交往中，孩子用咿呀学语表现自己的社交愿望。当某种事物与儿童需要密切关联时，他就会兴致盎然地注意它，热情而耐心地对待它。如果儿童的兴趣适当，父母就要积极创造条件，启发儿童去实践、去思考、去解决，反复强化他们的兴趣。

2. 正面引导，积极鼓励

父母要在一定范围之内给儿童自由，了解儿童在想什么、怎么想，有意向儿童介绍一些正面教育材料。对有益于儿童身心发展的事情，在条件许可的范围内，要积极支持、鼓励。

3. 用积极建议代替消极指责

儿童对世界上的万事万物均感到新鲜，总想亲自动手试试，但由于缺少经验而常出错，父母应认识到这是孩子探索精神的萌芽，切不可消极指责，应给予积极建议和鼓励支持。

（五）一致性原则

学前儿童尚无判断是非的能力，因此特别强调家庭成员、学校、社会应在儿童成长的不同时期、不同环境下对儿童的要求要一致，否则会使孩子无所适从、不知所措，这对良好习惯和道德品质的形成不利，还会给智力的发展带来一定的消极影响。学前家庭教育也需要遵循这一原则。具体要求如下：

1. 父母的要求要一致

父亲严要求，母亲开"绿灯"；父母要求孩子参加力所能及的劳动，培养劳动习惯，而祖父母却代替孩子去做；父母认为孩子小，长大自然会劳动……这些对孩子都是有害的。

2. 前后要求一致

父母对孩子的成长要有较长远的计划，不能随心所欲，今天这样要求，明天那样要求；有的父母甚至对孩子干同一件事的前后态度都不一致。这都是有碍孩子正常发展的。

（六）榜样原则

父母要知道孩子是在模仿父母行为的过程中，认识世界、学习做人的。人们常说的"孩子是父母的影子"就是这个道理。在幼小孩子的心目中，父母是最可信赖的人，父母说的和做的在孩子看来是无可置疑的、正确的。父母良好的思想、品质，孩子最容易领会接受而不需过多的说教。所以，父母一定要以身作则，为孩子树立一个好的学习榜样。如果父母满口脏话，却要求孩子文明礼貌，那是不可能的。

（七）开放性原则

当前，互联网、广播、电视、报纸、录音、录像等现代化的传播媒介无时无刻不在影响儿童。父母再也无法对儿童封锁信息。因此，家庭教育需要变封闭为开放，废除各种"不许""不准""不能"之类的禁区，积极帮助儿童辨别良莠，初步感知"真、善、美"与"假、恶、丑"，使儿童在开放的家庭和社会环境中健康成长。

第二节　学前儿童社区教育

社区既是家庭和幼儿园的所在地，也是幼儿重要的活动场所。学前儿童社区教育是学前教育的有机组成部分，对学前儿童的全面发展具有不可忽视的作用。

一、学前儿童社区教育的概念和意义

（一）社区与社区教育

社区通常是指居住在同一区域或地域范围内的，若干社会群体或社会组织所结成的相互关联的社会区域共同体。首先，社区是一个空间单位，有一定的地域范围；其次，社区离不开一定的人群；最后，社区中的人们具有某种互动关系。在我国，城市社区一般指街道、居委会；农村社区一般指乡镇、村。社区是构成社会的基本单位，是宏观社会的一个缩影，是人们进行各种社会活动的主要场所。

社区教育是指在特定社区范围内，以社区成员为对象，根据社区发展及其成员利益和需要整合利用社区资源，为实现社区全体成员素质和生活质量的提高以及社区发展的一种社区性的教育活动和过程。社区是幼儿园教育的背景和依托，也是幼儿园取之不尽、用之不竭的教育资源。学前儿童社区教育是学前教育向社会延伸和拓展的非正规形式，其对象不仅限于幼儿教育机构中的儿童，还包括社区内从出生至入学前的婴幼儿。学前儿童社区教育的实质是社区生活、社会发展与教育的有机结合。随着社会的不断发展和教育改革的不断深化，学前儿童社区教育工作正在蓬勃兴起。

（二）学前儿童社区教育的意义

学前儿童社区教育具有广泛而深远的意义。

1. 有利于社区教育资源的充分利用

社区教育资源包括有形教育资源（人力、财力、物质等）和无形教育资源（政策、制度、时间、文化氛围等）。社区学前教育可以起到如下作用：在社区内综合协调并发挥利用一切可用于教育的资源，动员全社区的力量参与和督导社区学前教育的实施，将社区内

潜在的各种人力物力和财务资源、自然与人文资源有效地加以开发利用，建立健全社区学前教育服务的规划、组织、标准、实施方案和可持续发展的机制，使其成为全方位开放的教育系统，促进教育的多样化与社会化，惠及更多的家庭与儿童。

2. 有利于促进学前儿童全面健康发展

学前儿童社区教育促使学前教育从封闭走向开放；有益于发挥家庭教育、机构教育与社区中多种教育因素的有机联系，形成教育合力，发挥整体性教育影响，促进儿童身心全面健康的发展。

3. 有利于发展独具特色的幼儿园教育

社区教育可加强地方教育的自主性，促使幼儿园教育更好地依托当地社会、经济、文化的实际情况，形成独具特色的幼儿园教育。

4. 有利于拓宽学前教育机构的社会职能

社会化是现代教育发展的必然趋势，幼儿园教育与社会教育的结合日益密切。学前儿童社区教育通过多种多样的形式成为幼儿园教育的补充；幼儿园也成为社区文化的中心，所有资源也向社区开放并承担相应的任务，发挥着学前教育对社会和社区发展的作用；推动两个文明建设，能够更好地实现学前教育服务社区的职能。

二、学前儿童社区教育的特点

学前儿童社区教育具有地域性、广泛性、整合性、双向性等特点。

1. 地域性

地域性是学前儿童社区教育的基本特点。社区是一个相对独立、自成体系的社会生活区域，每个社区有其特有的地理环境、生活设施、文化环境、居民结构、经济水平以及利益和需要等，从而形成不同社区的地域特点。它对该社区内的幼儿生活、身心发展也会产生不同的影响，从而导致社区幼儿教育具有明显的地域性特点。

2. 广泛性

学前儿童社区教育的对象是社区内的学前儿童以及家长和看护人，教育内容除了培养学前儿童的身心品质以外，还涉及优生知识、指导优育、宣传优教等。因而学前儿童社区教育工作不仅仅是学龄前儿童的教育工作，同时还包括对学龄前儿童的家长和看护人的教育、服务工作。与幼儿园教育相比，它就显得更加广泛而灵活，内容也十分丰富。

3. 整合性

社区教育资源涉及物质环境、组织管理、文化和人力诸多方面，且分散在学前儿童社区教育的各项活动中。要为社区全体成员提供教育服务，就需动员社区的各方面力量乃至全体成员广泛参与，将社区内教育、卫生保健、文化娱乐、社会服务、福利保障等相关部门及工作有机联系起来，有效地整合各种资源，开展适合本社区需要的多种形式的教育服务，推动家庭、幼儿园和社区的合作。

4. 双向性

幼儿园为社区服务，社区支持幼儿园教育。社区的和谐发展离不开幼儿园等教育机构，幼儿园教育离不开社区的支持和配合。因此，学前儿童社区教育是社区和幼儿园之间双向互动、互利互惠的过程，也只有通过双向互动，学前儿童社区教育才能得到更好的发展。

三、学前儿童社区教育的内容与形式

1. 构建社区学前教育工作网络

社区学前教育以"三优"（优生、优育、优教）工程为中心，充分发挥各方面优势，深入家庭向广大群众普及科学育儿知识，形成卫生保健部门或医院、教育机构、文化宣传机构共同参与的教育工作网络，实施托幼一体化的早期潜能开发与素质教育，打破生育、养育、教育在阶段上分步走的陈旧观念与做法，真正使优生、优育、优教有机融合、同步实施。

2. 建立社区学前教育管理体制

成立由家长、教师、民众代表组成的社区教育工作机构，建立儿童早期发展质量目标管理体系、评价系统和督导制度，创造"评估——指导——发展——评估"不断循环互动的家庭、社区工作机制，制定以社区为依托的学前教育方案，如创办社区父母儿童学习活动中心、亲子俱乐部等，使父母学习、儿童教育两手一齐抓，把社区的整个家庭作为儿童早期发展的教育和干预对象，将科学育儿的工作全面推进。

3. 做好学前教育机构与社区双向服务

充分利用社区力量和社区内环境，开办儿童玩具图书馆、儿童游戏室、儿童乐园等多种形式的教育与活动场所，为广大儿童提供多种接触社会、加强交往的机会，培养儿童良好的社会适应能力。鼓励托儿所、亲子园等托幼机构向散居儿童开放，积极为社区服务，带动和促进整个社区人文环境的发展。

4. 促进家园、园际、社区间良性互动

全球性的信息化、网络化进程正在改变着人们的生活方式，给人们工作、娱乐乃至日常生活的各个层面带来了深刻的影响。社区利用信息技术，建立局域网及通信平台，使优质资源发挥更大的影响与辐射作用，供更多的教育机构、家庭、社区选择与共享；同时使家园、园际、社区间的交流天地更为宽广，沟通更为便捷，合作更为密切。这有利于教师、家长、社区实现良性互动，形成教育合力。

第三节　幼儿园与家庭、社区的教育合作

学前教育是一项系统工程，如果仅靠幼儿园的力量进行，忽略幼儿家庭和社区的主体作用，不仅难以真正保证学前教育质量，甚至会使幼儿园的许多教育工作都无法开展。《幼儿园教育指导纲要（试行）》更是明确提出了幼儿园应与家庭、社区密切合作的要求。

一、幼儿园与家庭的教育合作

家庭教育对幼儿的发展具有重要作用，且具有不同于机构教育和社区教育的特点。因此，加强幼儿园与家庭的合作（简称家园合作）能促使幼儿园与家庭形成教育合力。家园合作应该贯穿于幼儿园的日常活动之中。

（一）家园合作的意义

幼儿园的教育离不开与家庭的合作。《幼儿园工作规程》中明确规定："幼儿园应主动与幼儿家庭配合，共同担负教育幼儿的任务。"因此，幼儿园教师做好家园合作工作对提高保教质量具有十分重要的意义。

1. 形成教育合力，促进幼儿身心全面发展

家园合作如果开展得好，二者各自发挥优势，互相补充，互相配合，在教育观念、目标、内容、方法和态度上达成一致，形成合力，就会产生"1+1＞2"的效果。同时，家长对幼儿园教育工作的肯定和支持，有助于激发学前教师的职业幸福感和成就感。而家长对幼儿园教育工作的合理建议也有益于幼儿园不断改进工作，共同提高保教质量。

相反地，家园之间合作得不好或者缺乏合作，则势必会对幼儿的发展带来不利的影响。下面的案例反映了家园合作对于提高保教质量、促进幼儿发展的意义。

案 例

> 星期一，A老师埋怨说："孩子在家过了一个双休日，再回到幼儿园后，许多良好的行为习惯就退步了，如不认真吃饭、乱扔东西、活动时喜欢说话，真不知孩子在家时，家长是怎么教育的！"站在一旁的B老师颇有同感地说："是啊，如果家长都能按我们的要求去教育孩子，我们的工作就好做多了！"A老师接着说："这些家长不按我们的要求去做倒也罢了，还经常给我们提这样那样的意见，好像我们当老师的还不如他们懂得多，真拿这些家长没办法……"

2. 建设幼儿校外"课堂"，提高家长教育水平

家园合作能为家长提供学习机会，能够帮助家长树立教育好孩子的信心，获得教育的知识经验。家长可以通过幼儿园教师获得有关幼儿成长变化的信息，从而对自己孩子每天的新变化、新进步给予及时的鼓励和支持。同时，幼儿园也可以为家长提供各种有益的教育咨询，给家长分享先进的教育理念、教育技能和教育经验，指导家长充分认识家庭教育、社区教育的价值，学会积极利用各种教育资源教育孩子，使家庭成为幼儿的"第二课堂"，并不断地提高家长的教育水平。

（二）家园合作的原则

1. 尊重性原则

幼儿园教师与家长在人格上是平等的，教师在家长工作中，应当充分尊重家长的人

格，以平等人格主体的身份开展合作。实施尊重性原则应该做到：营造民主、平等、和谐的合作氛围；学会倾听；讲究语言艺术；保护家长和学前儿童的隐私；等等。

2. 方便性原则

任何合作的开展都要考虑到家长完成工作的可能性，不能以牺牲家长的利益为前提，而是要达到合作的双赢。在贯彻方便性原则时要注意考虑家长的工作时间、家长的专长、家长的经济条件等方面的情况。

3. 针对性原则

家园合作活动要根据学前儿童、幼儿园教师、家长、幼儿园教育、家庭教育等具体情况，准确判断当前存在的问题，有针对性地选择活动内容和方式，妥善安排，有的放矢。

4. 实事求是原则

家园合作活动要因地制宜，合理确定活动目标，根据现有资源设计开展符合幼儿园和家庭基础条件及物质设施的活动，不搞形式主义。

（三）家园合作的主要内容

学前教师在家园合作过程中起主导作用，是家园合作活动的发起者、组织者和参与者。从学前教师的角度来看，家园合作的内容主要包括以下两个方面：

1. 鼓励和引导幼儿家长参与幼儿园教育

开展家园合作，就是要让家长直接或间接地参与到幼儿园的教育过程中来，共同提高保教质量。首先，幼儿园应主动赢得家长的理解和支持，并就教育观念、保教目标与任务、教育方法途径等达成共识，从而增强家长对幼儿园工作的信赖感和参与的积极性。其次，家长作为幼儿的法定监护人，有权了解并参与到幼儿园的各项教育决策中来。幼儿园应该鼓励和引导家长了解并参与制定幼儿的个别教育计划及幼儿园的各项管理和决策，让幼儿家长监督和评价幼儿园的保教工作。再次，学前教师还可以鼓励家长为幼儿园提供人力或物力诸方面的服务，如邀请家长主持一些教育活动，为幼儿园提供财、物等方面的支持或信息服务，或献计献策，共同促进幼儿园的工作。

2. 指导和支持家长开展家庭教育

根据《幼儿园工作规程》的要求，"帮助家长创设良好的家庭环境，向家长宣传科学保育、教育幼儿的知识"是幼儿园的重要任务。帮助幼儿家长树立正确的教育观念，掌握科学的养育、教育方法是学前教师义不容辞的责任。家园合作中，学前教师应该帮助家长树立正确的儿童观和教育观，理解家庭教育的意义，明确家庭教育的责任，强化家长"不仅是养育者，也是教育者"的意识；帮助家长营造有利于幼儿身心健康成长的物质环境和精神环境，向家长宣传幼儿教育与心理方面的一般知识和基本方法，改善家长的教育行为和教育方法，指导家长有针对性地开展家庭教育。

（四）家园合作的途径

家园合作活动应该贯穿于幼儿园的日常活动之中，从家园合作活动主体的主导性来看，专门的家园合作途径分为以下两大类：

1. 以幼儿园为核心的家园合作活动

以幼儿园为核心的家园合作活动的主要目的：一是让家长了解孩子在幼儿园的各方面

表现、保教活动计划以及教师是如何教育孩子的，通过观察教师的教育行为和孩子的表现，反思和改进家庭教育；二是充分利用家长的教育资源，支持配合幼儿园的教育活动。具体形式如下：

（1）幼儿入（离）园的交谈。这是一种以询问、谈话为主要方式的个别交流形式，主要目的是让家长了解孩子在幼儿园的学习生活表现，让教师了解孩子在家庭里的行为表现以及所处的家庭环境。这也是最常见、最容易实施的沟通交流方式。

（2）家长专栏。幼儿园一般在园里的显眼处或班级门口设立"家长专栏"或"家园之窗"，将家教须知、幼儿园活动计划或食谱等内容登在上面，供家长了解幼儿园保教情况，宣传科学育儿知识等。

（3）家园联系手册。这是一种书面形式的个别交流方式，也是一种日常性家长工作形式，优点是能双向沟通，有连续性，可保存。

（4）便条或电话、短信、邮件联系。这是一种有效的个别交流方式，它往往只需教师的寥寥数语，就可以把孩子的点滴进步传达给家长。

（5）家访。针对孩子的实际，教师上门了解孩子与家庭的情况，以便有针对性地实施教育。

（6）教育活动开放日。教育活动开放日可以是家长在幼儿入园前对幼儿园整体环境设施设备与师资力量等情况的参观、访问，也可以是幼儿入园后的一日或半日活动的参观与听课。在入园前的开放日，教师可以邀请家长和幼儿一起来园，熟悉新教师和新环境，消除陌生感；也可以结合特殊日子和特殊活动（如六一儿童节、元旦、亲子运动会、毕业活动）让家长来园参观或和幼儿一起活动。

（7）幼儿学习成果展示与汇报会。举办幼儿学习成果展示与汇报会的目的就在于向家长汇报幼儿在园的学习生活情况，让家长对幼儿园放心，并给他们以教育的信心。

（8）家长QQ群或微信群。教师可以将幼儿园的重要信息、工作安排、要求等通过QQ群或微信群发布，同家长交流幼儿的教育发展情况，这是目前比较便捷的方式。

2. 以家长为核心的家园合作活动

以家长为核心的家园合作活动主要是为家长提供相应的帮助和指导，提高家长素质和家庭教育质量，促进幼儿身心健康发展，也就是幼儿园对家长进行的如何成为合格称职的好家长的教育。这种教育在德国称为"双亲教育"，在俄罗斯称为"家长教育"。在以家长为核心的家园合作活动中，家长既是受教育者又是教育者。一方面，他们需要向幼儿园教师学习科学的家庭教育方法；另一方面，他们又要把学到的东西运用到自己的家庭教育实践中。具体形式有：

（1）家长会。家长会大多是由家长集体参加，其内容相对集中于大家共同关心的问题。

（2）家长园地或家庭教育专刊。这是以文字形式定期对家长进行指导的一种形式。

（3）家教现场指导活动。这是一种互动观摩、直接指导的活动方式，常常是由教师通过对幼儿出现的问题或家长普遍关心的问题进行专门的教育活动设计，家长通过现场观摩来学习。

（4）家长沙龙。家长沙龙主要是为提供家长宽松的畅所欲言的交流环境和机会，可以由幼儿园提供场地，也可以由家长自愿在自己家里组织。

（5）家长座谈会。向家长汇报幼儿园工作，反映幼儿情况，发动家长配合幼儿园工作。

（6）家庭互助组。这是在幼儿园教师指导下，幼儿家庭之间自发成立的一种旨在幼儿教育问题上相互帮助的组织。

（7）家长学校或家庭教育讲座。面对面地向家长宣传教育知识，帮助家长树立正确的教育观念、学习科学的教育方法等。

二、幼儿园与社区的教育合作

幼儿园利用社区教育资源，使社区中一切具有教育意义的、可供幼儿园使用的人力资源、财力资源、物质资源和文化资源等充分发挥其教育教学价值。

（一）幼儿园和社区合作的意义

幼儿园是社区的有机组成部分之一，社区是社会大环境中与幼儿园关系最密切、对幼儿影响最大的方面。加强幼儿园与社区合作对于丰富幼儿园教学活动的内容和形式，提高幼儿园办园质量，促进幼儿全面发展具有重要的意义。

1. 有利于幼儿身心的健康发展

幼儿的健康成长有赖于其所生活的外部环境及与外部环境的交互作用。幼儿所在社区的自然环境和人文环境对幼儿身心发展有着特殊的意义。比如，成年人一回忆起幼儿时代生活过的街道、村庄、小镇、一草一木、山山水水时，总会伴随着十分美好、温馨的情感，这些情感构成了他们人生积极情感的重要内容，对人的一生都产生重要影响。

2. 有利于幼儿园充分发掘和利用社区教育资源

社区作为一个集生产、生活、文化等多种功能于一体的社会小区，能为幼儿园提供丰富的人力、物力、财力、场所等多方面的支持。社区的积极参与，让幼儿走进社区课堂，能使幼儿园教育变得更生动、更富有时代气息和地域特色。比如，让幼儿参观社区中的各种机构、设施，请社区的劳动模范、解放军战士、医务人员、警察叔叔等与幼儿共同活动；幼儿园在教育活动中将社区的历史、风俗、革命传统等作为本土课程资源来利用，使幼儿园教育内容丰富而有特色。

3. 有利于满足非在园幼儿的学习需要

幼儿园与社区开展合作，积极发展社区幼儿教育，不仅可以拓展在园幼儿的学习、成长机会，而且还可以为那些未能入园接受正规幼儿教育的孩子提供补偿教育，促进幼儿共同发展和教育平等。

4. 有利于增强幼儿家长的社区教育意识和教育水平

幼儿教育需要广泛动员社会各方面的力量，幼儿园教育离不开家庭、社会力量的支持。幼儿园主动与社区合作，为幼儿家长提供一些托养、教育等方面的服务以及对家长和社区其他成员的教育培训活动，既可以指导家长对幼儿的家庭教育，也可以增强幼儿家长的教育意识，提高他们的家庭教育水平和教育质量。

5. 有利于提高社区居民文化素养，促进精神文明建设

社区文化不仅对幼儿园教育有重要影响，而且也无形地影响着社区的每个成员。幼儿

园与社区合作，可以扩大学前教育的社会功能，有益于发挥教育对社区发展的作用。幼儿园通过宣传，可以使社区成员更加关心下一代的成长，关心和支持文化教育事业发展，提高社区居民的文化教育素养，营造良好的社区文化氛围，更好地推动精神文明建设。

总之，幼儿园与社区合作是社会发展对幼儿教育提出的客观要求，又是幼儿教育自身发展的内部需要。幼儿园应当积极地探索适应社会变化的新型教育模式，促进自身的持续发展。

（二）幼儿园与社区合作的内容

幼儿园的发展与社区的进步是相辅相成、相互促进的。就幼儿园方面来讲，我国幼儿园与社区合作的工作内容有以下两类：

1. 发掘社区资源，服务学前教育事业

幼儿园作为学前教育的主导方面，应主动争取合作，开发利用社区资源。

（1）开发利用社区的物质资源。

社区中的花草树木、名胜古迹、工作场所、设施设备等都是可供幼儿园选择和利用的教育资源，能够为社区学前教育提供丰富多彩的教育素材和学习生活空间。教师经常带领幼儿到街道、广场、花园、小区、博物馆等去嬉戏、玩耍，可以激发幼儿热爱自然、热爱家园、热爱社会的情感；带领幼儿走进超市、农场等人们劳动、生活的现场，可以丰富幼儿社会和自然方面的感性知识。

（2）开发利用社区的人力资源。

社区内有各种党政机关、企事业单位、社会团体等机构，以及各种人士、各类具有专业特长的居民等，他们是社区里最活跃的人力资源，是幼儿接触社会、认识社会、融入社会的重要人力媒介。幼儿园必须充分利用社区人力资源，创造幼儿与社区互动的机会，增进幼儿与社区互动的深度，通过"请进来，走出去"的方式开发、整合园内外教育资源。比如，请小朋友喜爱的交警叔叔到幼儿园来教幼儿学做交通小指挥；请清洁工人讲环保的重要性和方法。

（3）开发利用社区的文化资源。

社区特有的风俗风气、生活方式、工艺美术及当地流传的故事传说、儿歌童谣等都是幼儿教育资源的重要来源。幼儿园通过吸取社区的优秀文化元素，融入幼儿园课程内容，开展相应的教育活动，有利于幼儿园文化特色建设。

2. 发挥自身优势，服务社区事业发展

幼儿园在利用社区资源发展自身的同时，还应该发挥自身作为专门教育机构的优势，充分利用幼儿园资源，以多种形式为社区发展服务，担负起社区学前教育的指导者、组织者和推动者的责任，向社区辐射教育功能，为幼儿发展创设良好的社会环境。

（1）树立幼儿园的文明形象，发挥文明示范的引领作用。

一所好的幼儿园可以成为社区精神文明的标志，对社区的精神文明建设起示范引领作用。幼儿园作为社区的组成部分，应提高自身的文明程度，为树立社区的精神文明形象做贡献，如美化幼儿园环境、提高幼儿园教师及工作人员的素质、培养幼儿良好的文明习惯等；也可以将社区生活活动和园内教育活动结合起来，如有的幼儿园开展环境教育，引导幼儿投入废物利用、节约用水电、爱护公共卫生等活动，这样不仅可以积极推动社区环境保护活动，同时促进幼儿素质和社区精神文明的发展。

（2）开放幼儿园的教育设施，与社区共享。

幼儿园处于社区幼儿教育的中心，拥有齐全的幼儿教育设施设备，幼儿园可以开放这些物质资源，适时适度地面向社区婴幼儿、家长开放，为居民提供便利条件。比如，以幼儿园的玩具图书为依托，建立"玩具图书馆"，在节假日、双休日等时间段定期面向社区婴幼儿及其家长开放，让他们共享幼儿园的这些玩具设施等教育资源，以便于增强社区幼儿的愉快体验，使幼儿更好地适应幼儿园生活。

（3）发挥幼儿园教师的专业优势，服务于社区幼教。

幼儿园不仅拥有完备的硬件设施和环境，而且还拥有经验丰富的专业师资力量。幼儿园教师可以充分发挥自己的优势和专业特长，积极为社区服务。比如，幼儿园可以设置"亲子园"、家长学校等社区学前教育机构，开展多种形式的学前教育，辅导社区内的教育活动，将先进的育儿理念和科学的育儿知识送到社区内的每个家庭，提高社区居民的育儿水平。幼儿园也可协助街道或居委会为所辖行政区域的社区居民开展"优生、优育、优教"的各种文化、娱乐、服务活动，引导家长开展家庭文化、广场文化、校园文化、楼道文化、院落文化等多种形式的文化教育活动。这样既能扩展幼儿的生活视野，充实幼儿的生活内容，又可以提高家长的文化素养和育儿素质，还可以建立幼儿园与社区的友好关系。

（三）幼儿园与社区合作的措施

1. 重视学前教育与社区的联系，建立社区学前教育基地

社区人群居住集中、便于管理，共同的生活意识为社区优化育人环境奠定了坚实的群众基础，而社区的丰厚资源也为学前教育提供了人力、物力的有力保障。学前教育社区化，不仅让父母方便照顾幼儿，也让幼儿易于接受教育。家庭、幼儿园和社区应充分合作，形成"三位一体"的教育效应，让社区成为所有父母和教养员共同探讨教育问题的场所。

首先，应优化社区的社会环境，使幼儿园成为社区的幼儿养育中心。建立起幼儿教育网，充分利用社区资源，发挥幼儿园在社区中的作用。社区可以考虑以幼儿家庭活动小组为中心，组织同类型的家庭交流育儿经验，帮助年轻父母建立科学的教养观念，掌握正确的育儿观，引导家长改变观念，学习新的育儿方法。其次，在和家庭的联系方面，幼儿园应以各种各样的形式支持家长关心幼儿的养育问题，创设家长参与的环境。例如，安排幼儿父母参观幼儿园，加强各个幼儿家长之间的联系；开展"父母教育"、开设双亲班、家长学校和组织家长小组会议等。

2. 充分利用好社区的活动场地

目前，不少社区在一定区域内都配有户外活动设施，这些设施看上去很简陋，却能极大地满足幼儿的需要。幼儿园可以充分利用社区广场、花园等硬件设施来组织各类教育活动。

3. 积极创设丰富幼儿生活体验的社区空间和环境

充分利用社区力量和社区内环境，给幼儿一个良好的生活开端。在社区中创设有趣味的、刺激的环境，以鼓励孩子去探索，去寻找新奇和感兴趣的事物，如设立儿童图书馆、儿童游戏室、儿童乐园、儿童文化活动中心等。这些措施不但能丰富幼儿的娱乐生活，更

能培养幼儿适应社会的能力。同时，幼儿园要积极为社区服务，引导家长开展家庭文化、社区文化，从而扩展幼儿的生活视野、充实幼儿的生活内容，提高家长的文化素养和育儿素质，并带动和促进整个社区人文环境的发展。

第四节　幼儿园与小学教育的衔接

案例导读

嘉鑫将要从幼儿园毕业升入小学一年级了，嘉鑫父母为了不让孩子输在起跑线上，充分利用暑假的时间给孩子报名参加了一些"幼小衔接班"。可是，上了一年级的嘉鑫并没有表现出学习上的优势，任课老师常跟嘉鑫父母反映，她的语文基础知识学得不扎实，数学课上觉得内容简单重复不认真听课，英语发音难以矫正。

近年来，上述这种现象屡有发生。家长们的那种"不能输在起跑线上"的错误思想使"幼小衔接班"受到了许多家长的青睐。那么上这些"幼小衔接班"真的有用吗？幼小衔接工作应该该如何有效开展？本节就要讨论这些问题。

一、幼儿园与小学教育衔接的概念和意义

（一）幼小衔接的概念

幼儿园教育与小学教育是两个相互连接但又差异明显的教育阶段。儿童由幼儿园大班进入小学一年级是幼儿身心发展过程中所面临的一个重要转折期。进入小学后，随着生活、学习环境的变化，他们会遇到种种不适应。因此，《幼儿园工作规程》第三十三条明确指出："幼儿园和小学应密切联系，互相配合，注意两个阶段教育的相互衔接。"

幼小衔接是指幼儿园教育与小学教育的衔接，即幼儿园和小学根据儿童身心发展的阶段性和连续性规律，做好两个阶段的平衡过渡，使儿童能够为进入小学学习做好准备，顺利地完成角色转换，减少因两个教育阶段间的差异而引起的不适应给儿童身心发展带来的负面影响，进而为其终身发展打下基础。

（二）幼儿园教育与小学教育的差异

幼儿园教育和小学教育之间的差异主要表现在以下几个方面：

1. 学习方式

在幼儿园，游戏、生活、交往和各种物质材料操作是幼儿学习的主要方式。他们在幼儿园教师创设的各种环境和条件下，自由活泼、轻松愉快地学习。

在小学，课堂教学是基本的学习方式，教学活动有明确、严格的学科界限，每个学科

第九章 学前教育的合作与衔接

有具体的教学目标和考核要求，学生通过教师的教学活动来学习和掌握系统的科学文化知识，培养良好的日常行为习惯。

2. 学习、生活环境

在幼儿园，从环境布置看，色彩丰富、温馨、生动活泼，课桌椅的排列摆放可以根据需要灵活调整，学习、生活设施一般都比较集中，各种活动区可供儿童自由自在地游戏、观察、娱乐，儿童活动的空间弹性大。从作息时间看，幼儿园一日生活的安排体现动静交替的原则，领域活动日均时间不超过2小时甚至更少，更多的时间是游戏和户外活动，午睡2小时后有午后点心。生活管理带有很强的灵活性。

进入小学，教室布置相对单调，课桌椅固定且规则摆放，没有玩具和其他娱乐设备，公共运动设施多是全校合用的，大多数并不适合刚入学的低年级学生使用。作息时间上，上午安排3~4节学科课程，下午1~2节。课间休息和游戏时间很短，午睡得不到保证，管理上严格且带有强制性。

3. 师生关系

在幼儿园，每个班有配备2~4名保教人员，他们的工作职责就是组织并参与儿童一日生活中的游戏、运动、观察、娱乐等各项活动，对儿童的冷暖、饮食、睡眠、如厕、清洁卫生等各个方面都要照顾得周到细致，与幼儿个别接触谈话的机会较多、时间较长、涉及面较广，师幼之间容易形成亲密融洽的心理气氛。

在小学，每个班都有一个固定的班主任，但小学课程门类多，接触的老师比幼儿园多，老师的主要精力也都放在教学目标的实现和考试成绩上，对学生的生活过问较少。老师与儿童的交流集中在课堂上和集体活动中，除班干部和有特殊行为问题的学生外，师生个别接触的机会很少，涉及面较窄。小学教师态度严肃，对儿童的了解不够全面、深入，师生关系相对疏远。

4. 期望与评价

在幼儿园，社会及家庭对幼儿的期望相对较低，表现为：幼儿园没有升学率的压力，没有非完成不可的学习任务，没有家庭作业和考试安排，因此幼儿的压力小，自主支配时间多。

进入小学后，社会及家庭的要求相对严格，期望高。因为小学教育有明确的目标任务，学习成为儿童必须完成的任务，有一定数量的家庭作业和专门的考试来测评学习效果。小学老师把考试成绩作为评价儿童的主要指标，有升学的压力，儿童学习压力相对较大，自由时间少。

（三）幼小衔接的意义

儿童身心发展的阶段性规律，决定了教育工作的阶段性。处于幼儿园与小学阶段的儿童具有不尽相同的身心发展特征。幼儿园与小学两个教育阶段之间既有区别又有联系，幼儿园教育是小学教育的基础，小学教育是幼儿园教育的延续和提高。为了使儿童能够为进入小学学习做好准备，顺利地完成角色转换，幼小衔接工作就显得特别重要。

1. 是儿童身心发展规律的客观要求

儿童在不同的发展阶段有不同的机体特征、心理特点和社会性需要。儿童发展的各个阶段是连续的、渐进的发展过程，前后两个发展阶段存在一个过渡时期。儿童从幼儿园进

入小学就是处在这样一个过渡期。因此，幼儿园和小学的教育工作者必须对这一阶段儿童的发展特点和需要有足够的认识，相互了解和沟通，互相配合做好幼小衔接工作，采取行之有效的教育方法，为儿童提供有效的帮助，以便入学后顺利适应新的生活。

2. 有利于促进儿童身心健康发展

幼儿园阶段是一个人终身发展的奠基阶段，也是形成个体心理特点、情感态度、行为习惯的关键时期。幼小衔接工作做得如何将直接影响儿童今后身体、心理和社会性等各方面的发展。因此，明确幼儿园教育在人的终身教育中所处的地位，把儿童上小学看成是实现人的终身发展中一个必经阶段，努力培养儿童的独立性、主动性和自制能力，提高儿童适应新变化的能力，使儿童在人的终身发展中有一个良好的开端。

3. 为小学阶段的教育打下坚实的基础

对于刚进入小学的儿童来说，新的教育环境和生活条件对他们都提出了更高、更新的要求，要求他们尽快适应新的环境，这是有一定难度的。如果幼儿园对幼儿入学的准备工作不够充分，那么小学环境的陌生、要求的悬殊等变化，都会使儿童在身体和心理上感到负担过重，甚至造成儿童体质下降，学习积极性减退，对学习产生厌倦情绪等，这样会严重挫伤儿童的学习信心和独立性。因此，做好幼小衔接工作，使儿童能够顺利过渡，就成为保证九年制义务教育质量提高的重要任务。

4. 引导幼儿教育走向科学化

《幼儿园教育指导纲要（试行）》明确指出："幼儿园与家庭、社区密切合作，与小学相互衔接，综合利用各种教育资源，共同为幼儿的发展创造良好的条件。"[①]《国务院关于当前发展学前教育的若干意见》指出："坚持科学保教，促进幼儿身心健康发展。""遵循幼儿身心发展规律，……防止和纠正幼儿园教育'小学化'倾向。"[②] 长期以来，在幼小衔接问题上，人们只重视知识上的片面衔接，不注重幼儿学习习惯、学习兴趣以及社会适应能力的衔接，因此在幼小衔接过程中，常常会出现幼儿园关注小学情况多一些的现象，造成了单向衔接的局面。幼儿园和小学教师也越来越认识到，衔接工作做得如何直接影响儿童入学后的适应和今后的健康成长，影响义务教育质量的提高。幼小衔接问题是长期被教育工作者和家长关注却一直没有得到很好解决的世界性难题。因此，积极开展幼小衔接工作的理论和实践探索，可促使我国幼儿园与小学的衔接工作走上科学化的道路，从而有效地帮助幼儿尽快适应小学生活。

二、幼儿园与小学教育衔接的内容和方法

（一）幼儿园和家庭做好幼儿的入学准备

幼小衔接工作不是幼儿园或小学单方面的工作，也不是提前按小学教育的内容和形式

---

① 中华人民共和国教育部. 幼儿园教育指导纲要［EB/OL］. http://www.moe.gov.cn/srcsite/A26/s7054/200108/t20010801_166067.html，2001-08-01.

② 中华人民共和国国务院. 国务院关于当前发展学前教育的若干意见［EB/OL］. http://www.gov.cn/zhengce/content/2010-11/24/content_5421.htm，2010-11-24.

来对尚在幼儿园的孩子进行训练,而是要求做好入学准备。所谓入学准备,是指根据幼儿园向小学过渡期的幼儿身心特点,从情感、态度、认知、能力诸方面使幼儿做好准备,为幼儿终身发展打下良好的基础。

1. 培养幼儿对小学生活的热爱和向往

幼儿园和家庭需要帮助幼儿了解小学生活,引导幼儿用积极的态度看待小学生活,并创造机会让幼儿获得更多的积极情感体验。例如,组织幼儿有计划地参观小学,安排优秀的小学一年级学生到幼儿园大班进行交流,以帮助幼儿加深对小学生活的认识。

2. 培养幼儿对小学生活的适应性

首先,培养幼儿参与活动的主动性。幼儿园和教师多提供让幼儿自己选择、计划、决定的机会和条件,鼓励他们去探索、去尝试,并使他们尽量获得成功的体验。

其次,培养幼儿的自我依赖,发展独立性。逐渐培养幼儿的自我依赖,让幼儿知道什么时候该做什么事情,并自觉地去做,培养幼儿自理、自觉的能力,逐渐减少对他们的直接干预。

再次,发展幼儿的人际交往能力。人际交往能力差的幼儿胆小,不能主动与同伴交往,或与同伴不能友好相处,遇到问题也不敢去找老师反映或寻求帮助等。这些导致他们学习的兴趣大大降低,学校的吸引力也随之消失。因此,在幼儿园里必须发展幼儿的人际交往能力。

最后,培养幼儿的规则意识和任务意识。一方面,幼儿园教师要有计划地培养幼儿的规则意识和任务意识,并逐步培养时间观念。另一方面,低年级教师进行规则教育时要循序渐进,并通过鼓励的方式逐步提升新生的任务意识。

3. 帮助幼儿做好入学前的学习准备

首先,引导幼儿掌握正确的学习方法,并养成良好的学习习惯。这些方法和习惯包括正确的握笔姿势、阅读的习惯,做事认真的习惯,读书写字保持正确姿势的习惯,保持文具、书本整洁的习惯等。

其次,培养幼儿在学习方面的非智力品质。所谓非智力品质,主要指影响智力活动的各种个性品质,主要是指求知欲、学习积极性、受挫能力、意志力、自信心等。例如,培养他们做事坚持到底、不怕困难的意志品质,这一品质对于完成小学作业十分重要。

最后,帮助幼儿丰富感性经验,发展思维能力。调查表明,我国幼儿在数学学习准备上偏重知识灌输,思维能力的准备明显不足。而只有发展幼儿的思维能力、分析问题和解决问题的能力,才能真正让他们在小学学好数学,并能在今后保持发展的后劲。

(二)小学和家庭为儿童做好入学适应

1. 小学做好迎接新生的充分准备

幼小衔接不仅仅要求幼儿被动地适应小学这个新环境,小学也要主动进行适当的调整,以尽可能减少小学和幼儿园之间的差别,帮助新生顺利实现角色转换。具体来说,小学应当从以下几个方面做好准备:

第一,定期安排一年级教师前往幼儿园观察了解大班幼儿的学习方式和学习特点,与幼儿园教师开展合作教研,学习针对幼儿期学习特点进行指导的方法。

第二，适当调整一年级的作息制度，如适当缩短一堂课的时间，增加课间游戏时间，适当多组织一些形式多样、有趣的集体课外活动，让新生对小学有更强烈的适应性。

第三，多采用直观的辅助手段进行教学，用直观形象的图片、音（视）频、动画、模型、实物等学习材料来帮助新生掌握新知识。

第四，小学还可以根据实际情况设置一名专职或兼职的"新生辅导员"，专门负责与新生打交道，以满足新生对个别化的师生交往的需求，并及早发现出现适应困难的新生，及时给予帮助。

第五，小学还要注意及时向家长反馈新生入学后的适应情况，并引导家长正确对孩子进行入学后的教育和学习辅导。

2. 家庭做好支持孩子上小学的充分准备

首先，家长要向孩子表示"祝贺"，以进一步激发孩子上小学的动机。常见的祝贺方式如："你今天终于成为一名光荣的小学生了，爸爸妈妈祝贺你！"

其次，家长要耐心地鼓励孩子勇敢地担当新角色，如告诉孩子："爸爸妈妈相信你一定能够成为一名了不起的小学生！"杜绝用威胁、恐吓、打骂等方式逼孩子去上学。

再次，父母及其他家庭成员要保持和睦的家庭关系，给孩子营造一个积极、健康的情感氛围，使得孩子保持乐观向上的情感状态，从而以积极主动的方式与同学和老师交往。

最后，家庭要保持良好的作息时间，按时接送孩子上学放学，每天让孩子讲讲学校里发生的有趣的事情，陪孩子一起做家庭作业等。

（三）教育行政部门有效监管

做好幼小衔接工作，彻底消除小学化现象，关键在教育行政部门的管理是否到位。目前，应重点做好以下工作：

1. 加强对幼儿园幼小衔接工作的管理，规范幼儿园办园行为

督促各类幼儿园全面贯彻执行《幼儿园教育指导纲要（试行）》和《3~6岁儿童学习与发展指南》，坚持正确的办园方向，加强教学活动管理，坚决反对各类经典诵读、英语、珠心算等"特色教育"以及兴趣班、学前班、幼小衔接班等小学化倾向。

加强对幼儿园设立的管理，坚持设立幼儿园不仅要有基本的硬件条件，还要有基本的师资队伍条件，要能基本全面、准确地贯彻执行《幼儿园教育指导纲要（试行）》和《3~6岁儿童学习与发展指南》，保证正常的教学秩序。

加强对幼儿园开展"幼小衔接"的指导，敦促幼儿园根据幼儿身心发展规律和本园幼儿特点建立完整的幼小衔接活动体系，有计划地开展幼小衔接活动。

加强对幼儿园日常工作的检查督导。对办园方向不正确、出现小学化现象的幼儿园，要及时给予批评教育；对小学化倾向比较严重的幼儿园，给予必要处分；对非法举办的幼儿园、对小学化倾向严重且屡教不改的幼儿园，一律予以取缔。

2. 加强对小学幼小衔接工作的管理，规范小学办学行为

加强对小学招生工作的监管，严禁以各种借口拒绝适龄儿童就近入学，严禁以任何名义组织新生进行入学考试。指定对口合作的小学与幼儿园，要求小学根据儿童身心发展特点与入学适应情况，主动与对口幼儿园合作开展"幼小衔接"活动，帮助幼儿及家长及

时、充分地做好入学准备。

3. 针对幼小衔接做好社会宣传和监督工作

加强对社会办学机构的管理，禁止以任何名义开办与小学入学挂钩的各种培训班。督促幼儿园、小学引导家长树立科学的儿童观、教育观，认识到幼儿园教育小学化的危害。利用报刊、网络、电视等大众传播媒介，介绍幼儿园教育的基本理念、内容与方法，幼小衔接工作的意义、内容与途径，以及科学保教、科学育儿、促进儿童健康成长的科学观念，引导社会树立正确的教育观念。建立监督、投诉点，以便及时发现"小学化"行为及其他违反教育相关法规行为，解决幼小衔接工作中存在的问题。督促教研部门加强对幼小衔接工作的研究，指导幼儿园、小学科学地做好幼小衔接工作。

总之，幼小衔接需要幼儿园、小学和家庭乃至整个社会携起手来，共同努力、彼此配合，才能取得理想的效果。

三、幼小衔接工作应注意的问题

（一）幼小衔接工作应贯穿于整个幼儿期

儿童进入小学所需要的生理、心理条件，都需要经过长期系统的培养。学前期是良好行为习惯、自信心、独立性的培养和形成的关键期，促进儿童身体的生长发育，增强体质，更是整个学前期的主要任务。因此，幼儿园教师要有计划地进行幼儿入学准备教育。

（二）全面培养幼儿的素质，避免幼儿园教育小学化

培养儿童入学适应性要以培养幼儿全面素质发展为主要任务，要避免重智育，轻体育、德育、美育等工作的倾向。在促进幼儿智力发展的同时，要注重对学习的主动性、学习兴趣和学习习惯等非智力因素的培养。实际上，学习兴趣、主动性和良好学习习惯是一个人获得成功的必要条件，没有这些非智力因素的促进和保证，即使开始时取得很好的成绩，最终也难以持久。

全面培养幼儿的素质更要避免幼儿园教育小学化，不能把入学准备工作等同于教幼儿拼音、识字、计算。《幼儿园工作规程》指出："幼儿园不得提前教授小学教育内容，不得开展任何违背幼儿身心发展规律的活动。"[1] 教育者应该清醒地认识到，帮助儿童做好入学前的准备，主要是提高幼儿的入学适应性，而不是提前教给幼儿小学的知识。因此，教育者应针对幼儿的特点和实际需要，培养幼儿适应新环境的各种素质，帮助幼儿顺利完成幼小过渡。

（三）幼儿园、小学、家庭共同做好幼小衔接工作，避免幼小衔接单向化

幼小衔接工作不是仅靠某一方面的力量就能完成的，它需要幼儿园、小学、家庭等多方协调一致，共同做好该项工作。因此，幼儿园应充分发掘家庭和社区教育资源的作用，视家庭、小学为"幼儿园重要的合作伙伴"，避免幼小衔接单向化，尤其是幼儿园单方面"关起门来做衔接"的现象。

---

① 中华人民共和国教育部. 幼儿园工作规程［EB/OL］. http://www.moe.gov.cn/srcsite/A02/s5911/moe_621/201602/t20160229_231184.html，2016-3-2.

本章练习题

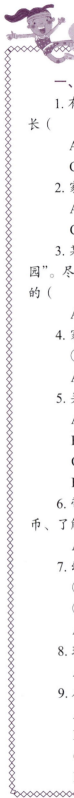

一、单项选择题

1. 有些家长要求幼儿园增加识字、计算等教学内容，其中最重要的原因是家长（　　）。
   A. 不理解教师　　　　　　　　B. 不清楚幼儿园教育的实质
   C. 不理解教育　　　　　　　　D. 不了解幼儿园的教学方法

2. 家园合作有利于家长（　　）。
   A. 改进家教观念　　　　　　　B. 减轻工作负担
   C. 提高生活水平　　　　　　　D. 促进身心发展

3. 某幼儿园放学时给学前儿童一张纸条上面写着"明天带一个旧轮胎到幼儿园"。尽管许多家长提出质疑，但老师还是坚持这样做。这种做法违背了家园合作的（　　）。
   A. 方便性原则　　B. 兴趣性原则　　C. 针对性原则　　D. 平等性原则

4. 家长个别参与家园合作的方式有（　　）。
   ①家长助教　　②家庭访问　　③家长会　　④家园联系手册
   A. ①②③　　　　B. ①②④　　　　C. ①③④　　　　D. ②③④

5. 关于幼儿园与社区合作的意义说法不正确的是（　　）。
   A. 优化社区学前教育
   B. 提高学前教育机构的教育质量
   C. 促进社区学前儿童的社会化发展
   D. 给社区学前儿童提供一个游玩场所

6. 带学前儿童参观社区内的菜市场和超市，让学前儿童通过自己购物认识货币、了解买卖、认识各类商品等。这是幼儿园利用社区（　　）的案例。
   A. 人力资源　　　B. 物质资源　　　C. 文化资源　　　D. 制度资源

7. 幼儿园利用本园资源为社区提供服务的具体方式有（　　）。
   ①幼儿园向社区开放　　　　　　②推动良好社区环境的建设
   ③为社区开展各种教育　　　　　④推荐各种幼教机构
   A. ①②③　　　　B. ①②④　　　　C. ①③④　　　　D. ②③④

8. 现代教育理论认为幼儿园与家庭的关系是（　　）。
   A. 伙伴关系　　B. 雇佣关系　　C. 上下关系　　D. 对立关系

9. 在教师与家长的关系上，下列哪种观点是正确的？（　　）
   A. 在园以教师为主，在家以家长为主
   B. 以教师为主，以家长为辅
   C. 教育能力强的一方为主
   D. 教师与家长是平等的，共同起教育作用

10. 学前教师了解幼儿最好的信息来源是（　　）。
    A. 幼儿同伴　　B. 师幼互动　　C. 幼儿家长　　D. 保教人员
11. （　　）是指家长通过不同的形式，参与幼儿园的一些教育教学活动，协助教师的工作，以丰富幼儿的学习经验，达到家庭与幼儿园的相互配合与协调一致。
    A. 家长学校　　B. 家长参与　　C. 家长会　　D. 家访
12. 幼儿学习适应困难主要表现在（　　）。
    A. 智力　　B. 知识　　C. 非智力因素　　D. 注意力

二、简答题

1. 学前儿童家庭教育有哪些特点？
2. 请举例说明学前儿童家庭教育的原则。
3. 幼儿园与家庭合作的主要内容有哪些？
4. 请说说为什么幼儿园要与家庭、社区进行合作。
5. 结合教育实际，简述家园合作的途径。

三、论述题

1. 论述学前教育与小学教育的差异、学前儿童入学的不适应及如何做好幼小衔接工作。
2. 幼儿园为什么要为幼儿入小学做准备？应做哪些准备？
3. 结合实例论述幼儿园如何充分挖掘和使用社区的各种资源。

四、材料分析题

材料：新学期开始，李老师和张老师担任幼儿园大班的教师，她们认为大班幼儿马上要进入小学学习了，为了做好幼小衔接，让学前儿童尽快适应小学生活，她们采取了小学化的教育模式。

问题：请你运用所学知识，对这一现象进行分析，并说一说如果你是大班教师，你会如何做。

第十章 学前教育评价

学习目标

1. 掌握学前教育评价的概念、意义和功能。
2. 了解学前教育评价的类型和评价的相关内容。
3. 初步运用不同的方法对学前教育内容进行评价。

案例导读

一位老师利用3周的时间，通过观察幼儿在一日生活中的表现对其全班幼儿的社会交往行为进行了评价，她发现有的小朋友能够与他人友好交往，而有的小朋友经常与他人发生冲突。于是这位老师借助一次幼儿之间的争吵，组织全班幼儿开展了一次关于"如何与其他小朋友进行交往"的讨论活动。

学前教育评价是什么？有什么用？用什么方法进行评价？上述案例包含了这些问题的答案。老师用观察的方法，获悉了关于幼儿的社会交往行为能力发展的基本情况，并将之作为确定以后的教育目标及内容的依据。

教育评价是学前教育工作的重要组成部分，是了解学前教育的适宜性、有效性，以便调整和改进工作，进而提高教育质量的必要手段。本章就什么是学前教育评价、学前教育应该评价什么以及怎么进行评价等问题进行阐述。

第一节 学前教育评价概述

一、学前教育评价的概念及意义

（一）学前教育评价的概念

评价其实就是价值判断的过程。比如，家长给幼儿选择这所幼儿园，而不选择那所幼儿园，就包含着对幼儿园的价值判断。评价是主体对客体有无价值以及价值大小所做的判断过程。以此推之，教育评价就是人们根据一定的社会教育性质、教育方针和教育目标，对所实施的各种教育活动的效果以及儿童发展水平进行价值的判断。

学前教育评价是学前教育体系的重要组成部分，是依据一定的标准，采用科学的方法对学前教育的各个方面进行价值判断，以促进幼儿全面发展的过程。在学前教育工作中，我们经常会遇到这样一些问题：小班幼儿的身高是否符合要求？学前教师的卫生保健工作是否达到标准？幼儿园管理人员为促进幼儿的发展采取了什么措施？措施是否有效？诸如此类问题，都是学前教育评价需要研究和解决的问题。

（二）学前教育评价的意义

1. 有利于促进学前儿童的发展

学前教育评价能让教师了解幼儿在身体、认知与语言、社会性等方面发展的水平，同时通过与学前儿童发展指标的对比，可以发现幼儿需要进一步提高的方面，确保教师有针对性地进行指导教育，从而促使幼儿得到更好的发展。

2. 有利于提高学前教师队伍的素质

学前教育评价针对卫生保健、教学活动、管理幼儿等工作方面的情况进行评价。通过教师自评、专家评价以及社会其他人员的评价，一方面可以使教师的工作得到公平、公正的判断，了解自己的现实水平；另一方面可以促使教师明白自己与目标之间的差距，明确未来发展的方向，从而激励他们努力工作。

3. 有利于加强幼儿园的教育管理

学前教育评价也是对幼儿园教育管理工作的有效监督，能使幼儿园了解自身在管理上的不足之处。它对提高幼儿园教育质量具有指导性的作用，有助于促进幼儿园在教育管理方面走向规范化和科学化。

二、学前教育评价的功能

（一）鉴定功能

借助评价，能检查和鉴定学前活动是否达到目标，或判断达到目标的程度。例如，通过评价，可以鉴定出教师组织的活动是否对幼儿的发展有效以及效果的大小。

（二）诊断功能

通过评价，可以及时发现与预定目标之间的差距，诊断存在的问题，从而明确今后应该努力的方向。例如，对一位幼儿的社会性发展进行评价，我们可以了解幼儿在社会性发展中还存在哪些不足之处，为今后教育提供参考依据。

（三）导向功能

学前教育评价的标准是依据《幼儿园教育指导纲要（试行）》《3~6岁儿童学习与发展指南》《幼儿园工作规程》等的目标与指导思想确定的，具有鲜明的导向作用。例如，《幼儿园教育指导纲要（试行）》中提到，在对幼儿发展状况进行评估时，应该全面了解幼儿的发展情况，防止片面化，尤其要避免只重视知识与技能，忽视对幼儿情感、社会性等方面的评价。因此，学前教育评价能促使教育者对照这些标准，把教育工作引向正确的方向。

（四）调节功能

学前教育评价的目的不仅在于鉴定、诊断，更重要的是被评价者能够根据评价结果及时地调整自己的教育观念与行为，并根据评价标准采取改进措施，以促进幼儿更好地发展。

（五）激励功能

学前教育评价的结果能够激励被评价者不断地进取。由于评价的结果会直接或间接地影响被评价者的形象、职称的评定等，因而会促使他们为了圆满完成工作而做出努力，同时，也会激励他们追求更高的发展目标。

三、学前教育评价的类型

（一）按评价的主体分类

依据评价的主体可以将其划分为：自我评价和他人评价。

（1）自我评价就是评价者按照一定的评价指标对自己进行评价，评价的主体与评价的对象是统一的。例如，教师在教学活动完成后的教学反思就是自我评价。自我评价的优点在于：第一，评价者容易接受评价的结果；第二，评价者在评价的过程中能够认识到自己的不足，提高自我反思能力；第三，易于进行，评价者可以随时随地进行。但自我评价缺乏外在的参照，主观性较强，评价的结果不客观，容易出现过高或过低评估自己教育教学水平的情况。

（2）他人评价是指除自身以外的任何人或组织对该对象所进行的评价。例如，家长对教师的评价，园长对教师的评价，教师对幼儿的评价，家长对幼儿的评价，教师之间的评价，教师对园长的评价。相比自我评价而言，他人评价的优点在于评价的结果相对客观、规范一些，但是他人评价的组织工作相对比较麻烦，不易进行。

（二）按评价的功能分类

依据评价的功能可以将其划分为：诊断性评价、形成性评价和总结性评价。

（1）诊断性评价是指在教育活动计划或方案开始之前进行的测定性或预测性评价，其目的是了解评价对象的基本情况，以便对"症"下"药"，也可称为"事先的评价"。例如，在幼儿刚入园时，对他们的身心发展状况进行测验，这样做的好处是让学前教师了解幼儿的发展水平，使以后的教育工作更有针对性。

（2）形成性评价是指在教育活动实施的过程中所进行的评价，其目的是获得改进或调整活动的依据，从而能够不断地调整、改进活动，以提高活动的质量，故也可称为"过程中的评价"。

（3）总结性评价是指在教学活动完成之后对其结果进行的评价，其目的主要是了解活动结果与目标之间的差距。总结性评价更加关心教育教学活动的结果，基本上不对过程进行评价。例如，在学期期末评定"优秀宝宝"，或对幼儿园的办园等级进行评定等。

（三）按评价的参照体系分类

按照此维度可将学前教育评价划分为：相对评价、绝对评价和自身差异评价。

（1）相对评价是指在被评价对象的集合中选取一个或几个对象作为标准，再把各个评价对象与标准进行比较的评价方法。例如，在对某市乡镇中心幼儿园进行评比时，可以选该市乡镇中心幼儿园中一所示范性幼儿园，通过对其办园条件的细分，将各项指标所达到的水平作为评价的标准，再把其他的乡镇中心幼儿园的办园水平与这所示范性幼儿园进行比较，以此来评价其他乡镇幼儿园的办园水平、教育质量等。

（2）绝对评价是指在评价对象的集合之外确定一个客观标准，再把集合中的各个评价对象与客观标准进行比较的评价方法。例如，看幼儿身高是否达到标准的评价就是绝对评价，评价中需要按照一个客观的身高标准来判断每个幼儿的发展情况，而不是在幼儿之间进行排队比较。

（3）自身差异评价是指将评价对象的过去和现在相比，或者是将某个对象的各个侧面相比较的评价方法。例如，将某个幼儿学期初与学期末语言发展测试的成绩相比较，或将某一个幼儿的身体、认知、社会性等方面进行比较，以此判断该幼儿哪一方面发展得相对更好一些，哪一方面则需要进一步提高等。

第二节　学前教育评价的内容

学前教育评价涉及幼儿园教育活动的方方面面，其主要包括学前儿童发展评价、学前教师工作评价、学前教育管理评价。下面就其主要内容进行介绍。

一、学前儿童发展评价

学前儿童发展评价的内容主要涉及幼儿身体健康与动作发展、认知与语言的发展、社会性与品德的发展等方面。

（一）身体健康与动作发展评价

幼儿身体健康与动作发展的内容主要包括生长发育水平、大肌肉动作、小肌肉动作。其中幼儿生长发育水平可以从身高、体重、视力、牙齿、血色素、微量元素等方面去评

价,这里对幼儿生长发育的评价主要依赖于妇幼保健院等专业机构,由医务人员利用精确的测量仪器进行的体质检测;在幼儿大肌肉动作发展中,走、跑、跳、投、平衡、钻爬、拍球等动作的发展是十分重要的,这里对幼儿大肌肉发展的评价既可以通过日常生活中的观察,也可以通过创设专门的情景或者直接测查来了解幼儿的发展水平;小肌肉动作发展可以从画、折、剪、穿、扣、系等方面去评价。表 10-1 中列举了幼儿大肌肉动作发展的评价指标与相应的评价标准。

表 10-1 大肌肉动作的等级标准①

内容	等级标准		
	一	二	三
走	上体正直自然地走	上体正直,上下肢协调地走	听信号自然、协调地走
跑	两臂在体侧屈肘自然而然地跑	协调、轻松地跑	听信号改变方向和变速跑
跳	立定跳远 60 厘米	立定跳远 80 厘米	立定跳远 100 厘米
平衡	能单脚站立 10 秒	能单脚站立 20 秒	能单脚站立 30 秒
拍球	单手连续拍球 10 下	左右手交替拍球 15 下	单手运球 10 米

(二)认知与语言发展评价

幼儿认知发展主要可以从感知能力、思维能力、知识经验方面进行评价。其中感知能力主要包括空间知觉、时间知觉、形状知觉以及观察力等;幼儿思维能力主要包括分类、想象、推理、守恒等;知识经验主要包括对自然、科学、音乐、美术的认识。表 10-2 是幼儿感知能力和思维能力的发展标准。

表 10-2 幼儿感知能力和思维能力发展评价表②

项目	等级标准 内容	一		二		三	
		标准内容	记录	标准内容	记录	标准内容	记录
感知能力	认识空间	知道上下、里外		知道前后、高低、远近		知道以自身为中心的左右	
	认识时间	知道白天、黑夜、早、晚		知道今天、明天和昨天		知道时间的某一点	
	观察力	能感知事物的明显特征		能感知事物的细微特征		能发现相似事物的细微差别	
思维推理能力	分类	能根据事物的明显特征分类		能根据物体的功用分类		能根据概念分类	
	想象	能根据图形进行想象		能根据图形进行较丰富的想象		能根据图形创造想象	
	推理	能根据图形进行推理		能根据图形间关系进行推理		能根据图形间较复杂关系进行推理	
	守恒	5 以内数的守恒		10 以内数的守恒		长度和体积守恒	

---

① 白爱宝. 幼儿发展评价手册 [M]. 北京:教育科学出版社,2002:61.
② 霍力岩. 学前教育评价 [M]. 北京:北京师范大学出版社,2000:84.

学前儿童语言的发展是十分迅速的，从婴儿时的牙牙学语到1岁左右可以说出单个词；2岁左右时，幼儿已经能说出简单的词；3岁左右已经掌握了一定的词汇量；4~5岁时儿童已经能够进行基本的对话交流。幼儿语言发展评价的内容主要包括倾听、表达、阅读、书写等方面。

下面是北京某幼儿园幼儿语言能力评价的指标体系：

语言理解能力：

——能听懂语言、按指示动作；

——能听懂故事情节；

——能理解文学作品的内容；

——能理解动词、连词、形容词；

——能领会文艺作品的情感与简单寓意。

语言表达能力：

——能正确发言，大胆表达愿望、回答问题；

——会说完整句，语意清楚地交谈；

——能口齿清楚地交谈、朗诵；

——会较连贯地讲述一段话；

——会生动地朗诵与讲述，会讨论、讲道理。

阅读能力：

——对图书感兴趣，会一页一页地翻书；

——会边看边讲画面内容；

——能看懂图书的主要情节；

——喜欢看书，会看书讲故事；

——能想象画面没表现的情节、对话与内心活动。

（三）社会性与品德发展评价

幼儿社会性与品德可以从自我系统、情绪情感、品德行为、交往行为方面来进行评价。其中自我系统主要包括自我认识、自信心、独立性、坚持性和好胜心等；情绪情感可以从表达与控制、爱周围人、爱集体方面来进行评价；品德行为主要包括礼貌、诚实、合作、遵守规则等；交往行为可以从幼儿与教师交往、与客人交往、与小朋友交往以及解决冲突方面来进行评价。

无论是情绪情感，还是交往行为都是幼儿在日常生活中最自然的表现，因此对幼儿社会性与品德的评价通常是依靠日常生活中的观察。表10-3是幼儿社会性与品德发展评价的指标与标准。

表 10-3　幼儿社会性与品德发展评价表[①]

领域	项目	标准内容	一 标准内容	记录	二 标准内容	记录	三 标准内容	记录
品德与社会性	自我系统	自我认知	知道自己的姓名、性别、年龄		知道自己的爱好		知道自己的优缺点	
		自信心	对完成简单事情或任务有信心		对完成稍有难度的任务有信心		对完成没有做过或有较大难度的任务有信心	
		独立性	在教师鼓励和要求下能独立做事		自己能做的事不请求帮助		喜欢独立做事情和独立思考问题	
		坚持性	能有始有终做完一件简单的事		在教师鼓励和要求下能独立做事		经常在较长时间内主动克服困难实现目标	
		好胜心	在感兴趣的活动中努力做好		在竞赛活动中努力争取好成绩		做任何事情努力争取好结果	
	情绪情感	表达与控制情绪	情绪一般较稳定，经劝说能控制消极情绪		情绪状态较好，一般能自己调节与控制消极情绪		情绪状态良好，用恰当方式对不同情景做出适宜反应	
		爱周围人	热爱、尊敬父母		亲近班里的老师和小朋友		关心父母、老师和小朋友，喜欢帮助他们做力所能及的事	
		爱集体	喜欢幼儿园，愿意参加集体活动		在教师引导下能关心班里的事，为集体做好事		能主动关心班里的事，维护集体荣誉	
	品德行为	礼貌	在成人提醒下能使用礼貌用语		能主动使用礼貌用语		能在不同情景下主动使用礼貌用语，举止文明	
		诚实	不说谎话，不随便拿别人东西		做错事能承认，捡到物品主动交还		做错事能承认，并努力改正，不背着成人做禁止做的事	
		合作	能与小朋友一起游戏		喜欢与小朋友合作游戏和做事		能成功地与小朋友合作游戏和做事	
		遵守规则	经提醒能遵守规则		能自觉遵守规则		能自觉遵守并维护规则	
	交往行为	与老师交往	对教师的主动交往能做出积极反应		有时能主动与教师交往		常主动发起与老师交往	
		与客人交往	见到客人不害怕、不回避		对客人的主动交往有积极反应		能主动与客人交往	
		与小朋友交往	对小朋友的主动交往能做出积极反应		有时能主动与小朋友交往		经常主动发起与小朋友的交往	
		解决冲突	与小朋友发生冲突时经成人帮助能和解		能用适宜的方式自己解决与其他小朋友的冲突		能帮助解决其他小朋友之间的冲突	

① 霍力岩. 学前教育评价 [M]. 北京：北京师范大学出版社，2000：85.

知识链接

帕顿的幼儿社会交往水平评价系统

美国著名的心理学家帕顿认为，儿童从2岁开始，就进入了从非社会性到社会性意识，再到距离接近，最终到进行交往的发展过程之中。他根据在游戏中幼儿社会性行为的不同表现和参与游戏的幼儿之间的相互关系，以社会性发展为标准将游戏行为划分为：偶然的或无所事事的行为、旁观行为、单独游戏、平行游戏、联合游戏以及合作游戏。

其中偶然的或无所事事的行为是指幼儿的行为缺乏目的性，带有很大的偶然性；旁观行为是指幼儿在旁边观看同伴的游戏或活动，有时会与之交谈，但不会参与到游戏之中；单独游戏是指幼儿单独一个人进行游戏，即使旁边有其他幼儿在场，也是一个人游戏；平行游戏是指幼儿以及他旁边、附近的幼儿都在玩与之相近或相同的游戏，但他们之间没有交流，也不会合作；联合游戏是指幼儿和他人一起玩游戏，但是没有围绕具体目标进行组织，游戏也没有共同的活动目标；合作游戏是指几个幼儿之间在一起围绕一个共同的游戏主题，通过计划与协商，合作来完成活动目标。帕顿的这种游戏行为分类可以很明显地看到儿童社会性发展和表现的差异，因此常被用作评价幼儿社会性交往水平的重要指标。

二、学前教师工作评价

学前教师工作的评价，是指对学前教师的各项教育工作的质量进行评价。它主要包括教师安全工作、卫生保健工作、教育活动设计与组织、对幼儿管理工作、环境创设工作和家长工作6个方面的评价内容。其中教师的安全工作可以从安全措施、安全意识、应急能力等方面去评价；卫生保健工作可以从一日生活安排和环境卫生方面去评价；教育活动设计与组织可以从教师活动目标的设计、内容的选择、教学方法的运用、教育的理念以及幼儿的表现等方面去评价；对幼儿的管理工作主要评价教师对幼儿管理的态度、方式等；环境创设工作主要评价物质环境的配备、墙饰的布置、区角的创设以及精神环境的氛围等；教师的家长工作主要从与家长的沟通、吸引家长参与活动等方面来进行评价。表10-4、表10-5列举了教师教学活动和教职员工与家长沟通的评价表，可供参考。

表 10-4　教学活动评价表[①]

评价要点		评价等级		
		A	B	C
目标	目标的年龄适宜性			
	目标的可落实性			
	目标的和谐性			
	目标实际的达成度			
内容	内容的年龄适宜性			
	内容与目标的一致性			
	内容的科学性			
	内容的生活性			
	相关环境材料的适宜性			
	内容的实际完成情况			
教师	教师讲解的适宜性			
	教师教学策略的适宜性			
	教师对幼儿的关注			
	教师评价的适宜性			
幼儿	幼儿的投入程度			
	幼儿的互动机会			
	幼儿面临的挑战			
	幼儿的学习习惯			

表 10-5　教职员工与家长沟通评价表[②]

等级	分数	指标
不合格	1	①没有为家长提供与活动相关的信息资料。 ②不鼓励家长观察或参与到儿童活动中
达标	3	①为家长提供管理方面的信息资料（如费用、工作时间、员工的健康要求）。 ②家长和教职员工分享与儿童相关的信息（如非正式的交流，邀请家长参加家长会，提供一些与养育相关的资料）。 ③有一些家长或家庭成员可能参与到儿童活动中。 ④家庭成员与教职员工间的交流总体上是积极的，显示出对对方的尊重

---

① 虞永平. 幼儿园教学活动的评价［J］. 早期教育，2005（2）.
② Harms T，Clifford R M，Cryer D .Early childhood environment rating scale. Revised Edition. New York: Teachers College Press，2005:67.

第十章 学前教育评价

续表

等级	分数	指标
良好	5	①更加鼓励家长观察而不是参与儿童活动。 ②让家长了解机构实践的原则和方法（如家长手册、纪律规定、活动描述）。 ③家长和教职员工之间有很多与儿童相关的信息分享（如频繁的非正式交流、定期的儿童会议、家长会、实时通信，提供与养育相关的资料）。 ④鼓励家庭通过各种可选择的方式参与到儿童活动中（如举行生日聚会，和儿童共进午餐）
优秀	7	①每年一次的家长评估活动（如家长问卷、集体评估会）。 ②须定时为家长推荐专业帮助（如特殊的养育帮助、与儿童健康有关的帮助）。 ③家长与教职员工一起参与活动的决策（如家长代表出席会议）

三、学前教育管理评价

学前教育管理的评价主要可以从保教情况和科研情况两个方面来进行评价。其中保教情况可以通过幼儿园的保教队伍和保教水平进行评价；科研情况可以从幼儿园的课题、园本教研等方面去评价。

表10-6是江苏省优质幼儿园保教队伍和保教水平的评价标准体系，可供参考。

表10-6 保教队伍和保教水平评价表

指标	评估标准
保教队伍	1. 正、副园长具备学前教育专业大专以上学历，符合《幼儿园园长任职资格》要求和园长"岗位能力要求"
	2. 保教人员配备保证两教一保，满足工作需要
	3. 专任教师均具备学前教师资格，50%以上达大专学历
	4. 保健教师具有中等卫生学校及以上学历，保育员受过幼儿保育专业培训
	5. 注重园本教研和学历提高，制定并实施教师专业发展规划；幼儿园保教人员业务档案健全
	6. 教师具有较强的教科研意识，人人参加教科研活动，教科研活动效益高
	7. 实行园长负责制、教师聘用制、岗位责任制，教职工具有良好的职业道德、保教技能和团队精神

续表

指标	评估标准
保教水平	1. 保教工作有特色，游戏活动能充分满足幼儿游戏的意愿，体育活动张弛有度，强度密度合理，学习活动有序、有层次，有利于启发幼儿思维
	2. 生活作息安排符合幼儿身心特点、季节特点，两餐间隔时间不少于3.5小时，幼儿户外活动（常态下）时间2小时以上，户外体育活动时间1小时以上，游戏时间3小时以上
	3. 活动目标明确具体，符合幼儿的年龄特点和班级实际水平，有层次、可操作；合理利用本地区自然、社会、文化等教育资源和幼儿生活中的教育因素
	4. 幼儿走、跑、跳、投、钻、攀爬等基本动作正确、协调；能熟练、规范使用常用的学习、劳动工具及各种材料，具有与年龄相适应的操作技能；具有基本的生活自理能力
	5. 能听懂和理解简单的语意，愿意与他人交谈，并能清楚地表达自己的意愿；喜欢阅读，能初步理解图画、符号的意思，有良好的阅读习惯；能初步感受自然、生活和艺术中的美
	6. 有良好的进餐、睡眠、如厕、盥洗和保持个人整洁的卫生习惯；坐、行、读、写姿势正确；活动中有规则意识和任务意识，活动后能及时整理物品
	7. 日常生活中愉悦、轻松、满足，情绪稳定；喜欢和信任教师、保育员，接纳和亲近同伴；喜欢参加群体活动，在活动中懂得与他人相处的方法和礼仪，乐意与同伴合作

第三节 学前教育评价的方法与步骤

一、学前教育评价的方法

由于学前教育评价的内容涵盖了幼儿、教师工作以及幼儿园的教育管理等方方面面，因此我们可以选取多种评价方法。幼儿园教育评价过程中常用的方法有观察法、谈话法、问卷调查法和档案袋评定法。

（一）观察法

观察法是评价者在自然的状态下对被评价者的言行进行有目的、有计划的观察，然后对其言行进行分析、解释的方法。观察法是学前教育评价中最基本的一种方法，它一般可以分为以下几种：

1. 连续观察法

连续观察法是评价者按时间顺序来详细记录被评价者言行的方法。连续观察的时间长可以是几分钟、几天、几周、半年或者1年等，要求在选定的观察时间内把认为能判断被评价者发展情况的言行全部真实地记录下来。例如，表10-7是对一位4岁幼儿社会性与认识的观察记录。

表 10-7　连续记录的范例①

姓名：克里斯多夫
年龄：4 岁
地点：卡德卡尔
日期：20××年6月21日8：40~9：10
观察者：珀塔
观察发展类型：社会性与认知

事件	注解或评论
克里斯多夫正在玩玩具。他说："凯莉，我能一直玩这个玩具吗？"在得到回答之前，他一直在问。之后，他挪到一个玩具吉他附近玩。他在教室里来回走动，以监督其他小朋友，他告诉每个人要按照老师说的那样坐在桌子旁边。 　　克里斯多夫坐在朋友的旁边一起谈论格兰诺拉麦片。他认真地观察聆听两边的谈话，丝毫没有受到一个大发脾气的小朋友的影响。后来，他注意到这个女孩一直看着他。 　　克里斯多夫遵循老师的指示。他想悄悄地参与进去。一个男孩子把他推了出来。克里斯多夫告诉男孩，如果他想听，他就可以听。这使得克里斯多夫违背了老师的意思。他不得不坐到圆圈的外面。他走到椅子附近坐下来，但是立马站了起来，趁着老师不注意回到了圆圈中，他又重新加入了进来。 　　克里斯多夫在闲谈中泄露了一个孩子藏钱的事情。克里斯多夫被要求调换一下位置，他想知道调换的原因。虽然没有人直接告诉他，但他站起来推了一下桌子下面的椅子。他想解释他为什么把脾气发到另一个爱挑剔的孩子身上。 　　克里斯多夫参与到老师正在读的故事的提问中。开始时他环顾了一下周围，接着又回到故事上来。他玩了会儿自己的袜子，又参与到小组的故事问答中来（现在是一只脚，现在是狄波拉的另一只脚）（在参与故事的过程中，他身体的某些部位一直在不停地晃动）。现在他不动了，接着听故事。当孩子们评论故事的时候，克里斯多夫用手捂住了耳朵。接着，他马上说出自己的想法。之后，他再次变得很安静。直到读完故事之前，整个圆圈都相当安静。 　　随着故事的结束，克里斯多夫说："我让荆棘丛给划伤了。"他安静地坐着转来转去。"我们怎么才能除去那里的植物呢？"克里斯多夫问老师。（一株植物早先被除掉过）"不是我，不是我。"他说。	克里斯多夫对别人很有礼貌。 克里斯多夫督促同伴遵守纪律。 克里斯多夫对他人的谈话很感兴趣。 克里斯多夫试图弄明白小朋友的行为。 克里斯多夫能使用合适的方式维护自己。 克里斯多夫想知道自己做一些事情的原因。 克里斯多夫有自我控制能力。 克里斯多夫做出回应，对故事中的人物表示同情。

---

①　［苏］克拉克·沃瑟姆. 学前教育评价［M］. 向海英，译. 北京：北京师范大学出版社，2013：133-134.

2. 时间取样观察法

时间取样观察法是在选定的时间段内观察记录预选行为出现频率的一种方法。运用时间取样观察法需要提前确定观察何种行为、观察的时间间隔是多少以及如何对预选行为进行记录（文字、表格等）。需要注意的是，在观察的过程中可以对其他无关行为忽略不计。下面举一实例，来说明应该如何运用时间取样法。

观察内容：在幼儿自由游戏时每隔 5 分钟对全班 25 名幼儿观察 10 秒，记录幼儿的行为表现。观察表格（表 10-8）预先准备好。

表 10-8 幼儿自由游戏观察表①

姓名	10:00			10:05			10:10			10:15			10:20			10:25			10:30			总计		
	S	P	C	S	P	C	S	P	C	S	P	C	S	P	C	S	P	C	S	P	C			

S 代表幼儿独自的游戏，P 代表幼儿平行的游戏，C 代表幼儿合作的游戏。

观察说明：

①在 10:00—10:30 的 30 分钟游戏活动中，每 5 分钟观察每个幼儿各 10 秒钟。

②记录幼儿在 10 秒钟内出现的独自游戏、平行游戏或合作游戏行为，在表格相应处打"√"。

3. 事件取样观察法

事件取样观察法是评价者对某种特定的事件进行观察的一种方法。评价者事先应该明确观察的目的、事件，与时间取样法不同的是它不受时间的限制，只要观察的事件一出现便可进行记录。事件取样法常常被用于寻找行为发生的原因或结果。表 10-9 是事件取样法的范例。

表 10-9 事件取样法的范例②

姓名：塔米卡
年龄：4 岁
地点：玛丽儿童促进中心
日期和时间：4 月 2 日下午 2:30~3:30
观察者：马尔西
观察发展类型：社会性/情感
塔米卡频繁的攻击性行为

时间	先前事件	目标行为	后续事件
2:41	塔米卡和罗西正在吃点心。罗西拿走了塔米卡的饼干。	塔米卡打了罗西。	罗西告诉了老师。
3:20	约翰正在图书馆中心看一本书。塔米卡向约翰要这本书，约翰拒绝了塔米卡的要求。	塔米卡一把抢过这本书，并且打了约翰。	约翰进行了还击，把书抢了回去。塔米卡找了另一本书坐了下来。

---

① 霍力岩. 学前教育评价 [M]. 北京：北京师范大学出版社，2000：221.

② [苏] 克拉克·沃瑟姆. 学前教育评价 [M]. 向海英，译. 北京：北京师范大学出版社，2013：138.

无论选择哪种类型的观察法或是事件取样观察法都应该注意以下几点：第一，确定观察的内容，防止观察时注意力分散；第二，制订观察的计划，即规划好观察的时间、地点、对象、记录的方式或表格；第三，遵守客观的原则，为了防止观察结果受到个人主观经验的影响，可以请几个人同时进行观察。

（二）谈话法

谈话法是指评价者与被评价者通过面对面的交谈来获取信息的方法。例如，通过访谈家长，可以了解幼儿在家的表现；通过与教师交谈，可以获得教师的教育观念、活动组织等信息，然后进行评价。谈话法的优点在于，一方面可以就交谈中被评价者不懂的内容及时进行说明；另一方面评价者可以根据被评价者的回答提出补充性的问题，以便获得更全面的信息。但不足之处在于费时、费力，与问卷法相比，收集到的资料不容易进行统计。运用谈话法时需要注意几点：第一，访谈应有明确的主题，不能脱离主题；第二，访谈时态度要亲切、诚恳；第三，避免提示或暗示性语言干扰被评价者；第四，选择合适的访谈时间。以下是教师与一位幼儿的谈话记录：

一次评价分类能力的结构性面谈[①]

> 尼克莎·希尔蒙所在幼儿园的儿童已经学过给物体分类的技能，在接下来的几个星期内，尼克莎在课堂上教儿童根据物理特征的不同把一堆物体分为两类。儿童已经对坚果、岩石以及班级里的植物进行了分类。今天，尼克莎在科学区放了各种各样的豆子，她正在对泰勒进行提问，她让泰勒把豆子分为两类。在泰勒对豆子进行分类的同时，尼克莎开始对他问一些提前就准备好的问题。
> 尼克莎：泰勒，你能解释一下你是根据什么来把这堆豆子分为两类的吗？
> 泰勒：把圆的分为一组，它们全部都是圆的。
> 尼克莎：那么，另外一组呢？
> 泰勒：它们都像这个一样（青豆），我不知道它们的名字。
> 尼克莎：很好，你已经把豆子分成了两类，一类豆子全部是圆的，另一类豆子拥有相同的形状。你是依据豆子形状的不同来对它们进行分类的。你还能想出其他办法来对豆子进行分类吗？
> 泰勒：（思考了一会儿之后）我还可以把豆子分成两类，一类全部是大的，另一类全部是小的。
> 尼克莎：除此之外还有其他办法吗？
> 泰勒：我想不出来了。

从尼克莎对泰勒的谈话中可以看出，尼克莎的谈话有着明确的主题，她的提问基本都是围绕"豆子的分类"进行的，没有偏离主题；同时，她的提问并没有暗示泰勒如何进行分类；此外，运用谈话法可以对泰勒的分类能力进行深入的了解。

（三）问卷调查法

问卷调查法是通过书面的形式，由评价者根据评价的目的来向被调查者发放问卷的一种方法。它是学前教育评价中重要的一种方法。调查问卷可以分为自填问卷和访谈问卷。自填问卷是指由本人自己进行填写，访谈问卷是指通过一问一答的形式进行访谈。由于幼儿年龄的限制，他们一般不能自己填写问卷，通常会由家长或教师通过阅读问卷的形式来记录幼儿的回答。问卷调查法可以在较短的时间收集到大量的信息，经济快捷，同时还便于统计分析，但是不易深入了解被调查对象的情况。问卷的编制是其非常重要的环节，在

[①] ［苏］克拉克·沃瑟姆. 学前教育评价［M］. 向海英，译. 北京：北京师范大学出版社，2013：226.

编制问卷时需要注意以下几点：第一，应根据调查对象的情况选择容易被理解且要避免用带有引导性的词汇来编拟问卷；第二，问卷最好采用匿名的形式，以保证内容的真实有效；第三，问卷编制好后，最好进行试测，根据试测结果进一步完善问卷，之后再正式发放。以下是对幼儿好奇心表现的调查问卷。

幼儿好奇心表现教师评定问卷[①]

尊敬的教师：

  因研究需要，我们希望得到您的帮助。请根据您对该幼儿一贯行为表现观察，对其下列行为发生频率从低到高，按照"1"="从不这样"，"2"="偶尔这样"，"3"="有时这样"，"4"="基本这样"，"5"="总是这样"的评定方式，在每一道题后所列的5个数字中做出选择。请您在所选的数字上面打对钩。选择本身没有对错之分。

  您的回答对我们的研究的科学准确至关重要，所以请您务必认真回答每个题目，不要有遗漏或者多选。在对幼儿行为做出评定之前，请您填写下列信息：

  幼儿姓名：　　　　性别：　　　　出生年月：　　　　所在班级：

  幼儿园名称：

  教师学历：初中　高中　中师　大专　本科　研究生　评定日期：

1. 看到老师做事情时，愿意凑过去看。	1-2-3-4-5
2. 当他探究新事物时，不容易分心。	1-2-3-4-5
3. 能长时间坚持新学的制作活动。	1-2-3-4-5
4. 对别人的新玩具的特殊功能表示惊讶。	1-2-3-4-5
5. 看到其他小朋友在一起玩的时候，跑过去看他们究竟在干什么。	1-2-3-4-5
6. 喜欢摆弄新玩具。	1-2-3-4-5
7. 园里或教室里添了新玩具，他很快就注意到了。	1-2-3-4-5
8. 当老师演示新游戏时，能专注地观看每一个动作。	1-2-3-4-5
9. 用手摸钢琴并试图弹奏。	1-2-3-4-5
10. 对老师所讲的东西爱问"为什么"。	1-2-3-4-5
11. 喜欢刨根问底。	1-2-3-4-5
12. 班上来了新的小朋友后，向老师或其他小朋友打听他们的事情。	1-2-3-4-5
13. 看到老师带来的新教具时，很兴奋，手舞足蹈的。	1-2-3-4-5
14. 看到小蚂蚁之类的昆虫，就会停下来观察。	1-2-3-4-5
15. 当老师讲了新的游戏规则后，会问"为什么要那样"。	1-2-3-4-5
16. 来了陌生人，总要不时地观察。	1-2-3-4-5
17. 老师讲新故事时，能长时间听而不表现厌倦。	1-2-3-4-5
18. 当自己的问题没有得到回答时，显得很不高兴。	1-2-3-4-5
19. 问（打雷、闪电、下雪等）特殊自然现象是怎么发生的。	1-2-3-4-5
20. 爱用手挖带小孔的玩具或用手摸玩具上凸起的部分。	1-2-3-4-5
21. 愿意看别人拆装东西。	1-2-3-4-5
22. 对发声的新玩具，试图通过玩具的缝隙或者小孔看看究竟是从哪里发出的声音。	1-2-3-4-5
23. 当感兴趣的活动被终止后，非常不高兴。	1-2-3-4-5
24. 注意异性小朋友上厕所小便。	1-2-3-4-5
25. 老师弹钢琴时，愿意凑过去看。	1-2-3-4-5
26. 观看科普节目或听科普故事时，喜欢问这问那。	1-2-3-4-5
27. 当老师不让动新玩具时，明显表现出不高兴的样子。	1-2-3-4-5
28. 爱摆弄西瓜虫、蜗牛等小昆虫。	1-2-3-4-5

  [①] 胡克祖. 3到6岁幼儿好奇心结构、发展特点及影响因素的研究［D］. 大连：辽宁师范大学，2005.

（四）档案袋评定法

档案袋评定法是指将反映被评价者学习、成长等情况的相关资料放到一个容器里，以反映被评价者的特点以及在某一方面所取得的进步。通常这个容器就称为档案袋，用这种方法进行的评价就叫档案袋评定法。档案袋可以收集幼儿在身体、认知、情感以及社会性等方面的发展情况，如在评价幼儿的绘画水平时，可以通过搜集幼儿已有的绘画作品来进行评定；同时它也可以汇集教师的教育计划、卫生保健、进修等情况，如评价教师的活动设计时，可以搜集教师的教案、反思日记等；此外档案袋可以保存幼儿园的教育管理资料，如想评价幼儿园的科研情况，可以查看一学期或一年的教研记录等。用档案袋来搜集被评价者的信息，通常能够真实、客观地展现实际的过程，但是需要花费较多的时间。除此之外，如果对信息资料缺乏挑选、分析、解释，则很容易将档案袋变成资料的"堆积站""回收站"。下面是陈俊安小朋友档案袋中对其绘画活动表现的评价：

对陈俊安在绘画活动中表现的评价[①]

在"美丽的菊花"活动中，菊花的叶子和茎都已经给出，老师要求幼儿在茎上画上菊花。这个活动主要是棉签画，老师希望幼儿用棉签蘸一些水粉颜料，尝试着在茎上画上菊花。陈俊安选用的是橘黄色的水粉颜料，由于第一次使用棉签这种绘画工具，刚开始他有点不知所措，他用棉签蘸了颜料往纸上点，但由于颜料太多，第一朵菊花"乱"成一团。陈俊安似乎有点恐慌（抬头看了看老师），在画第二朵菊花时他很小心，先是蘸一点点颜料往纸上涂，发现颜色太浅时再加重颜料的量。

具体绘画活动	评价要点	评价等级		
		A	B	C
美丽的菊花	1. 专注性		B	
	2. 情绪		B	
	3. 自主性	A		
	4. 构图		B	
	5. 色彩的使用		B	
	6. 运用工具的技巧	A		

二、学前教育评价的步骤

学前教育评价的第一步是确定评价目的，第二步，是根据评价目的来制定评价的方案，第三步，是实施评价方案。

（一）确定评价目的

学前教育评价目的的确定，是与评价者的需要密切相关的。如果想要了解幼儿某方面的发展情况（如身体状况、认知发展等），则只需要进行该方面的评价即可；如果想要了解

[①] 刘永华. 运用档案袋法评价小班幼儿绘画的行动研究［D］. 南京：南京师范大学，2011.

教师教学活动设计与实施的情况,那么我们只需对这位教师的教案以及活动开展的过程进行评价。由此,学前教育评价目的与评价者想要了解幼儿园某方面的教育情况直接相关。

(二)制定评价方案

评价方案应该依据评价目的来制定,只有这样才能确保评价方案所指的方向是正确的。一般学前教育评价方案的制定应从以下几个角度进行:

1. 分解学前教育的目标,形成指标体系

学前教育评价就是把学前教育活动的实际状态与学前教育活动的预定目标进行比较并做出价值判断的过程,因此学前教育评价是以学前教育的目标为基础,围绕目标展开的活动。

一般来说,学前教育目标具有一定的概括性和抽象性。为了提高评价的准确性与科学性,需要我们将抽象的目标转化为具体可操作的目标。任何一项学前教育活动的目标都可以依据其复杂的内涵进行分解,形成该项活动目标的体系。分解后的目标体系处于最底层,具有操作的性质,因此可被称为指标体系。

2. 界定标准,形成标准体系

学前教育指标体系只是将目标进行分解,即把带有某种抽象性和原则性的目标转化为具体的指标,但这些指标以及由它们构成的指标体系实现的程度如何、效果如何,还需要我们做出价值判断。要对这些指标进行判断,需要有一个评价的标准,因此还必须有一个与之相对应的标准体系。

学前教育评价标准是对评价对象的各项指标达到要求的程度在数量和质量方面进行价值判断的准则和尺度。评价标准体系做的是用什么尺度来衡量每一个具体指标达到要求的工作。例如,在幼儿身体健康与动作发展方面,可将评价指标划分为生长发育、大肌肉动作、小肌肉动作三个方面,其中大肌肉动作又可以从走、跑、跳、平衡、拍球等方面来评价。但要对幼儿的拍球进行评价,就需要制定评价的标准,即小班幼儿能单手连续拍球10下、中班幼儿左右手交替拍球15下、大班幼儿单手运球,以此为评价标准来判断幼儿在拍球方面达到的程度。如果没有这个标准,学前教育评价的工作就很难顺利进行。因此,我们必须以科学的态度和方法来制定评价的标准以由它们构成评价标准体系。

3. 加权求和,形成计量体系

评价指标体系和标准体系的确立,使我们对学前教育进行价值判断成为可能,但是也很难对评价对象做出精准客观的判断。同时,由于指标体系和标准体系只能针对某一内容进行判断,不能对评价对象的总体进行综合判断,因此需要我们制定学前教育评价的计量体系。

计量就是用一个规定的标准已知量作单位,与同类的未知量相比较,而对这个未知量加以测定的过程。例如,用温度计衡量温度,用秤测量物体的重量等。学前教育评价中的计量概念与我们生活中的计量基本相同。学前教育评价的计量是用评价标准作为尺度,来对评价对象进行测定的过程。学前教育评价的计量过程一般由以下两个基本要素构成:第一是加权,即依据指标体系中各项指标的重要程度,给它们赋以一定的权数;第二是计分,即依据各项指标所评等级的标度值和权数,求得评价分值。这两个要素紧密联系、相互补充,形成了一个有机的整体,这个有机整体即学前教育评价的计量体系。

总而言之,学前教育评价方案需要从指标体系、标准体系和计量体系三个方面来制定。

（三）实施评价方案

学前教育评价方案制定完成之后，就需要实施。评价实施的过程有三个阶段，即评价实施的准备阶段、评价实施阶段和评价结果反馈阶段。

1. 评价实施的准备阶段

准备阶段是进行评价实施阶段的前提。如果这一阶段工作做得好，各项准备工作到位，就可能为获得一个与实际水平相符合的评价结果打下良好的基础。可以从以下两个方面进行准备工作：

一是组织准备。在进行评价之前，需要成立一个专门的评价集体或评价机构，其组织形式有管理部门成立评价小组，教学园长、教师和家长成立评价小组，幼教专家、科研人员成立小组等。

二是文件准备。即需要根据人数准备好评价表、资料汇总表、专家评审表等，同时还需要准备所需要的笔、纸等。

2. 评价实施阶段

评价实施阶段是整个学前教育评价的中心环节。实施阶段一般可以按以下三个程序来进行评价实施：

一是宣传发动。宣传发动的对象既包括评价者，也包括被评价者。其宣传发动的目的在于防止他们产生消极情绪，促进他们积极地参与和配合，可以通过讲座或讨论会来进行宣传发动。

二是搜集资料。资料的搜集是实施过程中最费时、费力的工作，但也是最主要的工作。要求评价者运用多种方法客观、真实地搜集资料。

三是评分并汇总整理。在资料收集完成之后，需要评价者对每一项进行评分，之后对多项评分进行整理汇总并进行统计分析。这一工作可以上机来完成，但对于一些访谈记录、作品等资料只能靠评价者手工分门别类地进行整理，以便对比分析。

3. 评价结果反馈阶段

学前教育评价的目的不仅是了解他们在某一方面达到了何种程度，更重要的是反馈给相关人员，以促进其工作的改进与调整，从而有利于幼儿更好地发展。例如，对幼儿社会性与品德评价的结果应及时反馈给教师、家长以及幼儿园管理者，以此作为他们了解幼儿社会性的发展状况、调整教育计划与安排的依据，从而有针对性地开展教育教学活动。

本章练习题

一、单项选择题

1. 按评价的参照体系可将学前教育评价划分为三类，以下不属于的是（　　）。
   A. 相对性评价　　　　　　B. 自我评价
   C. 自身差异评价　　　　　D. 绝对评价

2.通过对小班幼儿身高、体重的评价,得知有86%的幼儿达到了标准,这体现了评价的( )。

  A.诊断功能   B.鉴定功能

  C.激励功能   D.调节功能

3.对教学活动实施的过程进行评价,其目的是获得改进或调整活动的依据,这种评价是( )。

  A.诊断性评价   B.形成性评价

  C.总结性评价   D.他人评价

二、简答题

1.简述学前教育评价的意义。

2.简述学前教育评价的功能。

3.按照评价的功能可将学前教育评价划分为哪几类?

4.什么是档案袋评定法?在幼儿园中如何运用档案袋评定法对教师进行评价?

5.什么是时间取样观察法?使用这种方法进行评价时应注意什么?

三、论述题

1.论述学前儿童发展评价的主要内容。

2.试论述学前教育评价的步骤。

四、材料分析题

材料:佳佳进入幼儿园已经1年了,可是他还不太适应幼儿园的生活。虽然早上入园时他不再哭闹,但是他在集体教学活动中从不举手、不愿意念儿歌,不愿意与其他小朋友交往,也不愿意与老师们交往,更不愿意参加幼儿园组织的活动。针对佳佳的这些情况,本班班主任采取了一些措施,期望对佳佳有所帮助。

问题:材料中对佳佳的哪些方面进行了评价?这种评价属于哪种类型?其评价的目的是什么?幼儿园教师在进行评价时应事先做哪些准备工作?

参考文献

［1］曹孚．外国教育史［M］．北京：人民教育出版社，1979．

［2］丁金霞，庞丽娟．社会体制转型与学前教育的重新定位［J］．学前教育研究，2010（3）．

［3］傅建明，虞伟庚．学前教育原理［M］．上海：复旦大学出版社，2013．

［4］黄人颂．学前教育学［M］．北京：人民教育出版社，2011．

［5］李季湄．幼儿教育学基础［M］．北京：北京师范大学出版社，1999．

［6］李燕，吴维屏．家庭教育学［M］．杭州：浙江教育出版社，2009．

［7］李生兰．学前教育学［M］．上海：华东师范大学出版社，2006．

［8］柳阳辉．学前教育学［M］．郑州：郑州大学出版社，2013．

［9］刘晓东．儿童教育新论［M］．江苏：江苏教育出版社，2009．

［10］刘金花．儿童发展心理学［M］．上海：华东师范大学出版社，2001．

［11］楼必生，屠美如．学前儿童艺术综合教育研究［M］．北京：北京师范大学出版社，1997．

［12］卢乐山．学前教育原理［M］．北京：北京师范大学出版社，1991．

［13］牟映雪．学前教育学［M］．北京：教育科学出版社，2012．

［14］庞丽娟．教师与儿童发展［M］．北京：北京师范大学出版社，2001．

［15］饶淑园．论学前教师的角色与专业化发展［J］．现代教育论丛，2005（12）．

［16］王坚红．学前教育评价［M］．北京：人民教育出版社，2010．

［17］王振宇．儿童心理发展理论［M］．上海：华东师范大学出版社，2000．

［18］虞永平．幼儿教育观新论［M］．北京：人民教育出版社，2006．

［19］虞永平，王春燕．学前教育学［M］．北京：高等教育出版社，2012．

［20］岳亚平．学前教育原理［M］．北京：高等教育出版社，2014．

［21］赵忠心．家庭教育学［M］．北京：人民教育出版社，1994．

［22］郑传芹．学前教育原理［M］．武汉：华中科技大学出版社，2014．

［23］周玉衡，范喜庆．学前教育史［M］．上海：复旦大学出版社，2012．

［24］朱宗顺．学前教育原理［M］．北京：中央广播电视大学出版社，2011．